Goldmann Sachbuch

Leonard Cottrell

Verschollene Königreiche

Die Wunder
versunkener Kulturen

Wilhelm Goldmann Verlag

Das Bildmaterial wurde uns freundlicherweise vom Originalverlag zur Verfügung gestellt.

Made in Germany · 8/78 · 1. Auflage · 118
Genehmigte Taschenbuchausgabe.

Umschlagentwurf: Creativ Shop, A. + A. Bachmann, München.
Umschlagbild: Claus u. Liselotte Hansmann, München.
Satz: IBV Lichtsatz KG, Berlin. Druck: Presse-Druck Augsburg.
Verlagsnummer: 11203 · Richter/Papenbrok
ISBN 3-442-11203-6

Inhalt

Für Joyce und Gordon

Einleitung

Meine vorangegangenen Arbeiten zu Themen der Archäologie haben ihre belehrende Absicht mit mehr oder weniger Geschick verheimlicht. Freundliche Leser ließen mich im Gespräch wissen, daß Bücher wie »Der Faden der Ariadne« und »Volk der Pharaonen« genau ihrer eigenen Absicht begegneten, nämlich der, belehrt zu werden. Diesem Buch liegt keine solche Absicht zugrunde. Es enthält weder Geschichte noch Königslisten, keine detaillierten Untersuchungen über religiöse Gebräuche oder politische Hintergründe. Es ist leichte Lektüre, nur zum Vergnügen geschrieben, und wenn sie auch, vorsichtig dosiert, mancherlei verschiedenartige Aufschlüsse gibt, will sie doch im Grunde nichts anderes als unterhalten.

In den meisten von uns werden, wenn wir es uns ehrlich eingestehen wollen, Worte wie »verschollene Städte« ein gewisses Gefühl von Heimweh wecken. Rider Haggard hat den Grund dazu gelegt, als er vor vielen Jahren sein Buch »SIE« geschrieben hat, jenen Bestseller der viktorianischen Ära, der schon alle Ingredienzen jener »Comic stripes« unserer Tage enthält, sogar die einer »Weißen Herrin«, welche über eine geheimnisumwitterte verlorene Stadt des afrikanischen Dschungels herrscht. Später ist es dann James Hiltons mythische Stadt »Shangri-la« gewesen, die in unseren Sprachgebrauch als Symbol romantischer Ausreißerei eingegangen ist. Ich gestehe, daß auch das vorliegende Buch ein solcher »Ausreißer« ist, wenn auch all die Städte, von denen es berichtet, gegenwärtig noch existieren und besichtigt werden können.

Einige dieser Städte sind, wenigstens für den Weißen und seit Jahrhunderten, im tatsächlichen Sinne »verloren« wie diejenigen in den Dschungeln von Peru und Yucatan. Andere dagegen, so die hethitische Hauptstadt Hattusa in Kleinasien, überlebten in Gestalt bescheidener Siedlungen, unbewußt ihrer einstigen Größe, bis die Archäologen kamen, sie ausgruben und bestimmten. Wieder andere der alten Städte sind nicht in diesem Sinne als verloren zu betrachten, weil ihre Lage immer bekannt geblieben ist. Aber ausgeplündert und seit Jahrtausenden aufgegeben, sind sie zu Schutthaufen geworden. Dennoch hat das letzte Jahrhundert der Archäologen, welche tief in diese Halden von Ziegelstaub gruben, Kostbarkeiten von Architektur und Skulptur, von Hausrat und Grabgeschenken ans Licht gefördert, die uns erlauben, mit Hilfe entzifferter Inschriften diese Städte wenigstens in unserer Vorstellung wieder erstehen zu lassen. Zu diesen gehören die Städte Ninive und Babylon in Mesopotamien.

In einigen Fällen geht von den Abenteuern der Männer, welche diese Städte entdeckt und ausgegraben haben, die gleiche Faszination aus wie von den Funden selber. Hiram Binghams Reise nach Peru auf der Suche nach einer verschollenen Inka-Stadt, die niemals von einem Weißen erblickt worden ist (nicht einmal von den spanischen Eroberern), ist schon selber Legende. Auf einem anderen Kontinent überbieten sich die mesopotamischen Forschungen von Pionieren wie Claudius Rich und Sir Henry Layard in persönlichen Abenteuern, Mühen und Gefahren, die schwerlich in solcher Fülle noch einem modernen Archäologen begegnen können. Diese Abenteuer nehmen in meinem Buch einen breiten Raum ein, auch da, wo sie nur mittelbar von den verlorenen Städten berichten, welche diese Forscher zu finden ausgezogen waren.

Mitunter geht diese Faszination weniger von den äußerlichen Beanspruchungen der Forschertätigkeit oder von Pracht und Schönheit des zutage Geförderten aus, sondern von der geduldigen Fertigkeit, mit der ein erfahrener Archäologe eine verschollene Stadt aus den fragmentarischen Überbleibseln aufbaut, mit der er sie mit den Gestalten derer bevölkert, die einst in ihnen gelebt haben.

Mein Buch stellt keinen Anspruch auf Vollständigkeit, und einige der allgemein bekannten verlorenen Städte wie Theben, Palmyra, Mykene und Knossos sind in ihm in voller Absicht übergangen, weil ich sie in früheren Arbeiten beschrieben habe. Meinen Maßstab sah ich lediglich darin, Beispiele des Wunderbaren auszuwählen, des Wunderbaren im Sinne der Definition, die das Wörterbuch für dieses Wort gibt: Etwas, das die Aufmerksamkeit erregt oder den Geist durch Neuartigkeit, Erhabenheit und Unaussprechlichkeit bannt, etwas Ungewöhnliches, Fremdartiges,

Gewaltiges, Außergewöhnliches und nicht leicht zu Fassendes... Vielleicht auch geben die bekannten Zeilen Sir Philip Sidneys die gültigere Definition meiner Absicht:

»...Mit einem Märchen wahrlich kommt er zu Euch,
einem Märchen, das Kinder das Spielen
und die Alten den Platz am Kamin macht vergessen...«

Leonard Cottrell

1. Die Stadt der Flügelstiere

»Noch ehe ich mein dreizehntes Jahr erreichte, hatte ich bereits alle Erzählungen von Walter Scott gelesen, die bis dahin veröffentlicht waren. Aber das Werk meines höchsten Entzückens waren die ›Arabischen Nächte‹. Ich pflegte stundenlang unter dem riesigen vergoldeten Florentiner-Tisch auf dem Boden zu liegen und über dem zauberhaften Buch zu brüten... Meine Bewunderung für die Arabischen Nächte hat mich nie verlassen. Noch heute kann ich sie mit der gleichen Begeisterung lesen wie damals als Knabe. Sie hatten keinen geringen Einfluß auf mein Leben und meine Laufbahn, denn ich schreibe ihnen jene Liebe zu Abenteuer und Werk zu, die mich in den Osten zog und die Ruinen von Ninive entdecken ließ...«

So schrieb Sir Henry Layard, G.C.B., D.C.L.[1] als er sich, lange noch bevor er diese gewichtigen Buchstaben seinem Namen zufügen konnte, diese Periode seines Lebens um 1833 ins Gedächtnis rief; zu einer Zeit, als er, ein rebellischer Schuljunge, unkonventionell und aufs Geratewohl in Italien, Frankreich und England erzogen, noch keine Vorstellung davon haben konnte, daß er zu Abenteuern und Großtaten bestimmt sein würde, die denen seines geliebten Buches gar nicht so unähnlich waren. Als er jene Sätze niederschrieb, war er Gesandter Ihrer Majestät in Madrid, ein unwahrscheinlicher Höhepunkt einer Laufbahn, die Episoden wie die folgende aufweist:

»Ich war... angeklagt (in seiner englischen Schule), Aufsässigkeit und Revolten zu predigen und zu versuchen, meine Kameraden zur Opposition aufzustacheln. Um mich für meine Unbotmäßigkeit zu bestrafen, verlangte mein Lehrer, daß ich mit gewendetem Kittel auf einen Schemel steige und, während meine Kameraden beim Essen saßen, Hunt und Cobett hochleben ließe, die beiden Demagogen des Tages, die er am meisten verabscheute. Ich fühlte keine Scham bei dieser Züchtigung, viel eher wurde ich in meinen revolutionären Grundsätzen bestärkt durch meine Empörung über den ungebührlichen und tyrannischen Eingriff in meine politischen Überzeugungen.«

Unter dem Einfluß der »Arabischen Nächte« dachte und träumte der Knabe nichts anderes als »Dschinns« und »Ghulas«, Feen und zarte Prinzessinnen, bis »ich von ihrer Existenz überzeugt war und mich zugleich in ein leiblich-wirkendes Mädchen verliebte. Es war die niedliche Schwester eines meiner Schulkameraden, für die ich heiß entbrannte. Ich bildete mir ein, in einem englischen Jungen gleichen Alters einen Nebenbuhler zu haben. Die Folge waren Händel, und da wir beide Fechtstunden nahmen, beschlossen wir, unsere Sache mit der blanken Waffe auszutragen. Was uns gehindert haben mag, unsern blutdürstigen Plan auszuführen, habe ich vergessen.«

Er war schon immer ein temperamentvoller Bursche gewesen. Als seine Eltern nach Frankreich übersiedelten und Henry ein dortiges Lyceum besuchen mußte, erklärte er seinen Kameraden, daß »die Schüler englischer Anstalten gewohnt seien, Widerstand zu leisten... gegen schlechte Behandlung und ihre Urheber rebellierten und sie mit Büchern und andern Wurfgeschossen traktierten, die gerade zur Hand waren. Ich schlug vor, diese Methode auch gegen unsern Schultyrannen anzuwenden, der unsere Finger mit eisernem Griff packte und ihre Spitzen mit einem schweren Lineal mißhandelte. Mein Vorschlag wurde begeistert aufgenommen und es wurde einmütig beschlossen, ihn auszuführen. Es wurde ausgemacht, daß beim Abendunterricht jener ›Professeur‹ auf ein gegebenes Zeichen mit einem Hagel von Büchern und andern Gegenständen bombardiert werden sollte. Als der Augenblick gekommen war, packte ich eines der kleinen bleiernen Tintenfässer... und schleuderte es nach dem Kopf des verhaßten Lehrers – glücklicherweise ohne ihn zu treffen. Totenstille. Ich schaute herum und sah meine Mitgeschworenen scheinbar angelegentlich in ihre Arbeit vertieft, nicht ein einziger hob die Augen von seinem Buch, vollkommen nichtsahnend und unschuldig an dem ganzen Handel.«

Diese Verräterei der französischen Jungen zog natürlich weitere Gewalttat nach sich. Als der Lehrer volltönend das »Cochon d'Anglais« gegeißelt hatte, stürzt sich das »Cochon« auf die Verräter, und im Kampf, der dann entbrannte, »riß mir einer der Jungens das Gesicht mit dem harten Lederriemen seiner Kappe auf«.

Henrys Vater nahm ihn von der Schule.

Je mehr man von Henry Layard liest, desto lieber gewinnt man ihn. Er gehört zu jener Sorte von jungen Abenteurern des 19. Jahrhunderts, von der auch Claudius Rich und James Silk Buckingham Beispiele sind, Männern, denen sich die sattsam bekannte Formel »Geh westwärts, junger Mann!« ins Gegenteil verkehrte. Sie strebten nach Osten, weil in ihren Tagen der Osten genauso unbekannt und erregend war wie der ferne Westen.

Die Romantik und das Geheimnis sind es, welche diese Männer in den Osten getrieben haben, ein Geheimnis, das heute zum größten Teil durch die erleichterte Zugänglichkeit hingeschwunden ist. Sechs Jahrhunderte sind vergangen, seit das Ende des letzten Kreuzzuges die Verbindung zwischen Europa und dem arabischen Reich zerriß. Nach dem endlichen Fall von Akka herrschte, um mit Gibbon zu reden, »ein tiefes und melancholisches Schweigen an der Küste, die so lang von den Streitigkeiten der Welt widergehallt hatte«. Für den Abendländer hat sich das arabische Asien seit jener Zeit in das gleiche Schweigen gehüllt und verharrte darin, bis es als Diskussionsthema durch die Welt des 19. Jahrhunderts wieder entdeckt wurde.[2]

1817 von Eltern hugenottischer Abstammung geboren, spielte sich Henry Layards Kindheit in England, Frankreich, Italien und der Schweiz ab; seines Vaters Gesundheit erforderte einen ständigen Klimawechsel. Seine unkonventionelle Erziehung gab ihm eine Grundlage, die wahrscheinlich derjenigen der meisten jungen Leute seines Standes überlegen war. Und sie war ihm angemessen, denn er hatte das Auge eines Künstlers, und er entwickelte nach seinen eigenen Worten »einen Geschmack für die schönen Künste und so viel Kenntnis von ihnen, als einem Kind in der ständigen Umgebung von Künstlern und Kennern zugänglich ist«. Auch entwickelte sich in ihm die Sehnsucht zu reisen, freilich zunächst dadurch gehemmt, daß seine Eltern den Sechzehnjährigen nach London zurückschickten, um dort die Rechte zu studieren. Sechs Jahre brachte er in einer Anwaltskanzlei zu – und ein jedes wurde ihm zum Überdruß. Mit Zweiundzwanzig – wieder nach seinen eigenen Worten – »entschloß er sich aus verschiedenen Gründen, England zu verlassen und sich irgendwo nach einer Laufbahn umzutun«. Seton Lloyd sagt darüber in seinem köstlichen Buch »Foundations in the Dust«: »Ein flüchtiger Blick auf den farbigen Kupferstich eines Jünglings in der Tracht der Bachtiari, das Titelblatt der ›Early Adventures‹, mag allein zu der Vermutung genügen, daß all diese ›verschiedenen Gründe‹ übereingestimmt haben.«

Er hatte Rich's Berichte über Babylon gelesen. Auch hatten ihn Gerüchte über rätselhafte Felsinschriften in den Gebirgen Persiens erregt, die damals umliefen. Aufzeichnungen in jener Keilschrift, mit deren Entzifferung man gerade begonnen hatte. Der Osten ergriff Besitz von ihm; und als – es war im Jahr 1839 – ein Verwandter sich erbot, ihm eine Stellung in Ceylon zu beschaffen, stürzte er sich auf diese Chance. Die Art jedoch, wie er sich seine Übersiedlung vorstellte, betäubte seine Freunde geradezu. Natürlich hatten sie gedacht, er werde, wie alle Welt, den bekannten Seeweg nehmen. Aber der war ihm viel zu langsam und langweilig, und er war entschlossen, zu Lande zu reisen. Man bedenke, daß dies noch vor den Tagen der Eisenbahn war. Mit einem ebenso jungen und ebenso abenteuerlustigen Freund namens Mitford wollte Layard über Mitteleuropa quer durch Dalmatien, Montenegro, Albanien und Bulgarien nach Konstantinopel reisen. Dieses wäre die erste Station. Dann würden sie Kleinasien und Syrien durchqueren und über Palästina und die mesopotamische Wüste Bagdad erreichen.

»Von Bagdad«, schrieb er, »glaubten wir, würde es uns leicht sein, Indien und schließlich Colombo über Persien und Afghanistan zu erreichen.«

Offenbar war Henry entschlossen, ehe er schließlich als simpler Teepflanzer in Ceylon enden sollte, sich am Anblick der Länder zu sättigen, die solche Macht über seine jugendliche Einbildungskraft bewiesen hatten. Vielleicht spielte er aber auch insgeheim mit dem Gedanken, überhaupt nicht nach Ceylon zu gehen und irgendwo unterwegs eine interessantere und weniger konventionelle Beschäftigung aufzuspüren? Gerade dies geschah.

Die genaue Beschreibung dieser verrückten Reise würde hier zu weit führen. Der Leser findet sie in Layards eigenem fesselnden Buch »Niniveh and its remains«, das 1849 erschienen ist.[3]

In Bulgarien, in Plovdiv, erkrankte er an Gastritis und wurde von einem eingeborenen Arzt zur Ader gelassen, indem dieser ihm einen mit Blutegeln gefüllten Gürtel um den Leib band. Als Ergebnis dieser Kur verlor er so viel Blut, daß er mehrere Wochen seine Reise unterbrechen mußte und Mitford erst in Kleinasien einholte. In Jerusalem gab es gewaltige Aufregung, als Henry sich entschloß, quer durch das von Banditen unsicher gemachte und von Beduinenhorden heimgesuchte Gebiet nach Petra zu gehen. Auf dem Weg nach Aleppo, wo er den geduldigen Mitford wieder zu treffen versprochen hatte, besuchte er in einemhin Kerak, Esrak und Amman. Zweimal wurde er ausgeplündert, einmal in der Nähe von Kerak und dann bei Damaskus. Als er in strömendem Regen und zu Fuß den Britischen Konsul in Damaskus aufsuchte, besaß er keinen Penny mehr und war halb nackt. Aber er hatte gesehen, was er sehen wollte.[4]

Mitford, der die ganze Zeit über kochend vor Wut in Aleppo saß, wurde schließlich nach gewaltiger Verspätung von dem höchst angeregten Layard begrüßt, der ihm erzählte, er habe nebenbei auch noch Beirut und Baalbek auf der Durchreise besucht.

Ein paar Tage später, »um meinem Pferd und mir selber eine Ruhepause zu gönnen«, setzten sie gemeinsam ihre Reise südwärts durch Urfa und Ninive fort, bis sie Ende Mai Mossul erreichten.

Von allem Anfang an liebte Henry den Irak, ein Land, das den meisten Besuchern wenig landschaftliche Reize bietet. Er schreibt:

»Hier reichen Einöden einander die Hände. Ein Gefühl von ehrfürchtiger Scheu löst das Staunen ab, denn es gibt hier nichts, was das Gemüt erfrischte, Hoffnung wecken oder Vergangenes lebendig machen könnte. Diese gewaltigen assyrischen Hügel machten einen tiefen Eindruck auf mich und reizten mich zu ernsteren Gedanken und gründlicheren Überlegungen als die Tempel von Baalbek oder die Theaterbauten Ioniens.«

Man muß sich vorstellen, daß Assyrien damals kaum mehr als einen Namen bedeutete, den man aus der Bibel oder einigen Autoren des Altertums kannte. Während der zwei oder drei Jahrhunderte, welche Layards Besuch vorausgegangen waren, hatte nur eine Handvoll Europäer diesen Weg genommen. Da war ein gewisser John Eldred, der zur Zeit der Königin Elisabeth nach Bagdad gekommen war, da war ein deutscher Arzt namens Rauwolff, der etwa zur gleichen Zeit Mesopotamien bereist hatte, und da gab es den Abbé de Beauchamp, der um 1780 als päpstlicher Generalvikar in Babylon amtierte. Gibbon hat über Babylon und Ninive geschrieben, aber die meisten seiner Kenntnisse stammen aus der Bibel oder klassischen Autoren wie Herodot. Aber die überlieferte Lage der beiden Städte war bekannt, und mitunter gab es Besucher, die sich versucht fühlten, die kolossalen Erd- und Schutthaufen zu besichtigen, die offenbar alles waren, was von den einst so mächtigen Städten übriggeblieben war.

Immerhin, schon vor Layards Ankunft waren diese Trümmer Gegenstand vereinzelten Interesses gewesen. Das Gebiet bildete einen Teil des Ottomanischen Reiches, mit dem die britische Regierung erst kürzlich reguläre diplomatische Beziehungen aufgenommen hatte. Es gab Konsular-Agenturen in Bagdad und Mossul, und dort saßen ein paar junge Leute mit einem gewissen Sinn für das Abenteuerliche. Sie hatten Zeit im Überfluß, ihr Interesse an den Altertümern des Landes wurde geweckt und sie versuchten sich sogar hin und wieder ein wenig in dilettantischer Ausgraberei. Einen weiteren Anreiz boten die Versuche, die Keilschriften zu enträtseln, die auf Felswänden und Lehmziegeln standen, welche häufig von Reisenden aus dem Schutt gewühlt und als Kuriosität nach Hause mitgenommen wurden. Lord Byron hat darüber in seinem »Don Juan« einige satirische Verse geschrieben. Sie beziehen sich auf Claudius Rich, der damals Resident der Ostindien-Kompanie in Bagdad war.

»Zwar kriegte Claudius Rich Esquire, Ziegelsteine,
und schrieb jüngst zwei Berichte d'rauf.«

Rich, der drei Jahre nach Layards Geburt gestorben war, hatte bereits die Ruinen von Babylon (am unteren Euphrat, südlich von Bagdad) und die Schutthalden von Kujundschik, der Lage des alten Ninive, gegenüber Mossul, untersucht und in Skizzen festgehalten. Wenn auch zwar die Berichte über seine Reisen und Untersuchungen nicht ohne Wert waren, so ist er doch nicht imstande gewesen, sachgerechte Ausgrabungen durchzuführen.[5]

Das Klima ruinierte seine Gesundheit und er starb 1817 an der Cholera. Er hatte sich geweigert, das heimgesuchte Bagdad zu verlassen. Sein Biograph berichtet darüber:

»Er ließ nicht ab, mit Seelengröße all seine Kräfte aufzubieten, um der Panik der Einwohner Herr zu werden und Kranken und Sterbenden beizustehen.«

Als Layard nach Mossul kam, war die Situation wesentlich anders. Die Entzifferung der Keilschrift hatte bereits große Fortschritte gemacht. Führend in dieser Wissenschaft war um 1802 der deutsche Philologe und Altertumsforscher Grotefend. 1835 stellte sich ein englischer Offizier, Leutnant (und nachmals Sir Henry) Rawlinson, die Aufgabe, die Inschriften des großen Behistun-Felsens in Persien zu kopieren. Diese Inschriften waren dreisprachig abgefaßt, nämlich in Persisch, Elamitisch und Babylonisch. Aus diesen und ähnlichen Inschriften gewannen er und mit ihm andere Gelehrte genügend Vergleichsmaterial, um den Anfang in der Entzifferung der Keilschrift machen zu können. Von diesem Augenblick an bekam jeder Ziegel und jeder Gesteinsbrocken dokumentarischen Wert. Wenn einmal die Sprachenschranke durchbrochen werden könnte, würde ein neues Kapitel der Menschheitsgeschichte geschrieben werden. Diese Ruinen, die so lange stumm geblieben waren, würden zu sprechen beginnen.

Layards erster Besuch von Mossul war kurz, obschon er einige Zeit daran wendete, die großen Schutthügel von Kujundschik zu erforschen und zu vermessen. Dann reiste er mit Mitford nach Bagdad weiter. Zu dieser Zeit war der britische Resident ein gewisser Colonel Taylor, ein ausgezeichneter Orientalist, mit dem der junge Mann sich anfreundete. Er lernte zugleich einige der jüngeren Offiziere Taylors kennen, die Leutnants Campbell, Selby und Jones, von denen er sagt, sie beschäftigten sich während ihrer Dienststunden mit geographischen und archäologischen Studien. Dann setzten sie ihre Reise fort, nicht ohne es einzurichten, daß sie die Keilschriften von Behistun sehen und studieren konnten. Diese erregten Layards Neugier so stark, daß es, als die jungen Reisenden Hamadan erreicht hatten, für Henry ausgemacht war, er werde nicht nach Ceylon gehen. Mitford mußte allein nach Indien weiterreisen. Layard wandte sich südwärts, um das wilde Gebiet der Bachtiari zu erforschen (deren Tracht er sich in der Folge aneignete und stets zu tragen liebte). Die Bachtiari waren der unruhigste unter den persischen Stämmen. Aber für die Abenteuer, welche Layard bei ihnen erlebte – sie machen einen großen Teil seines Buches aus – ist hier kein Raum.

Schließlich kehrte er aber doch nach Bagdad zurück, wo er zwar aus Gründen der Sparsamkeit in einer Lehmhütte hauste, aber häufig Besuche in der Residenz machte, um Taylors Bibliothek zu benutzen. Er freundete sich innig mit den jungen gleichaltrigen Offizieren an und machte mit ihnen mehrere Expeditionen auf zwei kümmerlich ausgerüsteten Dampfschiffen, der »Assyria« und der »Nitocris«. Als 1842 Krieg zwischen Persien und der Türkei auszubrechen drohte, bat Taylor ihn, nach Konstantinopel zu reisen, um dort dem britischen Gesandten Bericht über die Situation zu erstatten. Auf der Reise besuchte er noch einmal Mossul, wo er Gelegenheit hatte, den französischen Konsular-Agenten

Paul Emile Botta kennenzulernen, der in diesem Jahr mit Ausgrabungen in den Hügeln von Kujundschik begann. Es war der Anfang der mesopotamischen Ausgrabungen. Der Vorhang begann sich über der alten assyrischen Welt zu heben.

Als Richs Bericht über eine Reise nach Babylon erschien, löste er eine heftige Bewegung in den Kreisen der europäischen Wissenschaft aus. Besonders die Französische Asiatische Gesellschaft zeigte sich höchst interessiert an den Ausgrabungs-Möglichkeiten im Gebiet von Mossul. Botta, Sohn eines Historikers und selber Naturwissenschaftler, war dort als französischer Konsular-Agent bestallt, zum Teil seiner diplomatischen Erfahrungen in Mittelost wegen, zum Teil aber auch, weil Jules Mohl von der Asiatischen Gesellschaft in ihm die echte Eignung zum Archäologen witterte. Nationale Prestigegründe kamen dazu. Die Franzosen zogen ihre Lehre daraus, daß, als die Britische Ostindien-Kompanie ihren ersten Residenten in Bagdad einsetzte, diese Wahl rein zufällig auf einen Mann fiel, der sich als begabter Amateur-Archäologe entpuppte. Als die französische Regierung daher Botta für den Posten in Mossul vorsah, spielte der Zufall keine Rolle dabei. Der Unterschied in der Stellung beider Länder zu der Frage der Archäologie ist bezeichnend. Man kann ihn die ganzen folgenden Jahre hindurch feststellen. Während nämlich Layard, der Archäologe aus innerer Notwendigkeit, sein gewaltiges Werk nur mit Hilfe kärglicher Mittel aus dem Britischen Museum durchführen konnte, wurde Botta großzügige finanzielle Unterstützung der französischen Regierung gewährt. Es ist auch bezeichnend für den Charakter dieser beiden Männer, daß nationale Eifersüchteleien und Streitigkeiten nicht den geringsten Schatten auf ihre Freundschaft warfen.

Bottas erste große Entdeckung geschah in Khorsabad, einer Niederlassung im Bezirk von Mossul. Angefangen hatte er mit einigen Versuchsgrabungen in Kujundschik. Die Ergebnisse waren mager gewesen. Ganz durch Zufall hörte er dann von Funden skulpturierter Steine in der Umgebung von Khorsabad und dirigierte seine Leute dorthin. Das war im März 1843.

Kaum hatten die Arbeiter die ersten Versuchsgräben in die Schutthügel gezogen, als mächtige Ziegelplatten zum Vorschein kamen. Sie zeigten äußerst lebendige Relief-Skulpturen: Kampf- und Belagerungsszenen, religiöse Zeremonien vor fremdartigen Gottheiten und immer wieder die Gestalt eines assyrischen Königs mit hoher Kopfbedeckung und dichtgekräuseltem Barthaar, der den Triumphzug seiner Truppen überwachte.

»In wenigen Tagen«, schreibt Seton Lloyd, »war es offensichtlich, daß hier eine erstaunliche und epochale Entdeckung gemacht worden war, und Botta konnte Mohl seine berühmt gewordene Botschaft schicken: ›Ich nehme selber an, daß ich der erste bin, der Skulpturen gefunden hat, die mit einigem Recht der Periode der Blütezeit Ninives zugeschrieben werden dürfen‹«.[6]

Botta hatte die neue Hauptstadt des Assyrischen Reiches entdeckt, die König Sargon II gegen Ende des achten Jahrhunderts v. Chr. erbaut hatte. Die Entzifferung der Keilschrift war bis zu diesem Zeitpunkt noch nicht so weit vorgeschritten, als daß der Königsname auf den Ziegelplatten (sie waren alle mit Inschriften bedeckt) hätte identifiziert werden können; aber kurz danach wurde Henry Rawlinson, jener junge Offizier, der sich mit den Behistun-Felsinschriften befaßt hatte, britischer Resident in Bagdad, wo er seine Studien der alten Sprachen fortsetzte und deren Ergebnisse an Botta, Layard und andere, die auf dem gleichen Gebiet arbeiteten, weitergab.

Die Wirkung dieser Entdeckung auf das viktorianische Zeitalter ist vergleichbar mit der des Tutenchamongrabes auf die Zwanzigerjahre des unsrigen. Assyrien bekam neue Aspekte, die Leute durchblätterten eifrig ihre Bibel nach jedem kleinsten Hinweis, den die jüdischen Chronisten gegeben hatten, und zitierten mit Wohlgefallen Lord Byrons berühmte Zeilen über die Niederlage des Sanherib:

»Golden brachen herein und blutig-dunkel
wie der Wolf in die Hürde Assyriens Heere,
es blitzte, wie über dem nächtigen Meere
Galiläas die Sterne, der Speeresspitzen Gefunkel.«

In Frankreich und England waren die illustrierten Blätter voll mit Bildern, die bis in die kleinsten Einzelheiten Szenen von Kriegern und Eroberungen, Zeremonien und solche des Alltags eines Volkes zeigten, das bis jetzt nur aus biblischen Zeugnissen und unbestimmten Berichten klassischer Autoren bekannt geworden war. Nun mußten sich endlich auch die englischen Behörden widerwillig in Bewegung setzen. Zwischen 1843 und 1845 hatte sich Layard einen diplomatischen Posten im Stab des britischen Gesandten in der Türkei, Sir Stratford Canning, sichern können. Als die Neuigkeit über Bottas bedeutende Entdeckungen bekannt wurde, war Canning ebenso aufgeregt wie Layard, und Botta zeigte sich großmütig bereit, ihnen Einblick in die vertraulichen Berichte zu gestatten, die er via Istanbul nach Paris schickte. Man kann sich Layards Ungeduld vorstellen. Er verstand es, Canning die Notwendigkeit klar zu machen, offizielle Unterstützung für Grabungen an anderen Stellen zu erwirken, die er im Auge hatte, zum Beispiel Kujundschik oder Nimrud. Canning, der gerade im Begriff war, in Urlaub nach England zu gehen, versicherte seinem hocherfreuten jungen Assistenten, er werde sich persönlich für eine vorläufige Finanzierung von Grabungen in Nimrud einsetzen. Wären diese erfolgreich, hoffe er die britische Regierung zur Finanzierung weiterer Arbeiten überreden zu können. Sobald Henry Layard die offizielle Genehmigung der türkischen Regierung in Händen hatte, machte er sich quer durch das Gebirge ostwärts auf den Weg.

»Ich durchquerte die Gebirge des Pontos und die großen Steppen von Usun Yilak so schnell die Postpferde mich tragen konnten, stieg vom Hochland in das Tal des Tigris hinunter, sprengte über die weiten Ebenen von Assyrien und erreichte Mossul in zwölf Tagen.«

2. Die Stadt der Flügelstiere II

Jeder Besucher des Britischen Museums kennt die gewaltigen, geflügelten, Menschenhäupter tragenden Stiere, welche den Eingang zur Assyrischen Abteilung flankieren. Mehr als 10 Tonnen wiegt jedes dieser Ungetüme. Aus schwerem Basalt, glänzend und finster, überwältigen sie durch ihre brutale Kraft. Sie und mit ihnen beinahe alle der gemeißelten Reliefs in der Galerie, zu der sie führen, wurden von Stemmeisen aus ihren Betten hochgewuchtet, von Seilen abgeschleppt und auf besonders konstruierten Plattformen befestigt, auf Walzen meilenweit unter der brennenden Sonne durch die Wüste transportiert, mit Kränen an Bord eines Schiffes gehievt und schwammen schließlich durch den Persischen Golf nach Bombay und weiter um das Kap der guten Hoffnung zum Londoner Hafen. Und alles dies überwacht von Henry Layard, vor mehr als hundert Jahren. Und es ging, wie man zu sagen pflegt, wie am Schnürchen.

Als er in Mossul angekommen war, hatte er eine Audienz beim türkischen Herrscher, Mohammed Pascha, dem er mißtraute. Darum gab er, um den wahren Grund seiner Reise zu verheimlichen, vor, auf eine Jagdexpedition gehen zu wollen.

»Nachdem ich heimlich das nötigste Werkzeug beschafft und kurz vor der Abreise einen Steinmetzen gedungen hatte, erklärte ich am 8. November, wohlausgerüstet mit Gewehren der verschiedensten Konstruktion, mit Speeren und anderen furchteinflößenden Waffen, ich beabsichtige, auf Bärenjagd in eine benachbarte Niederlassung zu ziehen, und so schwamm ich denn auf einem für diese Reise gebauten Floß den Tigris abwärts. Begleitet war ich von Mr. Ross, einem englischen Kaufmann aus Mossul, meinem Kawass[7] und einem Diener.«

Layards Ziel war Nimrud, einer der größten Hügel am linken Ufer des Tigris, südlich der Kujundschikhügel, wo Botta gegraben hatte. Der Name hat einen legendären Klang. Die Genesis erzählt,

Nimrud sei der Sohn des Kusch, ein Enkel des Ham und berühmt als gewaltiger Jäger. Daß dieser legendäre Name auf einen alten assyrischen Schutthügel übergegangen sein sollte, weckte Layards Neugierde, und als nach fünf Reisetagen der große Hügel sich in der Ebene vom Glanz der untergehenden Sonne abhob, war seine Erregung groß.

»In dieser Nacht«, schrieb er, »fand ich wenig Schlaf. Lang genährte Hoffnungen sollten sich nun erfüllen oder in Enttäuschung enden. Visionen unterirdischer Paläste, die gemeißelten Gestalten riesiger Ungeheuer und endlose Schriftbänder tauchten vor mir auf.«

In der Frühe, als er sein Zelt verließ, »ragte der breite, stattliche Hügel von Nimrud wie die Silhouette eines fernen Gebirges in den Morgenhimmel auf. Aber wie sehr hat sich dieses Bild seit meinem ersten Besuch gewandelt! Die Trümmer waren nun nicht mehr von Grün und vielfarbigen Blumen bedeckt, nirgends ein Zeichen einer menschlichen Niederlassung, nicht einmal die schwarzen Zelte der Araber zeigten sich mehr in der Ebene. Das Auge wanderte über dürre, leere Weite, über die von Zeit zu Zeit der Wüstenwind eine Sandwolke wirbeln machte.«

Es war Frühling gewesen, als Layard Nimrud zum erstenmal gesehen hatte, der wundervolle, flüchtige Frühling des Irak, der ein paar Wochen lang die biblische Prophezeiung wahr machte: ›die Wüste wird blühen der Rose gleich‹. Nun aber war es November und die Öde des Bildes wurde durch die Einsamkeit und Leere des verlassenen Landes verstärkt. Erpresserische Grausamkeit des Bezirksgouverneurs Keritli Oglu hatte die Einwohner aus ihren Heimstätten vertrieben, und selbst die arabischen Stämme hatten die Ebene verlassen und waren nach Süden an den Zabfluß weitergezogen. Immerhin konnten die Besucher in den armseligen Hütten ein paar Araber aufspüren, und einer von ihnen, der Scheik Awad, berichtete Layard, aus welchem Grund der Distrikt aufgegeben worden war. Awad wurde zusehends heiterer, als die Engländer ihm sagten, warum sie hergekommen seien, und er bot sich an, für Arbeitskräfte zu sorgen. Und dann erzählte er Layard eine alte Überlieferung, die mit diesen Ruinen zusammenhing.

»Den Palast«, sagte Awad, »hat Athur, der Kiajah oder Leutnant des Nimrud gebaut. Hier stürzte und zerbrach einst der heilige Abraham – Friede sei mit ihm! – die Götzenbilder der Ungläubigen. Erzürnt über die Zerstörung seiner Götter trachtete der ruchlose Nimrud Abraham nach dem Leben und ließ sich auf einen Kampf mit ihm ein. Aber der Prophet hob die Hände auf zu Gott und flehte: »Befreie mich, o Herr, von diesem Manne!«

Und Abrahams Gebet wurde erhört.

»Gott sandte ihm eine Mücke, die Nimrud Tag und Nacht plagte, so daß er sich ein gläsernes Gemach erbaute in jenem Palast, darin zu wohnen, und er schloß das Tier aus. Aber die Mücke kam mit ihm herein, schlüpfte durch sein Ohr in sein Gehirn, von dem es sich nährte, und wuchs darin Tag um Tag, so daß Nimruds Diener sein Haupt mit einem Hammer schlugen ohne Unterlaß, damit er ein wenig Linderung spüren möchte seiner Qualen. Aber er starb, nachdem er die Pein vierhundert Jahre ertragen.«

Und Layard fügte hinzu: »So tragen die Araber, die um die Trümmer der großen Städte wandern, diese Erzählungen bis zum heutigen Tage weiter, und unwissend helfen sie, jene zu identifizieren.«

Ein Tag Grabarbeit im Hügel genügte, um Layard davon zu überzeugen, daß er zerstörte Bauten enthalte. Sein erster Graben ließ den oberen Teil einer umfangreichen Alabasterplatte sichtbar werden. Von dieser Stelle ausgehend legten sie eine zweite Platte frei, eine dritte, eine vierte folgten, bis es gegen Mittag zehn solcher Platten waren; senkrecht zueinander gestellt bildeten sie ein Geviert. Und im Mittelpunkt jeder dieser Platten befand sich eine Keilschriftaufzeichnung. Nun gingen sie die Flanke des Hügels an, an einer Stelle unweit der, wo die Alabasterplatten zutage gekommen waren, und fast unmittelbar darauf wurde eine Mauer freigelegt, die ähnliche Zeichen in der alten Schrift trug. Aber Layard bemerkte, daß »die Platten offensichtlich starker Hitze ausgesetzt gewesen sein mußten, kreuz und quer gesprungen waren und auseinanderzufallen drohten, sobald sie freilagen.«

Am ersten Tag hatte er nur sechs Arbeiter, in den folgenden brachte er es auf elf. Wissenschaftliche Ausgrabung war damals noch völlig unbekannt, und gemessen an den heutigen Maßstäben war seine Methode erstaunlich primitiv. Er hatte weder Zeit noch Arbeitskraft, jeden Raum vollkommen zu säubern. Stieß er auf Mauern, so grub er einfach ihnen entlang, um die Inschriften freizulegen und ließ die Mitte jedes Raumes unberührt. Trotzdem entdeckte er durch puren Zufall schon bei der ersten Tagesarbeit die Ruinen zweier assyrischer Paläste, die auf diesem Grund standen, und einer von ihnen mußte offensichtlich aus Material des alten Palastes aufgeführt sein.

Nun ging Layard an den mächtigen konischen Hügel, der sich an der Nordwestecke erhob, und fand, daß er aus dauerhaften Ziegeln bestand. Er hatte damals noch keine Ahnung, daß es die Überreste eines jener vielstöckigen Türme waren, das typische Merkmal assyrischer Städte und ihrer Vorgänger, der babylonischen und sumerischen. Auch Botta war derartigen Bauten schon in Khorsabad begegnet, ohne zunächst ihre Funktion erkennen zu können.

Schon in wenigen Tagen war das Gerücht von Layards Funden nach Mossul und zu Keritli Oglu gedrungen und der Gouverneur wünschte ihn zu sehen. Wie alle Orientalen konnte er sich nur einen einzigen Beweggrund für diese Grabungen vorstellen, nämlich den, Gold zu finden. Sein Verdacht wurde bestärkt, als er das kleine Bruchstück eines Goldplättchens in die Hände bekam, das Layard in einem der Räume gefunden hatte. Kurz darauf wurde Layard sehr höflich von Da'ud Aga, dem Hauptmann der irregulären Truppen jenes Gebietes, davon unterrichtet, daß die Grabungen einzustellen seien, da sie, wie der Gouverneur erfahren habe, auf dem Grund eines muselmanischen Friedhofs erfolgten und der Engländer somit die Grabruhe der Rechtgläubigen störe.

Layard begab sich hierauf noch einmal zu Keritli Oglu, einem wohlbeleibten Türken mit einem Gesicht, das seinem Renommee entsprach. »Die Natur«, schreibt Layard, »hatte in ihm das Äußerste an Heuchelei geschaffen. Er besaß nur ein Auge und ein Ohr. Er war klein und fett, von tiefen Blatternarben gezeichnet und hatte eine rauhe Stimme... er hatte manche der guten alten Bräuche wieder aufgegriffen, die der reformerische Geist unserer Tage schon abgetan hatte. Besonders bestand er auf dem Disch-Parassi[8]. Es handelt sich hierbei um eine Geldsteuer, die von jenen Gemeinden erhoben wurde, die einen Mann von Rang beherbergten, als Leistung für die Abnutzung seiner Zähne beim Kauen der Nahrung, die er geruhte von den Einwohnern entgegenzunehmen.«

Layard wies nach, daß nach seinem Wissen die Hügel keine Gräber enthielten und erinnerte höflich an ein Vorkommnis in der Laufbahn des Gouverneurs, als, mit dessen eigenen Worten, »in Siwas die Ulemas[9] versuchten, das Volk gegen mich aufzuwiegeln, weil ich in Friedhofsbereiche eingegriffen hätte. Aber ich gab ihnen was zu schlucken! Ich holte mir jeden einzelnen Grabstein heraus und baute damit die Mauern meiner Residenz«.

Aber der alte Halunke war um eine Antwort nicht verlegen. »Ah, aber da hatte ich es mit Muselmanen zu tun... und hier sind es Kurden und Araber, und, Wallah!, das sind Bestien! Nein, ich kann Ihnen nicht erlauben, fortzufahren – Sie sind mein liebster und bester Freund – wenn Ihnen irgend etwas zustoßen sollte, das könnte ich nicht überleben!«

Bei seiner Rückkehr nach Nimrud entdeckte Layard, daß der Gouverneur die gleiche Taktik, die er bei Siwas angewendet hatte, auch hier versucht hatte, nur anders herum. Dort hatte er einen Friedhof geschändet, hier versuchte er einen zu schaffen. Eines Tages nämlich kam Da'ud Aga zu Layard und berichtete schüchtern, er und seine Leute hätten auf Befehl des Gouverneurs zwei Nächte lang Grabsteine aus entfernten Orten herbeischleppen müssen, um sie auf dem Hügel aufzurichten.

»Wir haben mehr echte Gräber zerstört«, sagte er, »um diese falschen zu machen, als Ihr zwischen dem Zab und Selamijah[10] antreffen könnt. Wir haben unsere Pferde und uns selber zugrunde gerichtet, um diese verfluchten Steine herzuschaffen!«

Da'ud Aga war ein rauher, aber gutherziger Geselle, ein Freibeutertyp und ein Mann nach Layards Herzen. Sie kamen zu einer Verständigung. Während Layard nach Konstantinopel zurückkehrte, um ein präziser abgefaßtes Firman[11] zu erwirken, welches weitere Einmischungen der örtlichen Instanzen verhinderte, hatten Da'ud Aga und Layards Agent, dem er in der Zwischenzeit die Ausgrabungen anvertraut hatte, des Engländers geheime Instruktionen ausgeführt. Als er Anfang Januar nach Nimrud zurückkam, zeigte es sich, daß die beiden sie nur allzu genau befolgt hatten.

»Nicht nur, daß sie die Scheingräber aufs Sorgfältigste wieder entfernt hatten, sie hatten auch andere, die mehr Anspruch auf Achtung gehabt hätten, ausgerottet.«

Aber wie gewöhnlich zeigte sich Henry der Lage gewachsen. Er ließ sich auf eine gelehrte theologische Auseinandersetzung mit den verletzten Arabern ein, »in deren Verlauf ich ihnen bewies, daß, da die Körper nicht nach Mekka gerichtet waren, es sich nicht um rechtgläubig Gestorbene gehandelt haben konnte. Dennoch befahl ich, die Gebeine sorgfältig am Fuß des Hügels neu zu bestatten.«

Layard und seine Leute stießen bald auf Kostbarkeiten, die aufregender waren als es bereits die Keilschriftplatten gewesen waren.

Noch bevor er nach Konstantinopel reiste, wurden zwei enorme Basreliefs freigelegt. Eines davon zeigte eine Kampfszene.

»Zwei Streitwagen, von reich aufgezäumten Pferden gezogen, waren je mit einer Gruppe von drei Kriegern besetzt. Die Hauptgestalt jeder Gruppe war bartlos und offenbar ein Eunuch. Er war schwer gepanzert und trug einen spitzen Helm, von dem seitwärts Flügel herabhingen und die Ohren, den Nacken und den unteren Teil des Gesichts seines Trägers verhüllten. Die Hand des weitgereckten Arms hielt einen gespannten Bogen gepackt, während die Rechte, die Sehne bis zum Ohr des Kriegers spannend, den Pfeil zum Abschluß bereithielt. Ein zweiter Krieger trieb mit Zügel und Peitsche die Rosse, die über die Ebene sprengten, zu höchster Eile an. Der Dritte, barhaupt und mit herabwallendem Haar und Bart, hielt einen Schild zur Verteidigung der Hauptgestalt empor. Unter den Hufen der Rosse und über das ganze Relief verteilt lagen die von den Pfeilen des Siegers verwundeten Besiegten.«

Ein zweites Skulpturenrelief schildert die Belagerung der Burg einer befestigten Stadt. Von den Türmen sandten Krieger ihre Pfeile herab, Schleuderer waren in Tätigkeit und »eine weibliche Gestalt, an ihrem langen Haar erkennbar... hielt die rechte Hand wie um Gnade flehend erhoben«. Einer der Verteidiger war im Begriff, die Fackel, die er hielt, auf ein Katapult oder eine Belagerungsmaschine hinunterzuschleudern, die auf einer schrägen Rampe gegen die Mauern vorgebracht worden war. Einer der Angreifer legte Feuer an das Tor der Burg, während ein anderer mit einem eisernen Instrument versuchte, die Steine der Grundmauern zu lockern.

Hier und in Khorsabad, wo Botta einen ähnlichen Palast ausgrub, sahen die Menschen des neunzehnten Jahrhunderts die furchtbaren Assyrier in voller Tätigkeit: »Ein Volk, dem der Krieg eine Lust ist.« Nicht länger mehr ein bloßer Name, waren sie nun aus den Blättern der Bibel zu leibhaftigem Leben hervorgetreten.

Einige dieser Skulpturen, Reliefs und Inschriften hatten derart unter Feuer gelitten, daß sie für den Transport zu zerbrechlich schienen. Dieser Teil des Palastes war offenbar bei der Plünderung ein Raub der Flammen geworden. Doch später, als sie einen anderen Teil des Hügels untersuchten, fand Layard völlig intakte Skulpturen und Inschriften, die ausgehoben werden konnten. Die aufregendste Entdeckung aber machten sie eines Morgens, als Layard nach einem Besuch im Lager eines Scheiks nach Nimrud zurückkam. Plötzlich kamen ihm in voller Karriere zwei Araber entgegengesprengt.

»Als sie mich erblickten, zügelten sie ihre Pferde. ›Eile, o Bey‹, rief der eine mir zu, ›eile zu den Grabarbeitern, denn sie haben Nimrud selbst gefunden. Wallah! Es erscheint unglaublich, aber es ist wahr! Wir haben ihn beide mit eigenen Augen gesehen! Es gibt keinen Gott außer Gott!‹ Und mit diesem frommen Ruf sprengten sie ohne ein weiteres Wort in Richtung ihrer Zelte davon.«

Als er die Ruinen erreicht hatte, fand Layard die Arbeiter in der Sohle eines tiefen Grabens.

»Während Awad herbeikam und mich um ein Geschenk bat, damit diese Gelegenheit gebührend gefeiert werden könnte, entfernten die Araber ein in Eile angefertigtes Schutzdach und enthüllten ein gewaltiges menschliches Haupt, eine Rundplastik aus dem Alabaster dieser Gegend. Es war der obere Teil einer Gestalt, den sie bloßgelegt hatten, der Rest war noch in der Erde begraben. Ich erkannte sofort, daß dieses Haupt zu einem geflügelten Löwen oder Stier gehören mußte, ähnlich denen von Khorsabad oder Persepolis.«

Es war ein Meisterwerk assyrischer Kunst. Wie Layard richtig vermutet hatte, war es der obere Teil eines riesigen menschenhäuptigen Stiers, einer von dem Paar, das den Torweg flankiert hatte. Es war begreiflich, daß seine Erscheinung die Arbeiter so bestürzt und erschüttert hatte.

»Das riesige Haupt, von Alter gebleicht, auf solche Weise aus dem Innern der Erde heraufsteigend, muß wohl einem dieser furchtbaren Wesen zugehört haben, welche sich in der Überlieferung des Landes erhalten haben. Nun stieg es langsam aus den Bezirken der Tiefe zu den Sterblichen herauf. Einer der Arbeiter hatte beim ersten Blick auf das Ungetüm seine Mütze auf den Boden geworfen und war, so schnell ihn die Beine trugen, nach Mossul davongerannt. Ich hörte das mit Mißvergnügen, denn ich sah die Folgen voraus.«

Sie waren bald zu spüren. Der Bericht des entsetzten Arabers hatte ganz Mossul auf die Beine gebracht. Die Einwohner strömten aus der Stadt und setzten über den Fluß, um dieses Wunder zu sehen. Andere Schwierigkeiten, teils politischer, teils theologischer Art, zeigten sich alsbald. Die Ulemas, die eiligst zusammengerufen worden waren, um das Ereignis zu diskutieren, konnten sich nicht darüber einigen, ob Nimrud ein rechtgläubiger Prophet oder einer der ungläubigen gewesen war, und sie legten zunächst einmal Protest beim Gouverneur Ismail Pascha ein, der den widerwärtigen Keritli Oglu inzwischen im Amt abgelöst hatte. Er war ein vernünftigerer Mensch als sein Vorgänger, aber er sah sich gezwungen, Layard die Einstellung der Arbeiten zu befehlen, bis die Angelegenheit geklärt sein würde. Er gab Anweisung, »die Funde mit Ehrfurcht zu behandeln und vor jeder Beschädigung zu bewahren, aber die weiteren Ausgrabungen sofort einzustellen.«

Layard fügte sich dieser Anordnung und entließ alle bis auf wenige Arbeiter so lange, bis der Aufruhr sich gelegt haben würde. Inzwischen konnte er in voller Ruhe die Ruinen des Palastes studieren und sich einigen jener typischen, vom Geist des 19. Jahrhunderts diktierten Überlegungen widmen.

»Fünfundzwanzig Jahrhunderte lang waren sie dem menschlichen Blick entzogen gewesen und erstanden nun wieder in ihrer alten Herrlichkeit. Doch wie verändert war der Schauplatz rundum. Der Luxus der hochentwickelten Kultur eines großen Reiches hatte der Unwissenheit und der Dürftigkeit einiger halbbarbarischer Stämme weichen müssen. Der Glanz der Tempel und der Reichtum der großen Städte sind abgelöst durch Ruinen und schattenlose Erdhaufen. Über die weiten Hallen ist der Pflug hingegangen, und Korn weht nun darüber, denn ›Ninive ist öde geworden, dürr wie eine Wüste, darin sich lagern allerlei Tiere bei Haufen. Auch Rohrdommel und Igel wohnen in ihren Säulenknäufen und Vögel singen in den Fenstern und auf der Schwelle ist Verwüstung‹« (Zephanjah II, 13. 14).

Nimrud war natürlich nicht Ninive, aber das Zitat hat auch hier seine Gültigkeit.

Es war nun klar, daß Layard nur unter zwei Voraussetzungen seine Arbeiten fortsetzen konnte: erstlich einer zureichenden Vollmacht der türkischen Regierung, sodann aber auch einer finanziellen Unterstützung durch die britischen Behörden. Canning in Konstantinopel konnte wenigstens das erste durchsetzen, aber als er nach Ablauf seiner Amtsperiode als britischer Gesandter bei der Pforte nach England zurückkehrte und dort versuchte, eine offizielle Hilfe für Layard zu erwirken, hatte er weniger Glück. Erst als er, halb im Scherz, drohte, mit Rawlinson, der jetzt in Bagdad war, auf der Basis eines Privatunternehmens zusammenzuarbeiten, sagte ihm schließlich das Britische Museum 2000 Pfund zu, eine lächerlich zu nennende Summe im Vergleich zu der großzügigen Unterstützung, welche Botta bei seiner Regierung gefunden hatte. Aber noch ehe die offizielle Bestätigung dieser Finanzhilfe eingegangen war, hatte Layard sich schon wieder an seine selbstgestellte Aufgabe begeben.

Seine Schwierigkeiten waren damit noch keineswegs behoben, selbst als die Vollmacht durch die Pforte zugesagt war. Botta war zeitweilig in Mossul durch einen seiner Landsleute, einen gewissen Rouet, ersetzt worden, einen engstirnigen und eifersüchtigen Menschen, der sein Möglichstes tat, um Layards Arbeit durch private Intrigen zu hemmen, und der seine Agenten herumschickte, um sich Ausgrabungsgründe in möglichst vielen noch unberührten Hügeln zu sichern. Damit begann eine unwürdige internationale Rauferei um transportfähige assyrische Altertümer, die vom Louvre und dem Britischen Museum insgeheim unterstützt wurde. Zum Glück gab es noch Gelehrte, die sich abseits von diesen schmutzigen Händeln hielten und ihren Kollegen anderer Nationalität uneingeschränkte Hilfe zuteil werden ließen. Rawlinson zum Beispiel, der unverdrossen an der Entzifferung der Keilschrift weiterarbeitete, hatte sich, um die Arbeit in dem heißen Klima durchführen zu können, im Garten der Residenz einen kleinen Schuppen mit dem Blick über den Strom gebaut. Über das Dach dieses Schuppens wurde pausenlos Wasser gepumpt, um dem großen Mann zu ermöglichen, seine Studien unter erträglichen Verhältnissen weiterzutreiben, selbst wenn die Temperaturen in Bagdad auf 50 Grad im Schatten stiegen. In diesem wassergekühlten Studio waren Botta und Layard jederzeit willkommen.

Als im November 1946 Layards Leute ihre Pickel und Spaten wieder an den Hügel von Nimrud setzten, hatten die tatsächlichen Entdeckungen bereits seine Träume übertroffen. Der kleine Junge, der, von den »Arabischen Nächten« verzaubert, unter dem »großen Florentiner Tisch« gelegen hatte, konnte nun der viktorianischen Welt ebenso phantastische, aber wahre Märchen erzählen.

»Diese ersten sechs Wochen meiner Ausgrabungen waren die erfolgreichsten und fruchtbarsten der langen Folge meiner Untersuchungen in Assyrien. Jeder Tag brachte neue Entdeckungen...«

Eines nach dem andern kamen die steinernen Gemächer der Paläste des Assurbanipal und Asarhaddon nach fast dreitausend Jahren Finsternis ans Licht. Hunderte Tonnen Erde wurden von den Arbeitern unter Gesang bewegt, die Reliefs und Inschriften, die

Tore, von geflügelten Stieren und Löwen bewacht, die gemeißelten Inschriften und die Prozessionen der Götter glänzten im Licht der Sonne auf. Die brutale Kraft assyrischer Kunst war der Wildheit mancher Szenen, die sie darstellte, angemessen. Denn die Assyrer waren, wie wir heute wissen, ein Volk von Kriegern. Sie hatten ihre Kultur, die Keilschrift, mathematisches, astronomisches und medizinisches Wissen von älteren besiegten Völkern übernommen und deren Urkunden kopiert. Die Hallen, in denen die assyrischen Könige Hof hielten und ihre Feste feierten, waren zwar geschmückt, aber nicht mit Fresken, die wie jene der Ägypter Gärten, Blüten, Bäume und Vögel darstellten, ihr Wandschmuck zeigte ausschließlich Szenen von Kämpfen, Eroberungen und den Triumphzügen und Feierlichkeiten, die ihnen folgten. Hier einige kurze Auszüge aus Layards Beschreibung dieser Szenen:

»Der König, die beiden Krieger und ein Eunuch stehen auf Streitwagen, vier weitere Krieger, unter ihnen wieder ein Eunuch, sind zu Pferd. Der Feind flieht zu Fuß und versendet flüchtend seine Pfeile... Adler schweben über den Häuptern der Sieger, einer hat sich schon auf den Leichnam eines Gefallenen niedergelassen. Gruppen von Kämpfenden und solchen, die ihre Feinde niedermetzeln, sind auf verschiedenen Stellen verteilt, und drei enthauptete Körper bilden die Hauptgestalten dieses Basreliefs, welches den Tod darstellt...«

Noch grausiger sind einige der später entdeckten Reliefs: Sie zeigen, wie Gefangene gepfählt oder bei lebendigem Leib geschunden werden, und die Inschriften besagten dazu, als man sie schließlich entziffern konnte:

»Ich machte jeden Zweiten nieder. Ich baute eine Mauer vor den großen Toren der Stadt. Ich zog den Anführern der Rebellen die Haut vom Leibe und bedeckte die Mauer mit ihren Häuten. Einige von ihnen wurden lebend in die Ziegel eingemauert, andere entlang der Mauerzinnen an Pfählen gekreuzigt. Ich ließ Zahllose vor meinem Angesicht schinden und bedeckte die Mauer mit ihrer Haut.«

Solche Worte und Szenen vor Augen, verstehen wir das Frohlocken des Propheten Nahum über Ninives Untergang.

»Wehe dir, blutige Stadt! Du bist erfüllt von Lüge und Greuel, die Vernichtung wird nicht an dir vorübergehen!«

»Deine Hirten schlafen, o König von Assyrien, deine Edlen werden im Staube wohnen, dein Volk wird über die Berge zerstreut werden und niemand wird es mehr sammeln.«

»Keinen Einhalt gibt es für deinen Untergang, der Hall deiner Stimme wird Wehklagen sein, und alle die es vernehmen, werden frohlocken, denn auf wem hätte nicht dein Frevel immerdar geruht?«

Im folgenden Jahr, 1847, bevor er nach England zurückging, erforschte Layard den Hügel von Ninive (Kujundschik) und bestimmte den Palast des Sanherib, aber es dauerte noch zwei Jahre, bis er ihn vollständig ausgraben konnte.

Inzwischen hatte er in England mit Kummer feststellen müssen, daß die besten Stücke seiner wertvollen Funde, die im Britischen Museum aufgestellt worden waren, zum Teil beschädigt waren, daß eins überhaupt nicht mehr vorhanden, die Aufstellung der Sammlung sinnlos und der Katalog vernichtet war. Die Ursache des Schadens konnte bis nach Bombay zurückverfolgt werden. Dort war es die britische Kolonie gewesen, die der Versuchung nicht widerstanden hatte, die Kisten, die zum Abtransport bereit bei der Zollbehörde lagerten, zu erbrechen und ihren Inhalt zu untersuchen. Ein örtlicher Geistlicher hatte sogar eine Vorlesung über das kostbarste Stück von Layards Funden gehalten, den berühmten schwarzen Obelisken Salmanassars II. – zweifellos auf Grund einer halbgaren religiösen Theorie. Während nämlich in Frankreich das Interesse an assyrischen Altertümern vorwiegend wissenschaftlichen oder ästhetischen Gründen entsprang, war die britische Gelehrtenzunft jener Zeit versessen darauf, die literarische Echtheit des Alten Testaments nachzuweisen. Als der Geistliche in Bombay und seine Freunde sich genug daran verlustiert hatten, stopften sie Layards Schätze so sorglos in die Kisten zurück, daß vieles davon beschädigt oder gar zerstört und sein archäologischer Wert bedeutend verringert wurde.

Bottas Funde dagegen wurden mit der größten Sorgfalt nach Frankreich verfrachtet. Die französische Regierung stellte hierfür ein Schiff ihrer Flotte zur Verfügung und finanzierte in großzügigster Weise Vorarbeit und Veröffentlichung von Bottas »Monument de Ninivé«, fünf prächtigen Bänden mit Stahlstichen nach Flandins Zeichnungen.

»So viel Verständnis brachten die Franzosen dem tatsächlichen Wert dieser Funde entgegen«, schreibt Seton Lloyd, »daß die zur Verfügung gestellten Summen nicht nur ausreichend, sondern geradezu verschwenderisch waren und letzten Endes erst diese Ausgrabungen ermöglichten.«[12]

Als Layard versuchte, eine offizielle Finanzhilfe für die Veröffentlichung seiner eigenen Zeichnungen und Pläne zu erhalten, erlitt er eine Abfuhr. Glücklicherweise griff der Verlag John Murray's ein, und ihm ist das Erscheinen des Foliobandes mit Zeichnungen zu verdanken. Layard schrieb eine mehr populär gehaltene Abhandlung über »Ninive und seine Ruinen«, die solche Zustimmung beim großen Publikum fand, daß sich 1849 das Britische Museum denn doch bewogen fühlte, ihm weitere 4000 Pfund für seine Ausgrabungen anzubieten. Allerdings, als er dann zugriff, wurde diese Summe wieder auf 3000 Pfund reduziert.

Im Winter 1849 kehrte Layard nach Mossul zurück und nahm zusammen mit dem britischen Vize-Konsul Christian Rassam die Arbeiten wieder auf. Unterdessen hatten Rawlinson und andere derartige Fortschritte in der Entzifferung der Keilschrift gemacht, daß es nunmehr möglich war, einfache Inschriften zu lesen. Die allgemeine Aufmerksamkeit, die sich mehr den Inschriften als den Skulpturen zugewendet hatte, gewann auch diesen bald wieder mehr Interesse ab, da sie Inschriften zeigten und dazu beitrugen, die Namen der assyrischen Könige und Einzelheiten ihrer Kriegszüge zu bestimmen.

Layard wandte sich nun dem Hügel von Kujundschik zu und wurde alsbald durch die Entdeckung des Sanherib-Palastes belohnt. Dieser Herrscher wird im II. Buch der Könige erwähnt.

»Nun im vierzehnten Jahre des Königs Hiskias kam Sanherib, König der Assyrer über alle befestigten Städte Judas und nahm sie ein.«

»Und Hiskias, König von Juda, sandte Botschaft zum König von Assyrien nach Lakisch und sagte: Ich habe gefrevelt, wende deine Hand von mir. Was du mir auferlegst, will ich tragen. Und der König von Assyrien belegte Hiskias, König von Juda, mit einer Buße von dreihundert Talenten Silbers und dreißig Talenten Goldes.«

»Und Hiskias gab ihm alles Silber, das im Hause des Herrn und im Hause des Königs zu finden war.«

»Und zu dieser Zeit brach Hiskias alles Gold von den Türen des Tempels und von den Säulen, damit der König von Juda sie überzogen hatte, und gab es dem König von Assyrien.«

Gleich andern unbedeutenden Stämmen, deren Land von den Aufmarschstraßen der assyrischen und ägyptischen Heere durchschnitten wurde, hatten die Juden das gewöhnliche Schicksal solcher Völker zu erleiden, die zwischen die Konflikte der Mächtigen gerieten. Hiskias hatte es mit Ägypten gehalten und büßte es nun mit der Zerstörung seiner »festen Städte« und einem harten Tribut an Assyrien.

Als Layard den Hügel von Kujundschik vornahm, fand er in der Innenmauer des Sanherib-Palastes ein Skulpturenrelief, das die Belagerung von Lakisch zeigte, von der oben die Rede war. Die ganze blutige Begebenheit ist mit der bei den assyrischen Skulpturen bekannten Lebendigkeit und Realistik dargestellt. Die Angreifer unterminieren die Mauern, behelmte Krieger erklimmen unter dem Schutz ihrer Schilde eine steile Rampe, und Schauer von Steinen, Fackeln und Brandpfeilen werden von den verzweifelten und zum Untergang bestimmten Verteidigern auf sie herabgesandt. Dann folgt der Triumphzug. Sanherib, aufrecht auf seinem Thron, überwacht den Vorbeizug der Scharen gefangener Männer und Frauen, indes die gefangenen und gefesselten Anführer der Juden von Folterknechten mit langen Messern lebend geschunden werden.

Nicht zu Unrecht hatte Hiskias das Haus des Herrn vom Gold entblößt, um sich und die Seinen vor einem solchen Schicksal zu bewahren.

Aber Layards größter Triumph zu Ninive war die Entdeckung der königlichen Bibliothek, zwei ungeheure Räume, in denen die Schrifttäfelchen mehr als fußhoch gestapelt lagen. 26 000 von ihnen umfaßten Inhalte von der historischen Literatur und diplomatischen Korrespondenz bis zu Handelsverträgen und medizinischen Urkunden.

Die Wissenschaft nahm einen hervorragenden Platz ein, die eigentliche Heilkunde (abgesehen von der Magie) beanspruchte allein 500 Täfelchen, welche genaue, gewissenhafte und brauchbare Vorschriften gegen jede Krankheit unter der Sonne enthielten, vom Ohrenschmerz begonnen bis zur Augenkrankheit, von der Geburtshilfe bis zur Wiederbelebung Ertrunkener. Sie bewiesen eine Kenntnis von etwa 500 Drogen, die Botanik verzeichnete mehrere hundert Pflanzennamen zugleich mit einer umfassenden Darstellung der Kenntnis ihrer Wirkungen. Der Chemiker hatte bereits den praktischen Gebrauch einer großen Anzahl von Mineralien entdeckt... und er hatte eine unschätzbare Anweisung zur Zusammensetzung von Glas und Töpferglasuren hinterlassen.[13]

Wir verdanken jedoch diese Literatur nicht so sehr den Assyri-

Assurbanipal auf dem Prunkwagen unter dem Sonnenschirm. Neben dem König der Fahrer und ein Knappe; zwei Diener folgen dem Wagen mit Fliegenwedeln. Vorne ein Leibwächter und ein Beamter. Alabaster-Orthostate des Palastes in Ninive. Louvre, Paris.

Stier mit Menschenhaupt. Tiglatpileser III. Nimrud, Hauptpalast.
Britisches Museum.

Flügelstier mit Menschenkopf. Mythologische Figur als Befruchter der Dattelpalme. Aus dem Palast Sargon II. zu Khorsabad. Britisches Museum.

Zwei Diener aus dem Sargonpalast tragen einen kostbaren Lehnstuhl. Die Lakaien sind ohne Bart, mit Ohrringen und Haarschopf. Sie tragen ein halblanges plissiertes Oberkleid. Der Prachtstuhl ist an Arm- und Rückenlehne reich geschnitzt und geschmückt. Irak, Museum Bagdad.

Palast des Sanherib. Diener bringen Wild und Geflügel als Tribut. Britisches Museum.

Oben: Portraitdarstellungen assyrischer Diener. – Unten: Rosselenker. Beides Sanherib-Palast, Khorsabad.

Mann mit Lanze bei einer Opfer-Szene. Sanherib-Palast.

Neuassyrisches Reliefbild. Oben: Judäer aus der Stadt Lachisch in Südpalästina auf der Flucht vor den Truppen Sanheribs (2. Könige 18 f.). Frauen und Mädchen in Kapuzenmänteln; Kinder auf einem von Rindern gezogenen Karren. – Unten: Gefangene in den Marschen.

ern als den Völkern Babylons und Sumeriens, die bereits mehr als 2000 Jahre von Sanheribs Geburt im unteren Mesopotamien eine hohe Kultur entwickelt hatten. Tatsächlich sind einige der Volkssagen, der epischen Dichtungen und Legenden, die in der assyrischen Königsbibliothek gefunden worden sind, von der Zeit Sanheribs gleichweit entfernt wie diese von der unsrigen. Assyrische Schreiber hatten sie kopiert und ihrem Sprachgebrauch angepaßt.

Layard und die Archäologen von 1849 hatten von diesen Zusammenhängen noch keine Ahnung, aber wie Schliemann, als er Troja und Mykene ausgrub, betraten sie schon den Weg späterer Generationen von Gelehrten, der sie allmählich zur Entdeckung noch früherer und aufschlußreicherer Kulturen führen sollte. Das Werk dieser späteren Archäologen und die sumerischen verschollenen Städte, die sie entdeckten, werden im nächsten Kapitel behandelt.

Im April 1851 ging Layard wieder nach London zurück. Sein archäologisches Werk war getan, seine Diplomatenlaufbahn hatte begonnen. Einhundertzwanzig Behälter mit seinen Funden wurden nach England verschifft, um im Britischen Museum untergebracht zu werden, wo sie einen großen Teil der verfügbaren Wandflächen beanspruchen. Dort, wenn Ihnen der Sinn danach steht, können Sie die Taten dieser furchtbaren Krieger studieren, angesichts derer Sie, wie schon die Menschen des Viktorianischen Zeitalters, etwas von viktorianischer Unbarmherzigkeit und Liebe zur Gewalt herausspüren mögen. Seton Lloyd bemerkt dazu:

»Diese enormen assyrischen Stiere haben etwas Gemeinsames mit der massiven Philosophie der mittelviktorianischen Ära, mit ihrem unerschütterlichen Glauben an die beste aller möglichen Welten, mit ihren unabänderlichen, an den Vorschriften des Katechismus orientierten sozialen Kastenbegriffen – und alles dies zweifellos, um bewahrt zu werden, ›in saecula saeculorum‹.«

Für solche, die dafür eintreten, diese archäologischen Schätze hätten im Lande verbleiben sollen, gibt es zwei Antworten. Zunächst: Wenn die Hügel von Kujundschik bis auf unsere Generation unangetastet geblieben wären, hätte man sie zweifellos mit größerer Sorgfalt und Sachkenntnis ausgegraben und manches Zerstörte wäre erhalten geblieben. Aber von dem Augenblick an, wo Europäer Interesse an Assyrien gewannen, war es unvermeidbar, daß die alten Städte ausgegraben wurden. Wäre es nicht Layard gewesen, der die Skulpturen gehoben und nach England gebracht hat, dann wären sie mit Sicherheit in andern europäischen Museen gelandet, oder sie wären, schutzlos wie sie waren, dem unwissenden Fanatismus der Araber, denen jedes »Grabbild« ein Greuel ist, zum Opfer gefallen.

So haben, unter diesen Aspekten, vielleicht beide, der Irak und England, Gründe genug, Henry Layard dankbar zu sein.

3. Verschollene Städte in Babylonien

Die assyrischen Städte, Ninive, Nimrud, Assur und andere, sind meist am Oberlauf des Tigris, im Hügelland des nördlichen Mesopotamien errichtet. Hunderte von Meilen südlich, da, wo die beiden großen Ströme Euphrat und Tigris sich träge durch eine endlos-fahle Ebene winden, liegt das viel ältere Sumerien, das spätere Babylonien. Für die Autoren des Alten Testaments war es das »Land Sinear«, in welches Noahs Nachkommen »von Osten her« zogen, um dort eine Stadt zu bauen.

»Es hatte aber alle Welt einerlei Zunge und Sprache. Da sie nun zogen gen Morgen, fanden sie ein ebenes Land im Lande Sinear, und wohnten daselbst. Und sie sprachen untereinander: Wohlauf, lasset uns Ziegel streichen und brennen! Und nahmen Ziegel zu Stein und Erdharz zu Kalk. Und sprachen: Wohlauf, lasset uns eine Stadt und einen Turm bauen, des Spitze bis an den Himmel reiche, daß wir uns einen Namen machen! Denn wir werden sonst zerstreut in alle Länder.«

So beginnt das 11. Kapitel der Genesis. Die Voreltern der Juden hatten sich wahrscheinlich in dieser Gegend angesiedelt, aber dort waren sie nur ein Volk unter vielen. Gewiß ist, daß eine der beiden ältesten Kulturen der Menschheit sich im unteren Mesopotamien entwickelt hat[14].

Unter ihren Städten war »Ur in Chaldäa«, die Geburtsstätte Abrahams.

Bis zur Mitte des vorigen Jahrhunderts war noch nichts über Sumerien und seine Kultur außer jenen knappen Hinweisen der Bibel auf Sinear bekannt. Das Land selber zog keine Reisenden an. Sir Leonard Woolleys Beschreibung davon nennt uns den Grund.

»Von der Kuppe des Hügels (von Ur) aus kann man dem östlichen Horizont entlang die dunkel gezackte Franse der Palmengärten am Flußufer erblicken. Aber nach Westen, Süden und Norden erstreckt sich, so weit das Auge reicht, nichts als eine Wüste unfruchtbaren Sandes. Gegen Südwesten ist der Horizont von einem aufragenden Gipfel unterbrochen, den Ruinen des stufenförmigen Turms der heiligen Stadt von Eridu, nach dem Glauben der Sumerer der ältesten Stadt der Erde. Nach Nordwesten zeigt ein Schatten, den die untergehende Sonne wirft, die ungefähre Lage des niedrigeren Hügels von al'Ubaid an, sonst gibt es nichts, das die Monotonie der öden Ebene unterbräche, über die flimmernde Hitzewellen hinstreichen und die Fata Morgana ihr gauklerisches Spiel mit dem Bild stiller Gewässer treibt. Es scheint kaum glaublich, daß eine solche Ödnis jemals von Menschen bewohnt gewesen sein sollte, und doch bergen die verwitterten Erhebungen zu unseren Füßen Tempel und Wohngebäude einer einstmals bedeutenden Stadt.[15]

Trotz allem hat das südliche Mesopotamien für diejenigen, die sich dem Zauber des Vergangenen nicht verschließen, eine gewaltige Anziehungskraft. Zumal wenn wie hier im Irak, Himmel und Wolken, Meer und Land im Sinken der Sonne ein immer wechselndes Formenspiel zeigen, mischen sich Erinnerungen an die Geschichten des Alten Testaments, babylonische Mythen, geschriebene Historie und archäologische Entdeckungen in einer Weise, die es schwer macht zu unterscheiden, wo das eine endet und das andere beginnt.

Wir haben als Beispiel jene Stelle der Genesis zitiert, welche beschreibt, wie die Nachkommen Noahs ihre Stadt im Lande Sinear erbauten. Wir können aber noch weiter zurückgreifen, zur Erzählung der Sintflut nämlich.

»Und da die sieben Tage vergangen waren, kam das Gewässer der Sintflut auf Erden... also nahm das Gewässer überhand und wuchs sehr auf Erden, daß der Kasten auf dem Gewässer fuhr.«

Unter den 26000 Keilschrifttäfelchen, welche Layard in der königlichen Bibliothek des Assurbanipal zu Ninive entdeckt hatte, befindet sich auch das Epos »Sa nagba imuru«, was bedeutet: »Der welcher alles sieht«. Es ist unter dem Namen Gilgamesch-Epos weithin bekannt geworden. Die elfte Tafel dieses Epos enthält folgende Zeilen:

> »Du Mann aus Schurippak, Utnapischim, Sohn des Ubara-Turu
> baue ein Holzhaus, errichte es in einem Schiff!
> Laß Reichtum fahren, verachte Besitz, rette das Leben!

Bring Lebenssamen von jeder Art in das Schiff!
In gutem Verhältnis seien Länge und Breite!
Baue das Schiff sogleich! Bring es zum Süßwassermeer
und versieh es mit einem Dach.«[16]

Dann fährt das Epos in der Beschreibung fort, wie der Held Gilgamesch sein Schiff baute:

»Zehn Dutzend Ellen eine jede Seite des Deckgeviertes
Jeder Seite gab ich ihre Gestalt und fügte sie zusammen.
Ich fügte sie wasserdicht
Ich sah nach den Staken und legte Vorräte an...«

Dann kam die Sintflut.

»Bestürzung über Adad dringt zu den Himmeln
In Finsternis verkehrend alles was hell gewesen zuvor.
(Das weite) Land wird zerschlagen wie ein Gefäß,
Einen Tag lang (bläst) der Südsturm
Mit immer größerer Gewalt bläst er (die Berge ertränkend)
Er überfällt die Menschen wie eine Schlacht
Keiner kann mehr den andern sehen
noch sieht der Himmel mehr die Menschen...«

bis am siebenten Tag –

»Der fluttreibende Südsturm nachgab in der Schlacht
in der er mit Heeresgewalt gekämpft hat.
Das Meer ward ruhig, der Sturm gestillt und die Flut
verlief sich.
Ich sah nach dem Wetter; Ruhe war eingekehrt.
Zu Erde war alle Menschheit geworden
Und das Land war eben wie ein flaches Dach...«
»...Am Berge Nisir hielt mein Schiff.
Der Berg Nisir hielt das Schiff
und erlaubte ihm keine Bewegung...
Als der siebente Tag gekommen war
sandte ich aus und gab ich frei eine Taube.
Die Taube flog aus, doch sie kam zurück.
Keinen Ruheplatz gab es für sie
Und sie kehrte um.
Dann sandte ich aus und gab ich frei eine Schwalbe.
Die Schwalbe flog aus, doch sie kam zurück.

Keinen Ruheplatz gab es für sie.
Und sie kehrte um...«[17]

Und so fort, bis schließlich »ein Rabe ausflog, und als er sah, daß die Wasser sich verlaufen hatten, fraß, krächzte, kreiste und nicht mehr zurückkam«. Fast alle vertrauten Elemente der Biblischen Geschichte sind hier schon zu finden (wenn auch im einzelnen abweichend), aber sie sind hier mit weit größerer Kraft und in lebendigem Verlauf niedergeschrieben. Dennoch wurde in der Folgezeit diese assyrische Tafel, die immerhin schon um das achte Jahrhundert v. Chr. niedergeschrieben sein muß, als die Kopie einer der noch weitaus älteren sumerischen Dichtung erkannt, von der sich Beispiele aus der Zeit etwa 1500 v. Chr. erhalten haben. Und das Gedicht selber ist sogar noch älter, wahrscheinlich datiert es aus der Epoche vor der Erfindung der Schrift (etwa 3000 v. Chr.).

Das Buch der Genesis dagegen stammt in seiner überlieferten Form etwa aus der Zeit um 700 v. Chr. und es ist sicher, daß die Kompilatoren des Alten Testaments mit literarischem Material arbeiteten, welches älter als die früheste Tradition ihrer eigenen Rasse war und aus dem Land Sinear, dem Geburtslande des Patriarchen Abraham stammt. Es ist ungewiß, auf welche Weise es zu ihrer Kenntnis gekommen sein mag, vielleicht stammt es von ihren Urahnen, die im unteren Mesopotamien lebten, auch mögen sich während der Zeit des babylonischen Exils im 6. Jahrhundert fremde Elemente hineingemischt haben.

In der ersten Hälfte des 19. Jahrhunderts begannen europäische Reisende im unteren Mesopotamien nach den biblischen Städten Ausschau zu halten. Babylon konnte leicht identifiziert werden. Die Kunde von seiner Lage war nie verlorengegangen, und unter den Trümmerresten der großen Hügel nahe dem Dorf Hillah, 25 Meilen südlich von Bagdad gab es einen künstlichen Hügel, der noch den Namen »Babil« trug. Claudius Rich, von dem wir bereits gehört haben, ritt dort im Jahre 1811 mit seiner jungen Frau vorüber. Er war der erste, der eine gründliche und intelligente Untersuchung der Ruinen vornahm, die er ausmaß und skizzierte. Er beobachtete einheimische Arbeiter beim Ausgraben und Fortschaffen von Tonnen alter Ziegel und konnte einige beschriftete Stücke an sich bringen (wie Lord Byron berichtet). Damals war die Keilschrift noch nicht entziffert und Rich besaß weder die nötigen Kenntnisse noch Hilfsmittel, exakte wissenschaftliche Forschungen durchzuführen.

Immerhin machten seine »Memoirs in the Ruins of Babylon«, die zuerst in Wien erschienen, beträchtliches Aufsehen in der europäischen Gelehrtenwelt und gaben der mesopotamischen Archäologie den ersten Impuls. Trotz der konventionellen Frömmelei ihrer Einleitung, die uns ermahnt, nicht zu vergessen, wie unbedeutend Babylon vor dem Auge des Gottes der Juden gewesen war, atmet diese Denkschrift doch echten wissenschaftlichen Geist. Der junge Engländer ging nicht nach Babylon, um dort über die Ruinen zu empfindeln, sondern um zu beobachten, zu messen und seine Ergebnisse zum Vorteil künftiger Forscher niederzuschreiben. Sein Buch ist reich an sorgfältig ausgeführten Landkarten und Plänen. Bewaffnet mit den Werken eines Herodot, Strabo und anderer klassischer Autoren ging er daran, die Merkmale der Stadt zu identifizieren, die sie in ihren Schriften erwähnt hatten.

»Nach den Berichten zeitgenössischer Reisender«, schreibt er, »hatte ich erwartet, mehr von der Anlage Babylons zu finden, als es tatsächlich der Fall war. Dies um so weniger, als ich mir keine Vorstellung von den riesigen Ausmaßen des ganzen Komplexes, noch überhaupt seiner Lage, seiner Echtheit und dem guten Zustand einzelner seiner Teile hatte machen können. Dann aber auch, weil ich geglaubt hatte, ich könnte einige, wenn auch vielleicht nur unzulängliche Anhaltspunkte für die grundlegende Anordnung der Stadt bekommen. Ich hatte mir vorgestellt, einfach sagen zu können: Hier waren die Mauern, so und so groß muß die Grundfläche des Ganzen gewesen sein, dort stand der Palast und dies war höchstwahrscheinlich der Turm des Bel. Ich hatte mich gründlich getäuscht, denn an Stelle einiger deutlich abgegrenzter Hügel fand ich die ganze Fläche des Landes bedeckt mit Spuren von Bauwerken, einzelne als überraschend gut erhaltene Ziegelmauern, andere wieder lediglich aus einer ununterbrochenen Reihe von Schutthaufen bestehend.«

Hügel und Dämme aus Schutt und Ziegeln, hin und wieder von Gräben unterbrochen und ausgehöhlt von Tunnels, welche Steinmetzen gegraben hatten, und, gelegentlich, festere Teile wohlgefügter Ziegelmauern – das war alles, was Rich also von der »mächtigen Stadt« des Alten Testaments zu sehen bekam, in der König Belsazar

»ein herrliches Mahl seinen tausend Gewaltigen machte und soff sich voll mit ihnen.«[18]

Und wo die große Halle stand, in welcher

»hervorgingen Finger wie einer Menschenhand, die schrieben, gegenüber dem Leuchter, auf die getünchte Wand in dem königlichen Saal; und der König ward gewahr der Hand, die da schrieb...«

Wenn wirklich noch Reste von ihr vorhanden waren, dann konnte keine Rede davon sein, sie zu identifizieren. Nicht einmal die Ruinen der gewaltigen Mauern konnte Rich ausmachen, von denen Herodot im 5. Jahrhundert v. Chr. erzählt hatte.

Was nun den legendären Turm von Babel angeht, so hatte zwar Rich seine mögliche Lage auf zwei auffallende Hügel abgegrenzt, aber er war selber nicht ganz von der Richtigkeit dieser Annahme überzeugt. Tatsächlich war dieses ganze Babylon eine einzige Verlegenheit und Enttäuschung. So immens sie war, war die ganze Anlage derart ausgeplündert und zusammengeschlagen, daß es unmöglich schien, ihre Grenzen festzustellen oder ihre Bauten zu bestimmen.

Vierzig Jahre nach Richs Besuch kam Layard nach Babylon. Der Anblick der Ruinen der ehemals so stolzen Hauptstadt des westlichen Asien bewegte ihn tief.

»Ich werde den Eindruck niemals vergessen, den diese langen Reihen von Hügeln und Schutthaufen, welche auf die Lage Babylons hinweisen, auf mich machten, als sie sich in der Ferne vom Licht des steigenden Tages abhoben. Die Trostlosigkeit, die Einsamkeit, diese schattenlosen Haufen, alles, was von der gewaltigen und berühmten Stadt übriggeblieben war, sind wohl geeignet, die Vorstellungskraft zu erregen und zu fesseln. Beim ersten Anblick der Ruinen von Ninive überfiel mich die Begierde, zu erfahren, was sie verbargen, und eine Art von Vorahnung, daß ich eines Tages versuchen würde, dieses Geheimnis zu lüften.«

Aber hier war Layards Vorgefühl trügerisch gewesen. Er war nicht glücklicher als Rich bei dem Versuch, die Situation der Stadt auszumachen oder Gegenstände von wesentlichem wissenschaftlichem oder künstlerischem Wert aufzufinden. Er machte nur bescheidene Funde, die gewöhnlichen beschrifteten Ziegel (sie trugen alle den Namen Nebukadnezars), ein wenig Töpferware und

Siegelzylinder, und ein paar Skelette, die wahrscheinlich aus der Zeit der Seleukiden stammten.

»Weder Reliquien noch Schmuck waren diesen Toten beigegeben worden. Das Holz der Särge befand sich im letzten Stadium des Verfalls und konnte nur Stück um Stück ausgehoben werden. Ein fauler und unerträglicher Gestank ging von diesen widerlichen Überbleibseln und von den Gängen aus, die zu Höhlen wilder Tiere geworden waren, die sich ihren Weg zu ihnen hinuntergegraben hatten...«

Nach wenigen Wochen mußte sich Layard seine Niederlage und Enttäuschung eingestehen. »Die Entdeckungen«, schrieb er, »waren weniger zahlreich und wichtig als ich vorausgesetzt hatte, sie reichten nicht einmal hin, um zu beweisen, daß diese Erd- und Schutthaufen Dinge enthielten, die eine Ausgrabung gelohnt hätten... Von diesen Ruinen Babylons war nichts zu erwarten.« Aber kaum ein halbes Jahrhundert später zeigte es sich, daß der große Mann sich gründlich geirrt hatte.

Wie dem auch sei, es wäre nicht gerecht, Layard deshalb zu tadeln, denn als er seine pessimistische Voraussage machte, war noch viel zu wenig von den alten Städten des unteren Mesopotamien bekannt geworden. Von einigen wußte man zwar, daß sie existierten, ihre düsteren Hügel zogen sich gezackt zwischen den Ufern der beiden Ströme und der weiten Ebene hin. Nun aber, nachdem man gelernt hatte, die alte Schrift wenigstens teilweise zu lesen, konnten einige dieser Hügel mit Hilfe der beschrifteten Ziegel bestimmt werden. Aber noch war es nicht erwiesen, daß die Völker des alten Babylon und Sumerien im Gegensatz zu den Assyrern, die leichter an Natursteine kamen, ihre Städte fast ausschließlich mit sonnengedörrten oder gebrannten Ziegeln hatten bauen müssen. Oft hatten sie sich auch gar nicht erst damit geplagt, Ziegel zu machen, sondern ihre Bauten einfach aus purem Lehm errichtet. Wenn solche Städte dem Ruin anheimfallen, ist es meist unmöglich, zwischen gestürzten Mauerresten und dem umgebenden Erdreich zu unterscheiden. Die archäologischen Methoden um 1850 reichten für diese Aufgabe nicht hin. Als Layard seine Gräben in die Hügel von Babylon zu ziehen begann, grub er sich gleicherweise durch Trümmer und Erdreich, ohne sich viel Gedanken darüber zu machen, was das eine oder andere sei. Ähnliche irreführende Erfahrungen hatte schon Botta in Assur, der alten assyrischen Hauptstadt machen müssen, die auch aus Ziegeln erbaut war. Eine neue

Ausgrabungstechnik mußte erst gefunden werden, mit genauen Voruntersuchungen, äußerster Sorgfalt und einer großen Geduld, mehr Uhrmacher- als Grobschmiedearbeit. Die Pioniere dieser »Feinsieb«methode in Mesopotamien waren die deutschen Archäologen der »Deutschen Orient-Gesellschaft«. Ihr Führer war Dr. Robert Koldewey.

Die Geschichte vom großen Lebenswerk dieses Mannes verlief anders als die der Forscher Layard und Botta. Im März 1899 war er in Babylon eingetroffen, das noch das gleiche Durcheinander von Hügeln, Gräben und Ruinen zeigte wie zur Zeit Layards und Bottas. Aber als fünfzehn Jahre später der erste Weltkrieg ausbrach und den Ausgrabungen ein Ende setzte, hatten die Ruinen bereits Gestalt bekommen. Die Stadt, die Herodot vor nahezu 25 Jahrhunderten erblickt hatte, konnte mit ihren heiligen Straßen, ihrem von gewaltigen Türmen flankierten Ischtar-Tor und beinahe allen ihren Hauptgebäuden, selbst mit den Resten der großen Mauer, die Rich nicht gefunden hatte, genauestens identifiziert werden. In der Nähe des Stadtkerns hatte man sogar E-temen-Anki feststellen können, und Sikkurat, einen Stufenturm mit einer nachgewiesenen Höhe von 250 Fuß, und das mußte der wahre »Turm von Babel« der Genesis gewesen sein, wenn auch vielleicht Bir Nimrud, ein Turm etwas weiter westlich, dafür angesehen werden konnte.

Babylon war eine der ältesten Städte des südlichen Mesopotamien. Es war die Hauptstadt des großen Hammurabi (um 1790 v. Chr.), aber ihre Gründung liegt weiter zurück, vermutlich schon in der Zeit um 3000 v. Chr. Sie ist im 10. Kapitel der Genesis erwähnt, wo sie von Nimrud berichtet und hinzufügt:

»Und der Anfang seines Reiches waren Babel, Erech, Akkad und Chalne im Lande Sinear[19].«

Aber das Babylon, welches Koldewey erforschte, war das des Königs Nebukadnezar (605–562 v. Chr.), der die Juden in Gefangenschaft führte »mit den Fürsten von Juda und Jerusalem und allen Zimmerleuten und Schmieden«, die Zeit, von der Jeremias spricht:

»Man hört eine klägliche Stimme und bitteres Weinen auf der Höhe. Rahel weint über ihre Kinder und will sich nicht trösten lassen über ihre Kinder, denn es ist aus mit ihnen.«

Es war die Stadt, die Herodot im fünften Jahrhundert gesehen hatte. Fünfzig Jahre ehe Koldewey die Straßen und Tempel freigelegt hatte, war die Beschreibung des griechischen Historikers noch eine der Hauptquellen gewesen, aus denen die Kenntnis von Nebukadnezars Stadt stammte. Er sagt von ihr:

»Es kommt zu ihrer Größe hinzu, daß sie an Pracht alle Städte der bekannten Welt übertrifft.«

Und dann geht er an die Beschreibung der großen Mauer, die nach seiner Angabe einen Umkreis von 65 Meilen einschließt und eine Dicke von 50 Ellen (etwa 80 Fuß) hat. Ihre Höhe schätzt er auf 200 Ellen (etwa 320 Fuß).

»Auf der Höhe der Mauer errichteten sie entlang jeder ihrer Seiten eine Reihe von einräumigen, der Innenseite zugekehrten Gebäuden, die genug Raum für einen vierspännigen Kriegswagen freiließen. Hundert Tore sind im Ring der Mauer, alle aus Bronze und mit bronzenen Rahmen und Stürzen versehen... Die große Mauer, die ich beschrieben habe, ist, wenn man so sagen will, der Brustharnisch oder die Hauptwehr der Stadt. Doch gibt es innerhalb noch eine zweite, die nicht so breit, doch kaum weniger stark ist. Inmitten jeder Stadthälfte befindet sich eine Festung; in der einen erhebt sich der Königspalast hinter einer Mauer von großer Stärke, in der anderen der Tempel des Baal, des babylonischen Zeus... Sie hat einen starken Hauptturm, eine Achtelmeile im Quadrat, auf dessen Höhe sich ein zweiter und dritter erheben, und so fort bis zu acht Türmen... Auf der Spitze des obersten steht ein großer Tempel, darin ein schönes breites Lager, reich behangen, und neben ihm ein goldener Tisch. Der Altar enthält kein Bildwerk, und niemand verbringt dort eine Nacht, ausgenommen (wenn wir den Chaldäern glauben dürfen, welche die Priester des Bel sind) einzig ein assyrisches Weib, welches sich der Gott auserwählt haben mag. Die Chaldäer sagen auch – aber ich glaube es ihnen nicht –, daß der Gott selber den Tempel aufsucht und dort auf dem Lager ruht.«

Herodot beschreibt ferner, wie der Euphrat Babylon in zwei Bezirke teilt, und daß in früheren Zeiten Einwohner, die vom einen Bezirk zum anderen gelangen wollten, Boote benutzten. Nitocris aber, eine babylonische Herrscherin, verwandelte vorübergehend den Fluß in ein Becken und »baute dem Stadtkern so nahe wie möglich eine steinerne Brücke über den Fluß, bei der sie Blei und Eisen verwendete, um die Steinblöcke aneinanderzufügen... Schließlich, als das Becken gefüllt und die Brücke fertiggestellt war, wurde der Fluß wieder in sein ursprüngliches Bett zurückgeleitet...«[20]

Andere klassische Autoren wie Plinius, Strabo und Ktesias haben diese Angaben ergänzt, und Diodor der Sizilier erzählte von den »hängenden Gärten« der Semiramis. Diese waren auf einer hohen, mit Rasen, Blumen und starken Bäumen bepflanzten Terrasse angelegt, und ständig mit Wasser, das vom Fluß heraufgepumpt wurde, versorgt. Auch eine breite Prozessionsstraße ist erwähnt, hoch über dem Niveau der Stadt mit ihren geraden, rechtwinklig sich kreuzenden Straßen, ihren Tempeln und Palästen, deren Pracht in der alten Welt ohne Beispiel war.

Auszugraben, was von dieser Herrlichkeit überdauert haben könnte und auf dem Papier zu rekonstruieren, was vernichtet war, schien eine unmögliche Aufgabe zu sein. Koldewey und seinen deutschen und irakischen Helfern ist es zu verdanken, daß sie trotzdem gelöst wurde.

»Vermutlich«, schreibt Seton Lloyd, »leitete die Verfolgung der Mauern aus gebrannten Ziegeln, die kaum Schwierigkeiten machte, unmerklich zu der viel schwereren Aufgabe über, solchen aus lediglich getrockneten Ziegeln nachzuspüren. Jedenfalls ist es gewiß, daß sie sich am Ende ihrer zweiten Arbeitsperiode schon einen Stamm geschulter arabischer Spezialarbeiter hatten schaffen können, deren Nachkommen und Erben den Kern von Fachleuten bildete, die von diesem Tage an bis auf den heutigen bei nahezu allen Ausgrabungsarbeiten eingesetzt wurden... Die Wiederentdeckung von Architekturdetails wurde so sehr künstlerisch verfeinert, daß, als die Arbeit an Babylon von den ersten Kriegsgerüchten unterbrochen wurde, die aus Europa kamen, bereits der gesamte Grundplan der prächtigen Stadt mit ihren komplizierten Befestigungswerken, monumentalen Torbauten, Prozessionsstraßen und nahezu allen Hauptgebäuden ausgegraben oder hinreichend bestimmt worden war, um eine überzeugende und zuverlässige Rekonstruktion zu ermöglichen.[21] Der Versuch, Koldeweys Werk auf wenigen Seiten erschöpfend zu behandeln, wäre verfehlt, aber einige Beispiele sollen wenigstens gegeben werden.

Die deutschen Ausgräber hatten Reste der großen Umfassungsmauer gefunden, die Herodot beschreibt und die Rich und Layard nicht hatten feststellen können. In vieler Hinsicht hatte der griechische Historiker recht. Es gab, wie er schrieb, zwei Mauergürtel, einen inneren und einen äußeren. Der Raum zwischen beiden war mit Schutt angefüllt. Die innere Mauer bestand aus rohen, die äußere dagegen aus gebrannten Ziegeln. In Abständen von etwa 150 Fuß erhoben sich dieser Mauer entlang Türme von etwa 27 Fuß Breite, die nach beiden Seiten die Mauerfront überragten. Die Gesamtbreite der beiden Mauern samt dem dazwischenliegenden Schutt betrug annähernd 80 Fuß. Diese Maße stammen von Herodot. Es handelt sich um eine Breite, die für ein Viergespann genügte, ja sogar dafür, zwei solche Gespanne aneinander vorbeifahren zu lassen.«

»Die breite Fahrbahn«, fügt er hinzu, »war von großer Bedeutung für die Sicherung der großen Stadt. Sie ermöglichte es, Verteidigungskräfte jederzeit schnellstens zu dem Teil der Mauer zu bringen, welcher besonders gefährdet war.«

Die größte Unstimmigkeit zwischen Herodots Beschreibung und Koldeweys tatsächlichen Funden lag in der Länge der äußeren Mauer. Herodot gibt dafür 56 Meilen an, Koldewey dagegen nur 13 Meilen. Das Bild, welches Ktesias gibt, läßt ungefähr auf 42 Meilen schließen, also das Vierfache des genauen Maßes. Dies deutet darauf hin, daß Ktesias irrtümlich die Ausdehnung der gesamten Anlage für die einer einzelnen Seite genommen hatte. Was Herodot angeht, so war Arithmetik nie seine Stärke.

Nebukadnezar selbst erwähnt dieses Werk in einer Keilschrift, welche von dem deutschen Gelehrten zitiert wird, wie folgt:

»Daß kein Angriff Imgur-Bel, die Mauer von Babylon, erreiche. Ich tat, was vordem kein König getan hatte. 4000 Ellen Landes um Babylon, in einer Entfernung, daß er (der Angriff) sie nicht erreichen konnte, ließ ich eine gewaltige Mauer im Osten Babylons errichten. Ich hob ihren Graben aus und ich baute eine Mauer mit Erdpech[22] und Ziegel. Eine gewaltige Mauer baute ich an ihrem Saum, bergehoch...«

Koldewey entdeckte ferner die große Zeremonialstraße, die sich quer durch den Stadtkern von Norden nach Süden zieht, und legte sie frei. Die Mittelbahn dieser Straße war mit Kalksteinplatten in einer Breite von mehr als drei Fuß gepflastert, beiderseits flankiert von rot und weiß geäderten Breccienplatten. Jede Platte zeigte eine Inschrift folgenden Inhalts:

»Nebukadnezar, König von Babylon, Sohn des Nabopolassar, Königs von Babylon, bin ich. Die Straße Babels pflasterte ich mit Schadugestein für die Prozession des Großen Herrn Marduk. Marduk, Herr, gewähre ewiges Leben.«

Marduk war einer der Hauptgötter Babylons.

Diese Prozessionsstraße war beiderseits von hohen Verteidigungsmauern gesichert, 23 Fuß dick und mit buntfarbig glasierten Ziegeln geschmückt, von denen noch viele auf dem Gelände gefunden wurden. Diese hohen Mauern führten zu dem gewaltigen Tor der Ischtar, einer doppelten Einfahrt, die, gleichfalls mit glasierten Ziegeln bedeckt, Stiere und Drachen in lebhaftem Kolorit zeigte und sich zu einer Höhe von 40 Fuß erhob. Der Eindruck dieser großen Zeremonienstraße mit ihren massiven Mauern und turmbewehrten Toren muß überwältigend gewesen sein. Die Löwen, die sich goldschimmernd vom blauen Grund der glasierten Ziegel abhoben, schritten hintereinander auf jeder Seite dieser breiten gepflasterten Straße. Koldewey schreibt dazu:

»Die hohen Verteidigungsmauern... verwehren jede Annäherung an das Tor. Von Verteidigern bemannt, wurde diese Straße zum wahren Todesweg für den Narren, der dies versuchen sollte. Der Eindruck von Gefahr und Schrecken auf Freund und Feind wurde durch den Anblick der in langen Reihen, einer nach dem andern sich nähernden Löwen verstärkt, die in leuchtend glasierten Flachreliefs die Mauerflächen zierten.«

In der südlichen Zitadelle, von den Arabern Kasr genannt, grub der Archäologe den unteren Teil eines Kuppelgebäudes mit vierzehn massiven Tonnengewölben aus, welche »wie die Gelenke eines Teleskops frei auf und ab bewegt werden konnten«. Die Babylonier des 6. Jahrh. v. Chr. kannten bereits die Funktion des dehnbaren Gelenks.

Koldewey fährt fort: »Nicht nur in dieser Hinsicht ist dieses Bauwerk einzigartig unter den Gebäuden von Babylon, es ist auch in anderem Zusammenhang ungewöhnlich. Es wurden nämlich Steine dazu verwendet... Es ist zu beachten, daß nach der gesamten auf Babylon bezüglichen Literatur einschließlich der Keilschrifttexte Stein als Baumaterial lediglich an zwei Stellen verwendet worden ist, nämlich an der Nordwand des Kasr und zu den *hängenden Gärten*.[23]

In einer der westlichen Kammern dieser Kuppelkonstruktion stießen die Forscher auf einen seltsamen, allen bisher in Babylon oder anderen Städten gefundenen unähnlichen Brunnen. Er hatte drei Wellen, eine längliche in der Mitte und zwei weitere rechtwinklig davon zu beiden Seiten.

»Ich finde keine andere Erklärung«, schreibt Koldewey dazu, »als daß hier eine mechanisch-hydraulische Vorrichtung gestanden haben muß, die nach demselben Prinzip arbeitete wie unsere Kettenpumpe, bei der an einer Kette befestigte Eimer über eine Welle laufen, die über dem Brunnenrand befestigt ist.«

Es kann kaum zweifelhaft sein, daß dies der Unterbau des Komplexes war, welcher die berühmten hängenden Gärten trug. Frühere Forscher hatten ihn vergeblich gesucht.

»Das Dach ist von einer ungewöhnlich tiefen Schicht Erde bedeckt. Die Luft, welche durch das Laub der Bäume in die Räume drang, muß durch die ununterbrochene Bewässerung der Vegetation von köstlicher Kühle gewesen sein. Möglicherweise erledigten die Großen des Palastes ihre Geschäfte während der Sommerhitze in diesen gekühlten Räumen... Der Schutz des Daches gegen eindringende Feuchtigkeit, wie ihn griechische und römische Autoren beschrieben haben, stimmt genau mit dem überein, was wir von der Praxis der alten Architekten wissen.«

Der Autor fügt hinzu: »Der Ausdruck ›hängend‹ hat zweifellos viel zur Berühmtheit der Gärten beigetragen, obgleich das Wort ›pensilis‹ (bei Curtius Rufus) bei den Gelehrten des Altertums nicht die gleichen Assoziationen weckte wie bei uns. *Pensilia* waren die Balkons der Römer und für sie etwas durchaus nichts Ungewöhnliches. Der Grund, warum die hängenden Gärten zu den sieben Weltwundern gezählt wurden, ist darin zu suchen, daß sie auf dem Dach eines bewohnten Gebäudes angelegt waren.«

Südlich des Haupthofes fanden die Ausgräber den größten Raum der Festung, den Thronsaal der babylonischen Könige. Er war mehr als 150 Fuß lang und 60 Fuß breit. Dem Haupteingang gegenüber befand sich eine Doppelnische, in der ohne Zweifel der Thron gestanden hat, so daß der König auch von den Außenstehenden gesehen werden konnte. Hier wird es wohl gewesen sein, wo Belsazar sein Fest gehalten hat, als die Meder und Perser in jener verhängnisvollen Nacht die Stadt stürmten.

»Und in dieser Nacht wurde der König Belsazar erschlagen und sein Reich zerteilt.«

Eines nach dem anderen wurden die Hauptgebäude durch die geduldige Methode der Deutschen freigelegt; der Tempel des Nimach, der Burggraben von Imgur-Bel und der heilige Bezirk, welcher den Sikkurat (Turm) Etemenanki umschloß, dem »Grundstein Himmels und der Erde«, den eigentlichen Turm von Babylon. Es war ein mächtiger rechtwinkliger, von Gebäuden umstandener Hof. Einige von diesen mögen Pilger beherbergt haben, die zum Altar des Gottes wallfahrteten, andere die prächtigen und weitläufigen Wohnungen hoher geistlicher Würdenträger gewesen sein. Es war, wie Koldewey sich ausdrückt, »der babylonische Vatikan«, der Platz, den Herodot als das »erztorige Heiligtum des Zeus Belus« beschreibt. Am einen Ende dieses Hofraums erhob sich der Turm, achtstöckig. Zu welcher Höhe er ursprünglich aufgeführt worden war, ist ungewiß. Beide Könige, Nebukadnezar und sein Vater Nabopolassar, haben Inschriften hinterlassen, die seine Höhe rühmen. Nabopolassar sagt:

»Zu dieser Zeit hat Marduk mir befohlen ... des Turmes von Babylon, der in der Zeit vor der meinigen schwach geworden und zum Einsturz gebracht worden war, Grundfesten sicher ans Herz der Unterwelt zu legen, während seine Spitze sich himmelwärts streckt.« (Nach Delitzsch)

Und sein Sohn rühmt sich, daß

»Die Spitze des Etemenanki so hoch hinaufreiche, daß er mit dem Himmel wetteifere, unternahm ich.«

Die großen Türme oder Sikkurats, die charakteristischsten Merkmale sumerischer, babylonischer und assyrischer Städte, waren der materielle Ausdruck für das Aufwärtsstreben der Tieflandmenschen. Von der Höhe dieser Bauten, die sich in den Himmel reckten, konnten sie hinabblicken auf das fruchtbarste Land der Erde, Meile um Meile grüner Felder, Palmenhaine und Weinberge, kreuz und quer vom Netzwerk der Wässerungskanäle durchschnitten, wo nun nichts mehr zu sehen ist als stumpfbraune Wüste, die sich dem Horizont entgegendehnt. Bei Dämmerung und Sonnenuntergang zeichnen sich jetzt noch die ausgetrockneten Bette der ehemaligen Kanäle als dunkle Linien in der Alluviallandschaft ab, die einzige Erinnerung an die Millionen, die hier eine der beiden ersten Kulturen der Erde ins Leben gerufen haben.

Diese Kultur hing von dem vielfältigen Bewässerungssystem ab, das durch Tausende von Jahren entwickelt und gepflegt worden war. Aber als im 13. Jahrhundert die Mongolenhorden brennend, plündernd und mordend in Mesopotamien einfluteten, ruhten die Pumpwerke, die Kanäle verschlammten, die Felder entvölkerten sich und starben.

Babylon selbst versank nach einer kurzen Auferstehung noch einmal zu den schattenlosen Massen von Ruinen, die Rich und Layard erblickt hatten. Denn Ziegelmauern, die einmal freigelegt wurden, zerkrümeln rasch, und nach dem Abzug der Deutschen haben sich Bauarbeiter von Hillah praktisch jedes einzelnen Ziegels des Sikkurat von Etemenanki bemächtigt. Übrig blieben die Seiten in Koldeweys Buch, die man nicht ohne eine gewisse Wehmut liest.

»Wozu wurden diese Kenntnisse vermittelt angesichts der harten Sprache der Tatsachen, die diese Gebäude reden, zerstört, wie sie sind? Die kolossale Masse des Turms, den der Gott des Alten Testaments als den höchsten Ausdruck menschlicher Vermessenheit betrachtete, inmitten der stillen Priesterpaläste, die weiten Schatzhäuser, den zahllosen Herbergen für Fremde, – weiße Mauern, bronzene Tore, mächtige Befestigungsanlagen in der Runde, mit ragenden Toren und ein Wald von tausend Türmen – dieser Anblick muß einst eine überwältigende Empfindung von Größe, Macht und Wohlstand erweckt haben, wie kaum ein anderer irgendwo im großen babylonischen Reich.«

»Ich sah einmal die überlebensgroße silberne Statue der Jungfrau, beladen mit Votivgaben, Ringen, kostbaren Steinen, mit Gold und Silber, von vierzig Männern auf einer Sänfte getragen, im Portal des Doms von Syrakus erscheinen, hoch über den Köpfen der versammelten Menge... nach diesem Bild schuf ich mir das einer Prozession des großen Marduk, wie er aus Esagila hervorkam, vielleicht durch den Peribolos, um seinen Triumphzug durch die Prozessionsstraße von Babylon anzutreten.«[24]

4. Verschollene Städte in Babylonien II

Während der zweiten Hälfte des 19. Jahrhunderts meisterten die Wissenschaftler schrittweise die Keilschrift, so daß mehr und mehr von den alten Inschriften gelesen werden konnte. Es muß hier betont werden, daß die Keilschrift keine Sprache, sondern ein Schriftsystem ist. Wie das lateinische Alphabet zur Niederschrift von Deutsch, Französisch, Italienisch oder anderen europäischen Sprachen benutzt werden kann, so wurden diese kleinen gemeißelten Charaktere von vielen Völkern des westlichen Asiens verwendet, um mit ihnen ihre eigenen Sprachen und Dialekte zu fixieren, Sumerisch, Akkadisch, Assyrisch, Persisch und so fort. Dies hat einen unmittelbaren und sehr wesentlichen Bezug zur Forschung nach den verlorenen Städten Babyloniens. Ehe die Inschriften entziffert werden konnten, waren Archäologen wie Rich und Layard hauptsächlich an gegenständlichen Funden interessiert, Gebäuden, Plastiken, Waffen, Möbeln und Gebrauchsgegenständen, doch mit dem Augenblick, als die Inschriften lesbar wurden, beginnt ein neues Kapitel.

Wir haben die königliche Bibliothek des Sanherib schon erwähnt, die Layard in Ninive entdeckt hatte. 1852 durchsuchte Layards früherer Assistent Ormudz Rassam im Auftrag des Britischen Museums den Hügel noch einmal und entdeckte dabei eine zweite Königsbibliothek, die des Assurbanipal. Der Boden des Raumes war hoch hinauf bedeckt mit Inschriftentäfelchen, und an den Wänden leuchteten die berühmten Löwenjagdreliefs, die jetzt im Britischen Museum zu sehen sind. Zu jener Zeit konnten die Täfelchen noch nicht einwandfrei entziffert werden, aber später, als dies der Fall war, verrieten sie, daß im südlichen Mesopotamien bereits eine wesentlich ältere Kultur bestanden haben mußte, der die Erfindung der Schrift zu verdanken ist.

Immerhin konnten damals schon durch Henry Rawlinson, der 1851 an seinen Posten als Resident in Bagdad zurückgekehrt war, einige Namen gelesen werden. Zwei Jahre zuvor hatte ein anderer junger Engländer, William Kennet Loftus, ein Mitglied der Türkisch-Persischen Grenzkommission, eine abenteuerliche Reise zu Pferd quer durch die Wüste und Sumpfgebiete vom Euphrat zum Tigris unternommen. Begleitet war er dabei von einem jungen Freund namens H. A. Churchill. Er war höchst überrascht und angeregt, mancherorts große Schutthügel die Lage längst gestorbener Städte kennzeichnen zu sehen und Spuren eines ausgeklügelten Kultivationssystems zu entdecken mit Kanälen und Gräben, die bewiesen, daß hier einmal grüne Felder und Obstgärten gewesen sein mußten, wo jetzt nur Wüste war. Der Führer der Mission, Colonel Williams, war so beeindruckt von dem Bericht des jungen Mannes, daß er Loftus gestattete, in einer der Städte zusammen mit zwei Freunden, Boutcher und Kerr Lynch, Ausgrabungen zu veranstalten. Loftus kehrte also an den Platz zurück und grub dort drei Monate, aber die Masse war so gewaltig, daß seine Grabungen ziemlich wirkungslos blieben. Immerhin konnte Rawlinson aus einigen Inschriften den alten Namen der Stadt identifizieren. Es handelte sich um *Erech*. Und wieder erinnerte man sich des 10. Kapitels der Genesis, welches die Generationen der Söhne Noahs behandelt.

»Chus aber zeugte Nimrod. Der fing an, ein gewaltiger Herr zu sein auf Erden... Und der Anfang seines Reiches war Babel, Erech, Akkad und Chalne im Lande Sinear.«

Loftus begab sich nun zu einer anderen Stelle, Senkara, wo seine Arbeit ein wenig von Löwen gestört wurde, die allnächtlich über die Felder schweiften und, einen nach dem andern, die Hunde des Archäologen auffraßen.

»Der arme Toga gab nur ein ersticktes Geheul von sich, und dann war es aus mit unserm letzten Wächter. Er wurde davongeschleppt und verspeist.«

Bald erhielt Rawlinson Inschrifttäfelchen aus Senkara, und wieder einmal brachte er es fertig, den ursprünglichen Namen zu bestimmen. Es war Larsa, das Ellasar des 14. Kapitels der Genesis.

Während Loftus in Warka und Senkara an der Arbeit war, untersuchte ein anderer Amateur, der britische Vizekonsul I. E. Taylor den Hügel von Tel Muqyyar bei Nasira. Dort waren wohlerhaltene Reste eines hohen Sikkurat. In diesen trieb Taylor einen Gang und stieß durch Zufall in einer Ecke des Mauerwerks auf einen kleinen Inschriftenzylinder. Er grub sich in die andern Ecken vor und fand dort ähnliche Zylinder, die er Rawlinson zur Entzifferung schickte. Der Name war *Ur*, die Stadt in Chaldäa, die Abrahams Geburtsstätte war.

Um diese Zeit hatte keiner der Ausgräber, die an den großen Hügeln arbeiteten, auch nur eine Ahnung von ihrem tatsächlichen Alter. Datenvergleiche durch Töpferarbeiten und das sorgfältige Studium der Schichtungen als Anhaltspunkte für Alter und Vergleichsmöglichkeiten mußten erst noch entwickelt werden. Aber das lag alles noch in der Zukunft, in der eine wissenschaftlich ausgebildete Generation von Archäologen imstande sein würde zu beweisen, daß einige dieser Hügel, wie etwa Wakra, über die Dauer von mehreren Jahrtausenden bewohnt gewesen waren. Mittlerweile, als nämlich schon ein großer Vorrat jener Tontafeln, der Palastarchive, zusammengetragen und entziffert worden war, war es möglich geworden, die Namen von Königen jener lang verschollenen Kulturen zu bestimmen und ihre Geschichte, Religion und Volksmythen zu studieren. Und die Hügel von Babylon, die Layard und andern wenig oder nichts gesagt hatten, wurden nun weitaus interessanter als die Steinpaläste der assyrischen Könige, welche im Vergleich mit den Sumerern nur Fremdlinge waren.

Einen starken Impuls vermittelte die Entzifferung der Tafeln der königlichen Bibliothek zu Ninive, als es sich herausstellte, daß viele von ihnen Kopien weitaus älterer Texte waren. Ein Pionier auf diesem Gebiet war Georges Smith, in den sechziger Jahren Lehrling in einer Banknotendruckerei. Während seiner Mittagspausen pflegte er das Britische Museum zu besuchen, wo er die damals gerade ausgestellten assyrischen Inschriften studierte. Einer der führenden Männer des Museums, dem der Enthusiasmus und die Kenntnisse des jungen Mannes Eindruck gemacht hatten, verschaffte ihm eine bescheidene Stellung in der Leitung des Instituts und ermutigte ihn zum Studium. Genau dies war es, worauf Smith abgezielt hatte, und als man ihm die Aufgabe übertrug, die Tausende von Tontafeln der Assurbanipal-Bibliothek zu sortieren und zu bestimmen, machte er eine Entdeckung, die ihn alsbald berühmt werden ließ. Mit seinen eigenen Worten:

»Im Beginn sorgfältiger Untersuchungen... fand ich bald das Bruchstück einer sonderbaren Tafel, die offenbar ursprünglich sechs Kolumnen enthalten haben mußte. Als ich die dritte herunterlas, fesselte mich die Erzählung, das Schiff sei auf dem Berge Nizir gelandet, der ein Bericht über die Aussendung der Taube folgte, und ich begriff mit einem Schlag, daß ich zum mindesten einen Teil des Chaldäischen Sintflutberichtes entdeckt hatte.«

Es war die Schriftstelle, die wir im vorigen Kapitel zitiert haben. Als Smith einen Bericht über den Gegenstand verfaßte, verursachte er solches Aufsehen vornehmlich unter den Theologen, daß eine Londoner Zeitung anregte, Smith als Leiter einer Expedition nach Ninive zu schicken mit der Aufgabe, die verlorenen Bruchstücke der Erzählung aufzufinden. Und nun geschah das Unglaubliche, daß er gleich zu Beginn seiner Arbeit beim Durchkämmen des von seinen Vorgängern zurückgelassenen Schutts das kostbare fehlende Fragment aufspürte.

Unglücklicherweise starb Smith bereits vier Jahre darauf an einer Dysenterie, die er sich auf einer Reise quer durch die Wüste von Mossul zum Mittelmeer zugezogen hatte. Der erste Archäologe, der, wie Seton Lloyd sagt, »seinen Tod auf dem Felde der Ehre gefunden hat«.

Die Dichtung, von der die »Sintflut« einen Teil darstellt, ist das Epos von Gilgamesch, dem legendären Helden der sumerischen Folklore. Als dichterische Schöpfung ist es mit den Epen Homers verglichen worden. Es war nicht in assyrischer, also semitischer Sprache verfaßt, sondern in einer unbekannten nicht-semitischen. In dieser Sprache waren auch zahlreiche andere Inschrifttafeln der königlichen Bibliothek gehalten, und glücklicherweise waren es zweisprachige Texte und Fibeln, welche es möglich machten, sie zu entziffern und zu lesen. Entdeckungen dieser Art und weitere Tontafeln aus Städten des südlichen Mesopotamien führten in die Welt der geheimnisvollen Sumerer ein, welche das Gebiet zu einer Zeit vor 3000 v. Chr. bewohnt hatten. Sie teilten sich mit den alten Ägyptern in den Anspruch, die Erfinder der Schrift zu sein und die erste Kultur der Erde geschaffen zu haben.

Von den siebziger Jahren bis zum heutigen Tag waren Archäologen der verschiedensten Nationen am Werk, die Geschichte dieses Volkes zusammenzutragen. In dieser Zeit hat die Methode der Forschung sich zu ändern begonnen. Anstatt wie bisher eine große Anzahl von Hügeln abzutragen, in der Hoffnung, raschestens transportfähige Museumsstücke zu finden, wurden gut organisierte und von ihren Regierungen, Universitäten oder Museen finanzierte Expeditionen ausgeschickt und auf die gründliche und gewissenhafte Erforschung weniger ausgewählter Städte konzentriert. Eine solche war die französische Expedition zum Hügel von

Telloh (dem alten Lagasch) unter de Sarzec, und die amerikanische unter Peters, der jahrelang in Nippur grub.

Ernest de Sarzec war französischer Vizekonsul in Basra gewesen. Da er genügend Zeit hatte, suchte er um die Genehmigung nach, die ausgedehnten Ruinenfelder einer bisher unbekannten Stadt in der Nähe des Schatt-al-Hai-Kanals auszugraben, von der ihm ein gewisser Mr. I. Asfar, ein Antiquitätenhändler, erzählt hatte. Nachdem er zunächst den eifrigen Schweißhund des Britischen Museums, Ormuzd Rassam (der bereits diese Stelle ausgeschnüffelt hatte) abschütteln mußte, gelang es dem Franzosen, eine ausschließliche Graberlaubnis und eine finanzielle Garantie seiner Regierung zu erhalten[25].

25 Jahre lang untersuchte er in der Folgezeit, Saison um Saison, das ganze umfangreiche Gebiet. Obwohl seine Ausgrabungstechnik, an heutigen Maßstäben gemessen, reichlich brutal, und der Plan, nach dem er vorging, skizzenhaft und flüchtig war, gelang es de Sarzec als erstem, eine großangelegte sumerische Stadt auszugraben und der Welt ihre bemerkenswerte Kunst zu erschließen.

Wenn schon die sumerische Kunst viele Bewunderer hat, so muß der Verfasser gestehen, daß er nicht zu ihnen gehört. Die archaischen Plastiken, die de Sarzec fand, diese kleinen, dickbäuchigen, glotzäugigen Menschen und Götter, mögen gewiß treffend und lebensnahe gestaltet sein. Der Generation, die vom Naturalismus griechischer und römischer Skulptur gelangweilt war, boten sie sicher ein willkommenes Stimulans, und als sie im Louvre ausgestellt wurden (wo einige der bedeutendsten Stücke zu sehen sind), erregten sie stärkstes Interesse bei den großen zeitgenössischen Künstlern französischer Schule und beeinflußten in mancher Hinsicht deren Arbeiten. Aber verglichen mit der ägyptischen Plastik der gleichen Periode (etwa 2500 v. Chr.) ist nach Ansicht des Verfassers etwas Abstoßendes und Pervertiertes in dieser Bildkunst der Sumerer. Der aztekischen oder Majakunst vergleichbar kann man sie entweder nur lieben oder ablehnen.

Ausgezeichnete Beispiele befinden sich im Britischen Museum, so der berühmte »Hauptmann von Lagasch«, und in führenden amerikanischen Galerien in New York und Pennsylvania. Hier muß der Leser selber entscheiden.

Wie Lagasch, Eridu, Ur und Nippur sind die sumerischen Städte zu Beginn des dritten Jahrtausend entstanden, obgleich es schon früher Siedlungen auf diesem Gebiet gegeben hat. Sie waren aus Ziegel gebaut, wie es die Genesis beschreibt, und beherbergten, je nach ihrem Rang, Paläste von Fürsten oder Königen und einen oder mehrere der gewaltigen Tempel, unter denen die hohen Türme der Sikkurat der Stadt ihre charakteristische Note gaben. Die Hauptgötter waren Naturgottheiten wie *Anu*, der Gott des Himmels, *Ki*, die Erdgöttin, *Enlil*, der Kriegsherr und Gott der Stürme und *Enki*, der Gott der Gewässer, die das Schicksal der Sumerer bestimmten. Wie in Ägypten lebten die Menschen Sumeriens von den großen Strömen, mit denen sie ihre Felder kanalisierten und bewässerten. Regenfälle traten jährlich nur in der kurzen Periode ein, in welcher der Euphrat über die Ufer trat. Sein Wasser, in Dämme eingefangen, hatte die Felder während der langen Dürre-Periode durch ein wohldurchdachtes System von Gräben und Kanälen zu versorgen.

Dies war es, was den nomadisierenden Vorfahren der Sumerer ermöglicht hatte, sich für die Dauer an einem Platz niederzulassen, Bauern und Hirten zu werden und eine Kultur zu entwickeln. Die Früchte dieser Kultur, ihre ummauerten Städte, die sozialen Ordnungen mit ihren gesetzgebenden und verwaltenden Systemen, Wissenschaften und Künsten – dies alles entsprang letzten Endes dem Strom, an dessen Ufer diese Menschen lebten. Die Schrift, die sie erfunden zu haben scheinen[26], hat ihren Ursprung in der Notwendigkeit, Ernteerträge und Herden-Kopfzahlen aufzuzeichnen usw. Astronomie und Mathematik und die Erfindung des Kalenders konnten sich in einem Lande entwickeln, in welchem den größten Teil des Jahres über ein unbedeckter Himmel die genauen Beobachtungen des Jahreslaufs ermöglichte, welcher die wichtigen Vorgänge von Saat und Ernte bestimmte. Die Fertigkeit der Metallbehandlung, die Herstellung bronzener Waffen und Geräte sollte sich schneller und nachdrücklicher in einem sozialen Gefüge entwickeln, welches die wandernden Handwerker zu Zünften zusammenschloß und durch die Gemeinschaft schützte und förderte. Unter den gleichen Aspekten gedieh die Architektur, indem ein einheitliches Maßsystem ihr die Planung monumentaler Bauten ermöglichte.

Das Baumaterial war Lehm, der in unerschöpflichen Mengen zur Verfügung stand und leicht zu Ziegelsteinen verarbeitet werden konnte, die entweder an der Sonne gedörrt oder im Ofen gebrannt wurden. Natursteine dagegen wurden nur selten verwendet, sie waren teuer und mußten über große Entfernungen herangeschafft werden. Wie wir bereits gesehen haben, erforderte die Ausgrabung derartiger Bauten die äußerste Behutsamkeit und Überlegung, welche den früheren Ausgräbern noch gefehlt hatten. Trieben sie doch ihre Schächte unbedenklich durch Ziegelmauern hindurch, die gewissenhafte Arbeiter zweifellos hätten entdecken müssen. Aber Schritt um Schritt entwickelten sich dank Koldewey und seinen Helfern die unumgänglichen Handgriffe.

Die nächsten auf dem Schauplatz waren dann die Amerikaner, die 1887 unter dem Beistand der Universität von Pennsylvania in Nippur zu graben begannen. Der Leiter der Expedition, Peters, hatte bisher noch nicht im Osten gelebt und wußte daher wenig von Art und Weise der Araber. Anstatt sich der Hilfe und des Schutzes des örtlichen Scheik zu versichern, unterstellte er seine Leute einem türkischen Beamten. Das schuf Spannungen, die durch Peters' Nervosität und Reizbarkeit verschärft wurden. Ein kleiner, unerheblicher Diebstahl ereignete sich, der unter den erfahrenen Händen eines Layard oder Botta in aller Ruhe hätte beigelegt werden können. Aber als dann ein Lagerwächter einen Stammesangehörigen tötete, verlor Peters den Kopf und forderte Truppen an. Den Ausgang der Affäre hat Hilprecht, ein Mitglied der Expedition und ihr späterer Leiter, sehr anschaulich geschildert. Er vermittelt ein lebhaftes Bild von den Schwierigkeiten mesopotamischer Archäologie in den achtziger Jahren.

»Donnerstag, den 18. April, lange vor Sonnenaufgang, war die ganze Expedition bereit, den Hügel zu verlassen und nach Hilla aufzubrechen, als ein Araber auf den verräterischen Befehl Mukota's Feuer an die Umzäunung von Schilfrohr und Matten legte und in weniger als fünf Minuten den ganzen Lagerplatz einäscherte. Einen Augenblick lang herrschte äußerste Verwirrung. Die *Zabitye* wurden demoralisiert und besetzten einen benachbarten Hügel. Und während wir versuchten, unsere Habe zu retten, begannen mehrere Araber zu plündern. Die Hälfte unserer Pferde kam in den Flammen um, Schußwaffen, Satteltaschen und tausend Golddollar fielen in die Hände der Plünderer, aber die Altertümer wurden geborgen. Unter den Kriegstänzen und dem Geheul der fanatisierten Araber zog die Expedition schließlich ab.[27]«

Zwei Jahre danach kehrte die amerikanische Expedition zu einem neuen, diesmal erfolgreicheren Versuch zurück. In drei Arbeitsetappen hat sie dreißigtausend Schrifttafeln aus der Erde gefördert; meist waren es Geschäftsaufzeichnungen, aber sie enthielten außerdem zweitausend literarische Texte von großer Wichtigkeit. Tatsächlich ist der überwiegende Teil der bekannten sumerischen Literatur in Nippur von den Amerikanern ausgegraben worden.[28] Unter diesen Tafeln befand sich eine, welche ein Fragment über die Sintflut enthielt, das sich wesentlich von dem in Ninive gefundenen unterscheidet.

Ein anderes Werk beschreibt den Tod des sumerischen Helden Gilgamesch, ein drittes erzählt, wie die Himmelsgöttin Inanna die Unterwelt besucht – ein Thema, das bemerkenswerte Parallelen zu den Mythen anderer Völker aufweist, wie etwa der griechischen Persephone-Mythe. Es ist ein Märchen voller Gestalten von Geistern, Ungeheuern und Dämonen, mit denen die primitive Vorstellung das Reich des Todes bevölkert, und es erinnert in gewisser Weise auch an das altägyptische »Totenbuch«. Die Göttin entschloß sich entgegen allen vernünftigen Vorstellungen dazu, die unteren Bezirke aufzusuchen und schmückte sich für diese Fahrt mit den königlichen Juwelen. Die Stelle ist als Beschreibung der Toilette einer sumerischen Königin höchst interessant.

»Die Sugurra, die Krone des Schlachtfeldes, hat sie auf ihr Haupt gesetzt.
Die Perücke für ihre Stirn hat sie genommen,
Maßstab (und) Schnur von Lapislazuli hat sie gegriffen mit ihrer Hand,
Kleine Lapis-Steine hat sie um ihren Nacken gewunden,
Funkelnde Steine hat sie befestigt an ihrer Brust,
Einen goldenen Ring hat sie um ihre Hand gelegt,
Eine Brustplatte, die... hat sie geschnürt um ihre Brust,
Schminke, die... hat sie auf ihre Lider gestrichen,
Mit dem Festgewand, dem Gewand der Herrscherin hat sie ihren Leib bedeckt...«

Als Inanna aus der Unterwelt zurückkehrt, ist sie von Geistern und Dämonen begleitet.

»Wenn Inanna heraufsteigt aus der Unterwelt,
Eilt wahrlich der Tod vor ihr her.
Inanna steigt aus der unteren Welt,
Die kleinen Dämonen gleich Speerschäften,
Die großen Dämonen gleich...

Gingen an ihrer Seite...
Die, welche Inanna begleiteten,
(Waren solche) die nicht Nahrung kennen, nicht Wasser kennen
Die nicht essen gefeuchtetes Mehl,
Die nicht trinken gespendetes (Wasser)
Die das Weib reißen von der Seite des Mannes,
Die das Kind reißen... von der Amme...« usw.

Wenn man diese Stelle liest, drängt sich die Erinnerung an Homers Beschreibung der Schatten auf, die Odysseus besuchte, um Kunde von seinen bei Troja gefallenen Gefährten zu erhalten. Vielleicht haben alle diese Mythen ihren gemeinsamen Ursprung in der fernen Vorgeschichte der menschlichen Rasse.

Unter den Nippur-Tafeln befand sich auch eine mehr heiter gefärbte Paradiesmythe, deren ideale Vorstellung vom Paradies in Gebräuchen des Ackerbaus und der Viehzucht des alten Sumerien wurzelt.

»In Dilum (dem Paradies) stößt der Rabe keinen Schrei aus,
Der Ittdu-Vogel stößt nicht den Schrei aus des Ittdu-Vogels,
Der Löwe tötet nicht,
Unbekannt ist der Zicklein-verschlingende wilde Hund,
Unbekannt ist der Saat-verschlingende...
Unbekannt ist die... Witwe,
Der Vogel in der Luft... nicht sein...
Die Taube läßt nicht den Kopf sinken,
Der krank am Auge ist (sagt) nicht: ›Ich bin krank am Auge‹,
Der krank im Kopfe ist, (sagt) nicht: ›Ich bin krank im Kopfe‹,
Die alte Frau sagt nicht: ›Ich bin eine alte Frau‹,
Ihr alter Mann sagt nicht: ›Ich bin ein alter Mann‹...«

Enki, der Gott der Gewässer, schwängert Ninhursag, die »Mutter des Landes«, aber nicht ohne ihr zuvor Gurken, Äpfel und Weintrauben zum Geschenk zu machen. Und dies ist wieder eine Erinnerung an die Deiche und Gräben, denen die Sumerer die Bewässerung ihres Landes anvertrauten.

»Ein zweites Mal füllt er an mit Wasser,
Er füllte die Deiche mit Wasser,
Er füllte die Gräben mit Wasser,

Er füllte das Brachfeld mit Wasser,
Der Gärtner im Staube, in seiner Freude
Umarmt ihn...«

Die reiche Fruchtbarkeits-Symbolik wird hier ebenso deutlich wie in jener Stelle, in welcher der Wassergott »seinen Samen ergießt in den Leib der Ninhursag«:

»Sie nahm den Samen auf in den Leib der Ninhursag,
Sie nahm den Samen auf in den Leib, den Samen von Enki.
Ein Tag war ihr ein Monat,
Zwei Tage waren ihr zwei Monate,
Drei Tage waren ihr drei Monate,
Vier Tage waren ihr vier Monate...«

Und so weiter bis zum neunten Tag.

»Neun Tage waren ihr neun Monate, die Monate der Weiblichkeit,
Wie Fett, wie gutes, herrliches Fett
(Ninue) die Mutter des Landes, wie (...Fett)
(wie Fett, wie gutes, herrliches Fett)
Ward Geburt dem Nimmu
Nimmu... vom Ufer des Flusses...«.[29]

Obgleich er beiläufig keinen Bezug zu dem Thema der verschollenen Städte hat, kann ich mir einen leisen Protest gegen die übertriebene Bewunderung nicht versagen, welche diesen Dichtungen entgegengebracht wird. Respekt vor ihrem Alter und historischen Wert kann doch wohl nicht blind gegen ihre künstlerischen Mängel machen? Einige, Gilgamesch zum Beispiel, sind hervorragend und behaupten ihren Rang in der heroischen Weltliteratur, aber viele sind meiner Ansicht nach doch durch den irritierenden Trick der Zeilenwiederholung entwertet, der, in gemilderter Form, auch in hebräischen Versen erscheint. In seinen besten Beispielen vermag dieser Effekt eine starke Wirkung auszulösen, wie hier im Liede der Deborah:

»Zu ihren Füßen sank er hin, fiel er, liegt er da,
Zu ihren Füßen sank er hin, fiel er,
Wo er gesunken, da fiel er im Tode.«

Oder in den folgenden Versen:

»O mein Sohn Absalom, mein Sohn, mein Sohn Absalom,
Wollte Gott doch, ich wäre gestorben statt deiner,
O Absalom,
Mein Sohn, mein Sohn.«

Aber im Unmaß angewandt können solche Wiederholungen wunderlich, ja komisch wirken, wie in der oben zitierten Stelle:

»Wie Fett, wie gutes, herrliches Fett,
Ninue die Mutter des Landes, wie Fett,
Wie Fett, wie gutes, herrliches Fett,
Ward Geburt dem Nimmu«... usw.

Mit der fortschreitenden Technik der Entzifferung bekamen die Schrifttafeln, die in den Ruinen sumerischer Städte gefunden worden waren, einen kommerziellen Wert. Findige arabische Händler ließen die Fundstellen unrechtmäßig von ihren Arbeitern noch einmal durchwühlen, wenn die Archäologen abgezogen waren. Ein blühender Handel entwickelte sich. Die Tafeln wurden in Bagdad verpackt und nach Europa und Amerika versandt. In Telloh zum Beispiel sammelten diese illegalen Ausgräber einen großen Vorrat von Tafeln, während der vorübergehenden Abwesenheit de Sarzecs, deckten sie wieder zu, so daß er sie nicht fand, öffneten, als er den Ort endgültig verlassen hatte, ihr Versteck und verkauften ihre Beute an Antiquare in Bagdad. Sir Wallis Budge vom Britischen Museum, der diese Art von Kniffen sehr wohl kannte, wurde selber ganz hübsch von einem Beamten aus Bagdad hereingelegt. Als dieser nämlich erfahren hatte, daß der Engländer um die Graberlaubnis in einem bestimmten Distrikt nachgesucht hatte, schickte er selber vorher seine eigenen Arbeiter dorthin und wurde mit der Auffindung von zehntausend Tafeln belohnt, die er dann an die Händler losschlug.

Einer der Hauptnutznießer dieses rentabeln Geschäftes schickte Budge einen köstlichen Trostbrief, den Seton Lloyd in seinem Buch »Foundations in the Dust« zitiert, dem ich verschiedenes Material zu diesem und den folgenden Kapiteln verdanke. Ich kann nicht umhin, ihn noch einmal zu zitieren, weil er so bezaubernd die typisch orientalische Handhabung der Archäologie kennzeichnet.

»Verdüstere Dein Herz nicht mit dem, was zuvor noch keinem Sucher nach alten Dingen geschehen ist. Wir haben alle Tafeln in

Bagdad, wir sind alle Deine Freunde, und wir haben diese Tafeln für Dich aufgehoben. Du wirst sie kaufen und sie werden schnell außer Landes gehen, und Du kannst mit Deinen Freunden in Bagdad sein und brauchst nicht in der Wüste bei Schakal und Geier zu sitzen, bei Tage zu braten und bei Nacht zu frieren. Übrigens: es gibt gerade eine Menge Orangen in Bagdad.[30]«

Die Schriftdokumente dieser Tafeln wie auch die kleinen Siegelzylinder mit ihren gravierten Szenen halfen den Archäologen, den Zweck verschiedener Bauten zu bestimmen, die sie in sumerischen Städten, und besonders in deren Tempeln ausgegraben hatten. Layard und Botta hatten die großen Türme von Khorsabad, Ninive, Nimrud und andern assyrischen Trümmerstätten entdeckt, ohne zunächst ihre Funktion erkennen zu können. Immer bildeten sie, wie in Babylon, Bestandteile eines großen Tempels, und jede große sumerische Stadt wies zum mindesten einen solchen auf, manche sogar drei. Aus kultischen sumerischen Inschriften geht hervor, daß sie religiösen Ritualen dienten, ähnlich den mexikanischen Pyramiden, und daß höchstwahrscheinlich Opferungen in ihnen stattgefunden hatten.

Am ersten Tag eines neuen Jahres bewegte sich eine Prozession von Priestern und Würdenträgern zu den Tempeln, die sich hoch über der Stadt erhoben, um dort einen Fruchtbarkeitsritus zu vollziehen, dessen Höhepunkt die geistliche und wahrscheinlich auch leibliche Vereinigung eines Priesters mit einer Priesterin bildete. An solch einem heiligen Morgen mag der Rauch des Opfers zu sehen gewesen sein, der von der höchsten Spitze des Turms über der weiten Ebene in den blauen Himmel aufstieg. Die Sumerer dankten ihren Göttern für die Wohltat ihres Landes und riefen ihren Beistand für die kommende Zeit an.

Wir wissen nicht, was sich später mit den Hauptpersonen dieser Zeremonie zugetragen hat. Möglicherweise wurden sie rituell geopfert, wie dies einige tausend Jahre später bei den indianischen Völkern Nordamerikas gepflogen wurde. Diese Annahme wird durch die sogenannten »königlichen« Gräber in Ur gestützt, welche Sir Leonard Woolley 1926 fand. Es war dies die spannendste Entdeckung in Südmesopotamien. Die Expedition, welche Woolley leitete, war vom Britischen Museum und dem Universitätsmuseum Pennsylvania gemeinsam unterstützt. Der Hügel von Tell Muquayar war gründlichst von I. E. Taylor untersucht worden, als er in den Winkeln des Sikkurats die Inschriftzylinder fand, von welchen Rawlinson den Namen »Ur« abgelesen hatte. 1918 hatte R. Cambell-Thomson dort weitere Funde gemacht. Woolley begann seine Arbeiten dort drei Jahre später. Während der ersten Etappen seiner Arbeit legte er den großen Tempelbezirk und den Sikkurat mit seinem dreifachen Stufenbau frei. Hier scheinen, wie in Babylon, »hängende Gärten« bestanden zu haben, denn Woolley fand heraus, daß mächtige Bäume auf der obersten Terrasse gepflanzt gewesen waren. Wie schon andere Archäologen vermutet hatten, handelte es sich bei den sumerischen Sikkurat um eine Art künstlicher Berge.

Weiter stellte er fest, daß Ur in seiner Blütezeit vor fünftausend Jahren – ein Hafen gewesen sein mußte. Die Spitze des Persischen Golfs, die jetzt siebzig Meilen südlicher liegt, reichte damals bis an die Mauern der Stadt heran und Kaianlagen schnitten tief in den Komplex der Straßen. Die meisten Häuser innerhalb der Umfassungsmauern glichen genau denen, welche heute noch die irakischen Bauern bewohnen: engräumige Ziegelbauten mit flachen Dächern. Gleich geblieben sind auch Ackerbau, Viehzucht, Ernte und Ernährung. Der hauptsächliche Unterschied lag in der Gestaltung der öffentlichen Bauten, der Königspaläste und der hoch ummauerten Tempel und Türme.

Unmittelbar vor der inneren Mauer von Ur erhob sich ein enormer Schutthügel, archäologisch höchst bedeutsam, weil er eine Trümmerschichtung zeigte, die Reihen von Generationen hinterlassen hatten, und welche die Feststellung ermöglichten, daß Ur über die Dauer von mehr als viertausend Jahren anscheinend ununterbrochen bewohnt gewesen sein muß. Als 1926 die Arbeiter ihre tiefen Schächte in den Hügel trieben, stießen sie auf Überreste einer Begräbnisstätte. Die meisten der Gräber erwiesen sich als ausgeraubt, und der Archäologe hatte allen Grund zu vermuten, daß sie schon im Altertum durchwühlt worden waren.

Mehr als 1400 dieser schlichten privaten Grabstätten wurden festgestellt oder ausgegraben. Die Hälfte davon war von früheren Grabräubern geplündert, vielleicht von den Totengräbern, die spätere Gräber auszuheben gehabt hatten. Dann stieß Woolley auf tiefe Schächte und Tunnels, die zum Teil auf ihrer Sohle horizontal vorangetrieben waren, ganz offensichtlich das Werk der Plünderer, die hinter größerer Beute hergewesen waren. Grabräuberei ist ein altes und viel Geschicklichkeit erforderndes Geschäft. In Ägypten – wie ich von Archäologen weiß, deren Werke ich studiert habe –, verursacht die Entdeckung solcher Räuberschächte meist beträchtliche Aufregung. Sie zeigen an, daß Tausende von Jahren zuvor irgendein unternehmungslustiger und erfolgreicher Spitzbube wußte, daß hier etwas zu holen sei, und die Hoffnung ist gering, daß er nichts gefunden haben könnte.

Gegen Ende des Jahres 1926 kamen die Ausgräber in Ur zu einem tiefen, allen bisherigen unähnlichen Schacht, auf dessen Sohle sie eine Menge kupferner Waffen fanden. Unter diesen aber – von den Räubern wohl übersehen – lag ein wunderbarer goldener Dolch mit Lapislazuligriff und ebenfalls goldener Scheide. In seiner Nähe lag ein konisch geformter, mit Spiralen ornamentierter Beutel, der eine Garnitur kleiner goldener Toiletteninstrumente, Pinzetten und Lanzetten, und einen Schreibstift enthielt. Diese Gegenstände wiesen auf eine bis dahin noch kaum geahnte Kunst hin und versprachen weitere Funde, die alle Erwartungen übertreffen sollten[31].

Der nächste Fund, den Woolley machte, war, wenn auch vielleicht weniger sensationell, interessant genug. Er fand in der Tiefe Platten und Blöcke aus Kalkstein, zu einer Art Pflaster zusammengesetzt. In einer sumerischen, aus Ziegeln gebauten Stadt behauene Natursteine anzutreffen, war schon erstaunlich, da es solche Steine im Euphratdelta nicht gab; sie aber in solcher Tiefe vorzufinden, war rätselhaft. Konnten sie vielleicht die Decke eines Gewölbes bilden? Woolley mußte bis zur nächsten Ausgrabungssaison warten, um darauf eine Antwort zu bekommen.

Es war ein Grab. Groß und steingebaut, aber – bis auf wenige zerstreute Fragmente eines goldenen Diadems, die seinen ursprünglich reichen Inhalt ahnen ließen – leer. Ein langer Tunnel von der Decke bis zum Boden sagte den Ausgräbern, warum. Doch Woolley war nicht ganz und gar enttäuscht. Er hatte ein zweikammriges Steingrab entdeckt, mit einem versperrten Eingang am einen Ende, der zu einer schräg durch die Erde aufwärts weisenden Rampe führte. Das war zu damaliger Zeit ohne Beispiel und gab zu denken. Vielleicht befanden sich in der Nähe noch weitere solcher Gräber und es war möglich, wenn auch vielleicht nicht zu hoffen, daß eines davon der Aufmerksamkeit der Grabräuber entgangen sein könnte. Woolley entschloß sich zu einem weiteren Versuch. In der Saison 1928/29 grub er zwei weitere Grabstätten ähnlicher Bauart aus, aber auch diese waren ausgeraubt.

Nun aber folgt eine seltsamere Entdeckung, eine, die tiefere

Scheu verursachte als jeder andere archäologische Fund des vergangenen Jahrhunderts, abgesehen vom Grab des Tutanchamon in Ägypten. Eines Tages stießen Woolleys Leute auf fünf menschliche Körper, die Seite an Seite in einer abschüssigen, nur oberflächlich zugeschütteten Grube lagen. Es war nicht in der unmittelbaren Nähe der ausgegrabenen Gruft, sondern etwas von ihr entfernt. Unter den Körpern befand sich eine Schicht aus Mattengeflecht, und als diese entfernt worden war, zeigte sich eine weitere Gruppe von menschlichen Überresten. Es waren

»die von zehn Frauen, sorgsam in zwei Reihen geordnet. Sie trugen Kopfbedeckungen aus Gold, Lapislazuli und fein ausgeführten Perlenkolliers, aber sie zeigten keine eigentliche Grabbekleidung. Am Ende der Reihe fanden sich die Reste einer wunderbar gearbeiteten Harfe. Das Holz war zerstört, aber das Dekor intakt, so daß ihre Rekonstruktion nur eine Frage der Sorgfalt war... Über die Reste des Instrumentes gestreckt lagen die Gebeine der goldgekrönten Harfenspielerin...«[32]

In einiger Entfernung von dieser Grube machte er noch eine seltsamere Entdeckung: tierische Knochen bei den Resten eines hölzernen Schlittengefährtes, das reich mit rotem, weißem und blauem Mosaik und goldenen Löwen verziert war, deren Mähnen aus Lapislazuli und Muscheln bestanden. Die Knochen waren die von Eseln, welche den Schlitten gezogen hatten, und in ihrer Nähe lagen zwei zermalmte menschliche Skelette, wohl die der Stallknechte, welche die Tiere in die Gruft geführt hatten.

Nun lagen aber diese Körper und die der Frauen nicht in einem soliden Grab, sondern im abschüssigen Boden einer ausgehobenen Grube, die nachträglich wieder mit Erde gefüllt worden war. Unter den Gegenständen, die den Überresten beigegeben worden waren, fand sich ein eingelegtes Spielbrett, ein Satz Meißel, eine goldene Säge, kupferne Gefäße, hölzerne, mit Lapislazuli verzierte Truhen, sowie entzückende Gefäße aus Vulkanglas, Alabaster, Marmor, Silber und Gold.

»Hohe, schlanke, silberne Trinkgefäße steckten ineinander, ein ähnlicher Becher aus Gold, kanneliert und ziseliert mit einer ebenfalls kannelierten Schüssel, ein Kelch und eine flache ovale Schale aus Gold lagen durcheinander. Auch zwei prächtige silberne Löwenköpfe, vielleicht Schmuckteile eines Throns, gab diese reiche Schatzhöhle her. Das Erstaunlichste war, daß wir bei all diesen Reichtümern keinen Toten gefunden hatten, der sich so auffällig von den anderen unterschied, daß man sie ihm hätte zuschreiben können. Damit war unsere Entdeckung, so groß sie war, unvollständig.«

Bald schon wurde ein weiteres Grab gefunden; es lag etwa sechs Fuß unter dem ersten, und auch zu ihm führte eine lange Rampe, an deren Fuß die Körper von sechs Kriegern in zwei Reihen lagen, Speere neben sich und Kupferhelme auf den zerfallenen Schädeln. Unterhalb von ihnen, noch etwas tiefer am Sockel der Rampe, waren die Reste von zwei Ochsengespannen zu sehen. Die Skelette der Tiere lagen mit denen der Treiber neben ihnen. Noch weiter in der Tiefe gerieten die Archäologen an eine Steinkammer, an deren Außenwand sich die Skelette von neun Frauen lehnten. Sie trugen prächtige Gala-Kopfbedeckungen aus Lapis und Karneol. Von diesen hingen goldene Gehänge, in Form von Buchenlaub getrieben, herab, die Frauen trugen dazu große goldene Ohrringe, silbernen Haarschmuck und Halsketten aus Gold und Lapislazuli.

»Der ganze Raum zwischen ihnen und den Wagen war mit weiteren Toten, Männern und Frauen, gefüllt, während der Gang, der entlang der steinernen Grabkammer führte, von dolchbewehrten Kriegern und Frauen besetzt war... Zu Häupten der »Hofdamen« lehnte eine hölzerne Harfe gegen die Mauer der Kammer... Etwas seitwärts davon eine zweite, mit einem goldenen, wunderbaren Stierhaupt verzierte, dessen Augen, Nüstern und Hörnerspitzen aus Lapislazuli bestanden. Dann gab es da einen Satz gravierter Muschelteller, die nicht weniger wundervoll waren. Vier von ihnen zeigten groteske Szenen von Tieren, welche die Rolle von Menschen spielten. Erstaunlich ist hier der in der alten Kunst so seltene Sinn für Humor, und er machte diese Funde in der Eleganz und Wohlausgewogenheit ihrer Komposition und Feinheit ihrer Zeichnung zu einem Lehrbeispiel für die Einschätzung früher sumerischer Kunst.[33]«

Die Steinmauer am Ende dieses tiefergelegenen Grabes war ausgeplündert, doch hatten die Räuber unter anderem einen beschrifteten Siegelzylinder zurückgelassen, der den Namen des Grabeigentümers, A-bar-gi, verriet, sowie zwei Modellschiffe, das eine aus Silber, das andere aus Kupfer. Aber in dem höhergelegenen Grab (dem, in welchem der Eselschlitten gefunden worden war) erwies sich das Hauptgelaß als noch unberührt. Es barg den Körper einer Dame names Schu-bad. Er ruhte auf einer Bahre, ein Goldbecher stand in greifbarer Nähe. Die obere Körperhälfte war mit einer Menge von Goldknöpfen, mit Silber, Karneol, Achat, Chalzedon und Lapislazuli bedeckt. Der Kopfputz der Dame war aus Gold und Halbedelsteinen besonders kostbar gefertigt, und Woolley konnte ihn später auf einem Wachskopf, der über einen sumerischen Schädel modelliert wurde, rekonstruieren.

Der zur Verfügung stehende Raum gestattet keine ausführliche Beschreibung dieser außerordentlichen Funde, man muß über die in Sir Leonard Woolleys »Ur of the Chaldees« nachlesen. Einige Fragen fordern aber hier eine kurze Beantwortung. Zuerst: wer waren diese Leute und wann sind sie gestorben? Woolley glaubt, daß es Fürstlichkeiten waren, die um 2700 v. Chr. in Ur gelebt haben.

In seinem Buch bezeichnet er die Grabstätten frischweg als »Gräber der Könige von Ur«. Für diese Annahme spricht allerlei, aber andere Archäologen haben seine Theorie bezweifelt. Es können möglicherweise Priester und Priesterinnen gewesen sein, die anläßlich des Neujahrsfestes geopfert und glorifiziert worden sind. Die andere, etwas beunruhigendere Frage ist: wer waren die Toten außerhalb des Grabes, die Krieger, die Damen in ihren köstlichen Toiletten, mit künstlerischem Kopfschmuck und reichem Juwelenschmuck? Und auf welche Weise starben sie?

Nach sorgfältiger Prüfung der Tatsachen kam Woolley zu dem Schluß, daß sie die Grabkammern lebend betreten haben, zugleich mit den Ochsengespannen und dem Schlitten, und daß sie dann Gift oder einen Schlaftrunk nahmen. Die Körper lagen in großer Ordnung, es gab kein Anzeichen eines Kampfes, die Kopfbedekkungen der Damen saßen korrekt, die bewaffneten Krieger lagen ihnen zur Seite. Die Stellung der einen Harfe, zu Häupten der Körper an die Wand gelehnt, zeigt an, daß jemand, der die Gruft betreten haben muß, als die Opfer schon das Bewußtsein verloren hatten, die Instrumente aufgestellt und wahrscheinlich die Leiber in Ordnung zusammengelegt hat, ehe die Gruft verschlossen wurde. Gewiß bildeten sie das Gefolge der hochgestellten Persönlichkeiten, die in den Steingemächern beigesetzt waren und waren, vielleicht sogar freiwillig, ihm oder ihr in den Tod gefolgt. Doch ob A-bar-gi und Schu-bad Fürstlichkeiten sind, die eines natürlichen Todes gestorben sind, oder ob es sich um Ritualopfer hohen Ranges handelt, wird sich wahrscheinlich nie feststellen lassen.

Woolley fand eine dritte Totengruft, in der eine große Anzahl von Opfern beieinanderlag: es waren achtundsechzig Frauen und sechs Männer. Wieder lagen die Körper der Frauen säuberlich in Reih und Glied, die Köpfe der einen Reihe über den Beinen der nächsten. In dieser Gruft fand Woolley einen kleinen Hinweis darauf, daß die Opfer lebend in das Grab gekommen waren. Jede der »Hofdamen«, wie Woolley sie nennt, hatte offensichtlich ein silbernes Haarband getragen. Das Silber war zerstört, Reste des zersetzten Metalls hatten sich in der Nähe der Schädel gefunden. Nur eine der Damen hatte kein solches Haarband. Das beunruhigte Woolley eine Zeitlang, bis er nahe dem Körper, aber nicht unmittelbar bei seinem Schädel, ein verfärbtes Stück Metall fand. Er untersuchte es und konnte feststellen, daß es ein *aufgerolltes* Silberband war. Wahrscheinlich hatte sich seine Eigentümerin beim Ankleiden verspätet, oder sie hatte vergessen, es anzulegen, oder sie hatte keine Zeit gehabt, es wie die anderen um den Kopf zu binden. Sie hatte es in der Tasche ihres Kleides gelassen, die es vor der Korrosion schützte, so daß es überlebte, um eine der sicher seltsamsten und rührendsten menschlichen Begebenheiten zu erzählen, welche die Archäologie enthüllt hat.

5. Ein vergessenes Reich

Wir vertauschen jetzt die konturenlose Ebene des unteren Mesopotamien mit dem hohen Bergplateau der Zentraltürkei (Kleinasien). Selbst noch in unseren Tagen ist die Türkei europäischen Reisenden weniger vertraut als Ägypten, der Irak, Syrien und der Libanon, die Heimstätten der frühesten Kulturen. Ihr westlicher und südwestlicher Teil, in dem die griechischen Kolonisten um 700 v. Chr. siedelten, ist vielleicht noch der bekannteste, das gebirgige Innere dagegen war bis vor etwa 80 Jahren noch »terra incognita«.

Die westliche Hälfte des Landes ist eine mächtige zungenförmige Halbinsel, im Süden vom Mittelländischen, im Westen vom Ägäischen und im Norden vom Schwarzen Meer umgeben. Sie bietet nahezu alle geläufigen Varianten von Landschaft und Klima: alpin im Osten, subtropisch an der Nordostküste mit ihrem zentralen Hochplateau, während die äußersten Ostküsten, die das Ägäische Meer säumen, ein typisch mediterranes Landschaftsbild zeigen – mit Olivenhainen, Weinbergen und einem warmen, trokkenen, dem Italiens oder Südfrankreichs ähnlichen Klima. Auf den Ebenen der südlichen, dem Mittelmeer zu gelegenen Küsten gedeihen Citrusfrüchte und Baumwolle. Tatsächlich: wenn der Leser Schweizer, Schotte, Afrikaner, Italiener oder Russe wäre, er würde sich an irgendeiner Stelle Kleinasiens zu Hause fühlen.

Aber die beschwörende Kraft eines Namens ist nun einmal so beschaffen, daß das Wort »Türkei« im Bewußtsein vieler das Bild einer orientalischen Landschaft mit beturbanten Männern und verschleierten Frauen hervorruft, ganz ungeachtet dessen, daß Kemal Atatürk schon vor dreißig Jahren den Schleier abgeschafft und europäische Tracht eingeführt hat. Die Türkei ist tatsächlich reich und reizvoll und würde, wenn das Reisen dort billiger wäre, wahrscheinlich bei westlichen Besuchern ebenso beliebt sein wie jedes andere südeuropäische Land.

Die ägäischen und mittelmeerischen Provinzen waren schon in

sehr früher Zeit besiedelt. Die Griechen gründeten dort ihre ersten Kolonien, und die Namen von Königen wie Krösus von Lydien und der legendäre Midas von Phrygien[34] sind allgemein bekannt. Doch von der historischen und prähistorischen Zeit des Landesinnern und seiner östlichen Provinzen wußte man bis vor relativ kurzer Zeit noch soviel wie nichts. Ein Blick auf die Landkarte zeigt, daß der südöstliche Teil des Landes nicht weit von dem alten assyrischen Reich am oberen Tigris entfernt liegt, aber es bleibt sonderbar, daß, obgleich die Ausgrabungen im nördlichen Mesopotamien Spuren menschlicher Siedlungen vor mehr als 7000 Jahren gezeigt haben, für das südliche Mesopotamien und Kleinasien dagegen noch kein Nachweis früherer als um das Jahr 3000 reichender Besiedlung erbracht worden ist, oder daß das Hochplateau einige Zeit danach bewohnt war. Es muß da eine Art von »Barriere« bestanden haben, welche, wie Seton Lloyd sagt, »überraschend genau mit dem Verlauf der Gebirge übereinzustimmen scheint, die in ihren südlichen Ausläufern Höhen von 2000 Fuß und darüber erreichen. Daher folgt diese Barriere, obgleich sie ziemlich genau in ostwestlicher Richtung verläuft, einer unregelmäßigen Linie mit tiefen Einschnitten, wie zum Beispiel dort, wo Euphrat und Tigris tief in das Hochland eindringen oder in der bedeutsamen Ausbuchtung nördlich in den kilikischen Taurus.«[35]

Unterhalb dieser Linie hatten menschliche Siedlungen wahrscheinlich schon mehrere tausend Jahre bestanden. Oberhalb dagegen scheint bis zum Ende des vierten Jahrtausends nur tierisches und pflanzliches Leben nachweisbar zu sein. Einige Archäologen führen als Erklärung dafür die Tatsache an, daß Weizen und andere Cerealien, von denen die Ackerbaugemeinschaften abhingen, zwar in der Syrischen Ebene, nicht aber auf einer Höhe von über 2000 Fuß gedeihen konnten. Auch die strengen Winter Anatoliens mögen schuld daran sein.

1500 v. Chr. aber existierte auf diesem Hochland eine bedeutend entwickelte Kultur. Diese Tatsache wurde erst im Verlauf des vergangenen Jahrhunderts bekannt. Die ersten Fingerzeige zu dieser Entdeckung stammen aber nicht aus den Bergen Kleinasiens selber, sondern aus den Seiten der Bibel und aus den Inschriften der älteren Kulturen Assyriens, Babyloniens und Ägyptens.

Im Alten Testament sind zahlreiche Hinweise auf ein Volk enthalten, das die Hethiter genannt wird. Als Abraham eine Begräbnisstätte für sein Weib Sara suchte, kaufte er von den »Söhnen des

Heth« die Höhle zu Makpela. Esau freite hethitische Weiber, und im Buch Numeri ist ein Hinweis auf das Gebiet Palästinas enthalten, welches die Hethiter bewohnt haben sollen:

»Amalek wohnt im Land des Südens, und die Hethiter und die Jebusiter und die Amoriter wohnen in den Bergen, und die Kanaaniter (d. i. Phönizier) wohnen an der See und entlang den Ufern des Jordan.«

Der bekannteste biblische Hethiter ist zweifellos Uria, der von König David getötet wurde, weil dieser Bathseba begehrte, das Weib des Uria. Auch Maria, die Mutter Jesu, war aus dem »Hause Davids« und Jesus selber kann ein entfernter Nachkomme der Bathseba sein. Diese Hethiter des Alten Testaments scheinen in Syrien und Palästina beheimatet gewesen zu sein. Sie waren Nachbarn der Juden, und Gelehrte zu Beginn des 19. Jahrhunderts, die sich mit dem Studium des Alten Testaments befaßten, maßen ihnen gleiche, wenn nicht geringere politische Bedeutung zu als den Juden. *Sayce*, ein hervorragender Bibelkritiker aus der Mitte des vergangenen Jahrhunderts, bezweifelt nachdrücklich die Echtheit einer Stelle im zweiten Buch der Könige (II, 6), in welcher es heißt, daß, als die Assyrer vor Samaria lagerten, die furchterfüllten Samariter sagten:

»Siehe, der König von Israel hat gegen uns die Könige der Hethiter gedungen und die Könige Ägyptens, über uns zu kommen.«

Nun wußte der Kritiker, daß die alten Ägypter zu dieser Zeit eine Großmacht darstellten und daß es absurd schien, sie mit den Hethitern zu vergleichen, einem Stamm von nicht größerer Bedeutung als die Juden. »Keiner der Hethiterkönige«, schreibt er, »konnte an Macht mit dem König von Juda verglichen werden, dem tatsächlichen und engen Verbündeten, der nicht einmal namentlich genannt wird... und es gibt keinerlei Hinweis auf eine Übereinstimmung mit der zeitgenössischen Geschichtsschreibung.«

Gleichwohl ist, wie wir sehen werden, diese »Übereinstimmung mit der zeitgenössischen Geschichtsschreibung« vorhanden. Es war der Kritiker, der sich hier geirrt hatte. Man kann ihm diesen Irrtum nicht vorwerfen, denn die Wahrheit über die Hethiter erwies sich erst, als die Entzifferung der ägyptischen, babylonischen und assyrischen Inschriften die Archäologen auf die rechte Spur gebracht hatte.

Die ägyptischen Inschriften, die ersten, welche entziffert worden sind, gaben den Historikern den ersten Fingerzeig. Auf zahlreichen ägyptischen Tempeln finden sich Hinweise auf Kriege der Pharaonen gegen die Völker des westlichen Asiens. Es erscheinen lange Listen dieser Gegner, gewöhnlich als Begleittexte zu äußerst lebendigen Skulpturenreliefs, welche den Pharao zeigen, wie er einen asiatischen Gefangenen beim Schopfe packt und ihm mit Genuß den Schädel einschlägt. Tuthmosis III. aus der 18. Dynastie (1550–1350 v. Chr.) ist so dargestellt. Ebenso Sethi I., Ramses II. und Ramses III., die etwa zwischen 1300 und 1200 v. Chr. regierten. Unter diesen Feinden zeichnet sich eine Rasse als besonders gehaßt aus, nämlich die »verabscheuungswürdigen Kheta«. Ägyptologen weisen auf die Wortähnlichkeit mit dem hebräischen Namen für die Hethiter hin, der »Khatti« lautete. Die Ägypter der 18. und 19. Dynastie führten häufig Kriege mit diesem Volk, das offenbar ein beachtlicher Gegner war. Einer der Tempel Ramses II. (etwa 1200 v. Chr.) zeigt ein riesiges steingemeißeltes Relief, welches die Niederlage der Kheta in der Schlacht bei Kadesch schildert, einer am Orontes gelegenen Stadt in Syrien. Die Feinde sind mit bemerkenswert unangenehmen Gesichtszügen dargestellt, langnasig und schlitzäugig und mit prognathen Kiefern. Sie tragen schwere Wollkleidung. Man hat vermutet, daß zwar die Details der Kleidung realistisch wiedergegeben, die Gesichter dagegen karikiert sind.

Aber, so argumentieren die Gelehrten, wenn die Kheta identisch mit den biblischen Hethitern waren, wie ist es dann zu verstehen, daß, abgesehen von den oben angeführten Stellen aus den Büchern der Könige und anderen, die jüdischen Historiker die Hethiter als einen kleinen und im allgemeinen friedfertigen Stamm darstellen, der keine größere Macht besaß als sie selber? Dem steht entgegen, daß die Ägypter, die im 15. Jahrhundert v. Chr. eine Weltmacht darstellten, von ihren Siegen über die »verabscheuungswürdigen Kheta« so erbaut waren, daß sie der Schilderung ihrer Niederlagen solch breiten Raum zugestanden. Einen noch einleuchtenderen Beweis des ägyptischen Respekts vor dem unansehnlichen, aber mächtigen Volke stellt das Abkommen zwischen König Ramses II. und dem Hethiterkönig Hattusil III. dar, dessen Bedingungen in der Inschrift einer Stele zu Theben, der ägyptischen Hauptstadt, niedergelegt waren. In diesem sorgfältig abgewogenen diplomatischen Dokument verpflichten sich die beiden Herrscher, ihr beiderseitiges Territorium zu respektieren und einander im Fall eines

Angriffs Hilfe zu leisten. Um diesen Pakt noch zu festigen, heiratete Ramses II. eine der hethitischen Königstöchter, und die beiden Königinnen von »Kheta« und Ägypten tauschten darüber Glückwunschbotschaften aus.

Die Hebräer dagegen sind auf ägyptischen Inschriften nicht einmal erwähnt, mit Ausnahme des einen Wortes »Habiru«, das in einer langen Liste unterworfener kleiner Stämme erscheint und sich auf sie bezieht.

Ein anderer wichtiger Hinweis kam von den assyrischen Inschriften, deren Entdeckung und Entzifferung das vorige Kapitel geschildert hat. Unter ihnen befand sich eine aus der Regierungszeit des Tiglath Pileser I (1100 v. Chr.) und sie bezog sich auf eine »Milid« genannte syrische Stadt. Dort kam der assyrische König in Berührung mit einem Königreich »Groß-Hatti«. Später, als er von einem Feldzug heimkehrte, der ihn an die Küsten des Mittelmeeres geführt hatte, nahm Tiglath Pileser die Huldigung eines anderen Königs von »Groß-Hatti« entgegen, sehr wahrscheinlich in Karkemisch, am oberen Euphrat. Ägyptisch: »Kheta«, hebräisch: »Khatti«, assyrisch: »Hatti« ... sollte es sich nicht um ein und dasselbe Volk handeln? Es war in Palästina bekannt, es bekämpfte die ägyptischen Heere zu Kadesch wie auch im Süden, und es hatte Könige, die offensichtlich im nördlichen Mesopotamien regierten. Aber wo lebte dieses Volk? Wie sah es aus? Waren die ägyptischen Darstellungen wahrheitsgetreu oder waren es Karikaturen? Und schließlich mußte doch solch ein mächtiges Königreich eine Hauptstadt gehabt haben. Wo lag sie? Lange Zeit blieben diese Fragen unbeantwortet.

Mitunter gleicht die Archäologie einem Zusammensetzspiel. Man findet ein Stückchen, dann ein zweites, das zu ihm zu passen scheint, aber dann bekommt man ein einzelnes drittes in die Hand, das sich an keines der beiden ersten fügen will. So legt man es beiseite und hofft, später den richtigen Platz dafür zu finden. Aber ein solches Spiel mag in einer halben Stunde oder weniger zusammengebaut sein – das Spiel der Archäologie braucht Jahrhunderte, um Gestalt anzunehmen – und man wird niemals fertig damit.

Bei der Erforschung der geheimnisvollen hethitischen Kultur zeigten sich ein paar vereinzelte Hinweise in Hamath und Aleppo in Syrien. In jeder dieser Städte gab es Basaltblöcke mit einer unbekannten Bilderschrift. Über einen dieser Hamathsteine hatte bereits 1812 der Reisende Burckhardt berichtet. Die Schrift war weder ägyptisch noch phönizisch, und ganz sicher war es nicht die wohlbekannte babylonisch-assyrische Keilschrift. In Aleppo war der Stein in die Mauer einer Moschee eingelassen und er war von Augenkranken blankgewetzt, die ihre Augen an ihm rieben, weil sie ihm magische Heilkräfte zuschrieben. Als sich europäische Wissenschaftler für ihn interessierten, entfernte das Volk den Stein und versteckte ihn. Als die Kopien dieser Inschriften unter den Wissenschaftlern bekannt wurden, stellten sich Beziehungen zu andern Inschriften der gleichen Schreibweise her, aber diesmal nicht in Mesopotamien, sondern hoch im Norden im kleinasiatischen Taurus.

1876 las A. H. Sayce ein an die Gesellschaft für biblische Archäologie gerichtetes Schreiben, das über die Steinfunde zu Aleppo und Hamath berichtete und seiner Theorie, es handele sich um hethitische Inschriften, neuen Auftrieb gab. Die Gründe zu beschreiben, die zu dieser Annahme führten, würde hier zu weit führen. Aber die Theorie erregte Interesse, und es wurde noch gesteigert, als weitere Inschriften gefunden wurden, so in den Hügeln über Smyrna, in Alaja Hujuk und in einem abgelegenen Dorf namens Boghaz Koy, das in einer Biegung des Halysflusses auf dem Hochplateau Zentral-Kleinasiens gelegen war.

Diese Tatsachen sind an sich schon dramatisch genug. Sie werden es aber in verstärktem Maß, wenn man sie in Verbindung mit dem fast unbekannten Land bringt, in dem die Inschriften gefunden worden sind. Der Zug der archäologischen Unternehmungen hatte die Forscher immer weiter nach Norden geführt. Als erste der alten Kulturen hatten sie südlich des Mittelmeers die ägyptische entdeckt, dann hatten sie die Täler des Euphrat und Tigris in Mesopotamien erforscht. Schließlich standen sie auf den Ebenen Nordsyriens angesichts der verbotenen Schranke des Taurus, den die Römer als die Grenze der inneren (= südlichen) gegen die äußere Welt bezeichneten, eine Grenze, die sie nicht zu überschreiten gewagt hatten. Die Kulturen Ägyptens und Babyloniens waren Tieflandkulturen gewesen, in denen die Menschen an den Ufern der großen Ströme ihre Herden weideten und ihre Ernten einbrachten. War es denkbar, daß eine prähistorische Kultur in den unwirtlichen Gebirgen Kleinasiens bestanden haben sollte?

Zwischen 1880 und 1900 hatte eine Reihe europäischer Forscher lange und beschwerliche Reisen in die abgelegenen Gebiete der Türkei gemacht, die Deutschen Hummann und Puchstein, der

Franzose Chantre, die Engländer Hogarth, Headlam, Anderson und Crowfoot. Jeder brachte Berichte von Inschriften, Skulpturen und selbst verschütteten Städten mit nach Hause, besonders aus den Gebirgslandschaften des Taurus und Antitaurus. In Boghaz Koy bestätigten sie frühere Berichte über massive Mauerreste an einem Steilhang, und, zwei Meilen von dieser Stelle entfernt, eine Schlucht, deren natürliche Wände mit einer doppelten Prozession von Gestalten in Hochrelief gemeißelt waren. Im Zentrum des ehemaligen Stadtgebiets von Boghaz Koy war eine große verwitterte Steinplatte gefunden worden, der Nischan Tasch; er war mit Hieroglyphen bedeckt, die denen von Hamath, Aleppo und anderen Orten ähnelten.

»In Alaja Hujuk war ein Tor, von mächtigen Sphinxen flankiert. Es führte zu einem Schuttberg, der offenbar eine ehemalige Stadt oder einen großen Gebäudekomplex verbarg. Etwas weiter westlich waren die Felsreliefs von Gavur Kalesi (Burg der Ungläubigen) und in den Hügel über Smyrna weitere Felsbilder, die seit Herodot bekannt sind, der sie als Nymphe Niobe und den ägyptischen König Sesostris beschrieben hat.[36]«

Damals war es aber noch unmöglich, das Alter der Inschriften, Gebäude und Skulpturen zu bestimmen.

Inzwischen war in entlegenen Gebieten Ägyptens eine Bauernfrau beim Bestellen ihres Feldes in Tell el Amarna auf einen Haufen gebrannter Ziegeltafeln mit Keilschriftzeichen gestoßen, welche sich, nachdem die Wissenschaftler ihre Echtheit bestätigt hatten, als Teil der Archive des Pharao Echnaton (etwa 1400 v. Chr.) herausstellten und diplomatische Korrespondenzen zwischen dem König von Ägypten und den Herrschern von Babylon, Assyrien, Mittani und andern bedeutenden Reichen enthielten. Und wieder einmal fanden sich unter ihnen Hinweise auf die »Kheta«. Zu jener Zeit waren die Hethiter nach einer langen Friedensperiode offenbar wieder einmal südwärts nach Syrien vorgestoßen und hatten die palästinensischen Vasallenstaaten des Pharao bedroht.

Unter dem Druck des vordringenden Hethiterkönigs hatten die Statthalter einiger dieser Provinzen verräterisch ihre bis dahin loyalen Nachbarn angegriffen. Die Statthalter dieser belagerten Städte wandten sich verzweifelt an Echnaton um Hilfe, die niemals kam. Eine der Amarnabotschaften lautet:

»Siehe, *Aziru* (einer der illoyalen Vasallen) hat meine Anführer angegriffen, und die Anführer, denen ich befohlen habe, nach

Smyrna zu gehen, hat er in der Stadt ergreifen lassen. Beide Städte, die Stadt Beruta (Beirut) und die Stadt Ziuna senden Schiffe nach der Stadt. Alle, die im Land der Amoriter sind, haben sich zusammengerottet... ich brauche Männer, um die Rebellion des Landes zu verhindern... gib mir Soldaten!«

Aber der listige Hethiterkönig Suppiluliuma, der sich stets im Hintergrund hielt und den Pharao unverbrüchlicher Freundschaft versicherte, schickte seine Figuren ins Spiel und Smyrna fiel an Aziru. Der noch immer loyale Statthalter Ribbadi schrieb noch einmal.

»Schrecklich ist es zu sagen, was er getan hat, der Hund Aziru. Vernimm, was die Länder des Königs hat abfallen lassen durch seine Schuld, und vernimm jetzt, was der Stadt Smyrna widerfahren ist, dem Stützpunkt meines Herrn, der Festung... und sie vernichteten diese Festung... ah, die Schreie dort... ein gewalttätiger Mann, und ein Hund...[37]«

Diese und ähnliche Dokumente verstärkten das Interesse an den Anfängen der Hethiter, doch obgleich das dünne Fädchen einer Möglichkeit die Forscher nach Kleinasien geführt hatte, gab es bisher noch keinen gültigen schriftlichen Beweis dafür, daß es wirklich die Heimat der Khatti war.

Gegen Ende des vorigen Jahrhunderts hatte ein deutscher Gelehrter, Messerschmidt, die nun schon zahlreichen Inschriften der noch unentzifferten hethitischen Hieroglyphen veröffentlicht und in der Folge bemühte sich eine Reihe zumeist deutscher Wissenschaftler um die Lösung des Rätsels. Die entscheidende Entdekkung gelang Dr. Hugo Winckler, der sich zu umfangreichen Ausgrabungen in Boghaz Koy als dem in vieler Hinsicht meistversprechenden Gebiet entschlossen hatte.

Als Winckler und seine Vorgänger sich nach Boghaz Koy aufmachten, mußten sie sich dem Gebiet auf einem schmalen Gebirgspfad nähern. Heute befährt man die Route mit dem Wagen auf einer ordentlich gebauten Straße, aber die Reise ist noch immer eindrucksvoll genug. Aus einem weiten fruchtbaren Tal aufsteigend gelangt man zwischen allmählich von beiden Seiten immer näher zusammenrückende Bergmassive, bis man endlich die Stelle erreicht hat, wo zwei Sturzbäche durch tiefe und enge Felsschluchten in die Ebene hinunterstürzen. Wo sie sich vereinigen, liegt eine moderne Siedlung. Unter- und oberhalb von ihr setzen sich die Ausläufer des Gebirges fort, beiderseits von steilen Klippen gesäumt, unter denen die Wildwasser schäumen und donnern. In der Höhe des Ausläufers, hoch über den flachen Dächern des heutigen Dorfes, liegen die Ruinen einer alten Stadt.

Unmittelbar über dem Dorf, am unteren Teil des Steilhangs, ragen die Trümmer ihres, wie wir nun wissen, ältesten Teils mit seiner auf einem flachen Felsgelände erbauten Festung. Noch ein Stück höher hinauf sind mehrere der frei zutage tretenden Felsen von massivem Mauerwerk gekrönt, und starke Reste einer großen, aus mächtigen Quadern gefügten Mauer schließen den ganzen Bezirk in einer Ausdehnung von annähernd dreihundert Morgen. Seton Lloyd schreibt:

»Zunächst verblüfft den Besucher... die im Vergleich zu andern Städten der Bronzezeit enorme Ausdehnung, denn es braucht den größeren Teil eines Vormittags, um den Umfang der Mauern bequem abzugehen. Dann ist man beeindruckt von der gewaltigen Stärke der Befestigungswerke, vor allem der südlichen Ringmauern der ausgedehnten Stadt, und man vergegenwärtigt sich die Herkulesarbeit, die ihre Errichtung gekostet haben muß... ein mächtiger Erdwall, dessen äußere Böschung stellenweise ein Glacis aus behauenen Steinen aufweist, nivelliert die Fundamente. Über ihm steigt die Doppelmauer an, mit schuttgefüllten Zwischenräumen, und von aufragenden Türmen unterbrochen. Stärker gefährdete Stellen schützt eine etwas niedrigere Vormauer, auch sie ist mit Türmen bewehrt, und erst mußte sie genommen sein, ehe man sich der Hauptmauer nähern konnte.«[38]

Diese Türme sind von Toren durchbrochen, welche mit außergewöhnlichen Reliefs geschmückt sind, die schon manche Reisende kommentiert haben und die zur Zeit von Wincklers Ankunft im Jahre 1906 bereits vielfach publiziert worden waren. Ein Tor war von rohbehauenen Sphinxen flankiert, die von fern an die ägyptischen erinnerten, nur waren sie gröber und häßlicher als diese. Auf der Zinne des andern Tors stand die Skulptur eines ausschreitenden Kriegers, in eine kurze Tunika gekleidet, einen federgeschmückten Helm auf dem Kopf, in der Rechten die Streitaxt. Ein drittes Portal war von Löwen bewacht. Wir haben gesehen, daß auch die Assyrer ihre Tore mit gemeißelten Löwen und Stieren geschmückt hatten, aber diese Löwen von Boghaz Koy zeigten nicht die geschmeidige Eleganz der assyrischen Tiere, sie waren stämmig, breit und schwer, etwa wie die Menschen- und Göttergestalten auf den Mauern des nicht weit entfernten Heiligtums von

Jasilikaya. Die schwere, plumpe Kraft ist das charakteristische Merkmal hethitischer Bildhauerei. Sie hat nichts von der Anmut und Grazie ägyptischer und babylonischer Kunst, aber sie ist auf andere Art sehr eindrucksvoll. Diese plumpen, breitschultrigen Menschen mit ihrer schweren Kleidung und den schmalen konischen Hüten waren offenbar Bergbewohner, die sich einem rauhen Klima angepaßt hatten. Und ihre starken, an den Spitzen aufwärts gebogenen Schuhe – waren das keine Schneeschuhe?

Als Winckler und sein Stab von der Deutschen Orient-Gesellschaft ihre Ausgrabungen begannen, war die Existenz eines mächtigen hethitischen Reiches bereits vorausgesetzt, und alle Anzeichen deuteten darauf hin, daß es sich in Kleinasien befunden haben mußte. Aber ein schriftlicher Beweis für diese Annahme war noch nicht vorhanden. Als A. H. Sayce 1879 sein Werk über die Hethiter veröffentlichte, hatte er gestehen müssen:

»Von der Geschichte der weißen Syrer oder Hethiter, die im Land Pteria in der Nähe des Halys gelebt haben, wissen wir gegenwärtig nichts außer dem, was wir aus den Ruinen ihrer Festung zu Boghaz Koy und ihrem Palast zu Eyuk schließen können.«

Und die hethitischen Hieroglyphen, von denen es schon zahlreiche Beispiele gab, widersetzten sich noch allen Versuchen ihrer Entzifferung.

Alle Zweifel wurden jedoch beseitigt, als Winckler in Boghaz Koy ein Versteck von mehr als tausend Inschrifttafeln ausfindig machte. Diese kleinen gebrannten Tontafeln, welche den Archäologen schon geholfen hatten, den toten Städten Assyriens und Babyloniens neues Leben einzuhauchen, sollten nun für das vergessene hethitische Reich ein gleiches tun. Die meisten der Funde von Boghaz Koy, die offenbar einen Teil der Palastarchive darstellten, waren in einer unbekannten Schrift verfaßt. Doch hatte einige Jahre früher bereits der norwegische Gelehrte Knudtson feststellen können, daß zwei von den berühmten Amarnatafeln, welche die ägyptische Bäuerin gefunden hatte, in einer unbekannten Sprache abgefaßt waren, die Knudtson für indogermanischen Ursprungs hielt. Hier nun, zu Boghaz Koy, fand Winckler Tausende solcher Tafeln *in der gleichen Sprache.* Da sich die beiden Amarnatafeln auf ein Gebiet namens *Arzawa* zu beziehen schienen, dessen Lage unbekannt war, gaben die Wissenschaftler der fremden Sprache den landschaftlichen Namen: *Arzawan.*

Aber nicht für lange. Denn als die Boghaz-Koy-Tafeln gründlich studiert werden konnten, stellte sich heraus, daß eine Anzahl von ihnen in der nun schon vertrauten akkadischen Sprache Babyloniens abgefaßt waren. Und das erbrachte den schlüssigen Beweis, daß die Theorien von Sayce und andern stimmten. Dieser Teil Kleinasiens war also tatsächlich das Gebiet der mysteriösen Hatti, und Boghaz Koy, oder Hattusa – wie der ursprüngliche Name lautet – war ihre Hauptstadt gewesen. Die Hethiter waren damit bis in ihre babylonische Heimat zurückverfolgt. Die endgültige Bestätigung kam durch die Auffindung der hethitischen Version jenes berühmten Vertrags zwischen Ramses II. und dem Hethiterkönig Hattusilis. Die ägyptische Fassung, in den Hieroglyphen des Niltalvolkes gehalten, hatte sich an den Tempelmauern in Karnak in Theben, der ägyptischen Hauptstadt, gefunden. Die Boghaz-Koy-Tafel war in babylonischer Keilschrift verfaßt, die wohl die für den diplomatischen Verkehr zwischen ägyptischen und asiatischen Königen übliche Schreibweise war. Und da der Vertrag genau auf das 21. Regierungsjahr Ramses II. (also in der zweiten Hälfte des 13. Jahrhunderts v. Chr.) datiert werden konnte, ergab dies eine sichere Bestimmung für einige der Boghaz-Koy-Tafeln. Und was die unbekannte Sprache betrifft, die hier in Keilschrift erschien und in der die meisten dieser Tafeln abgefaßt waren, so konnte es nun nicht mehr zweifelhaft sein, daß dies die wirkliche Sprache der Hethiter gewesen war. Der Name Arzawa wurde fallen gelassen und die Sprache wurde hethitisch genannt. Die nächste Aufgabe war nun, sie zu entziffern.

In einem notwendigerweise so kurz gefaßten Bericht wie dem vorliegenden muß manche faszinierende Einzelheit übergangen werden, und Leser, die den genauen Verlauf der Geschichte von der Entdeckung der hethitischen Kultur verfolgen wollen, sollten Prof. Garstangs spannend geschriebenes Buch »Das Land der Hethiter« (1910) lesen. Garstang besuchte Dr. Winckler, als dieser in Boghaz Koy arbeitete und leitete selber Ausgrabungen zu Sakje-Gozii in Nordsyrien. Die neueste und zuverlässigste englische Arbeit über dieses Thema stammt von Prof. Garstangs Neffen, Dr. Gurney, dessen Buch über die Hethiter 1952 erschienen ist.

Fassen wir kurz zusammen: Die Situation war nach Wincklers Entdeckung im Jahr 1906 diese: die Keilschrifttafeln in akkadischer Sprache, welche in Boghaz Koy gefunden worden waren, identifizierten die Stadt als Hattusa, die hethitische Hauptstadt vom 15. bis gegen Ende des 13. Jahrhunderts, also etwa 200 Jahre.

Winckler stellte eine Liste der hethitischen Könige auf, von Suppiluliuma (der den ägyptischen Königen der 18. Dynastie so viel zu schaffen gemacht hatte) bis zu Arnuwandas, der gegen das Ende des 13. Jahrhunderts regierte. Dann versiegen die Quellen. Während dieser Periode herrschten die Hethiter in einer Staaten-Föderation teils in Kleinasien teils in Nordsyrien. Die größte Zahl der in hethitischer Sprache verfaßten Tafeln konnte damals noch nicht gelesen werden, genau so wenig wie die hethitische Bilderschrift, die schon zu Hamath, Aleppo und andernorts entdeckt worden war, oder wie die zahlreichen Felsinschriften Kleinasiens.

Es war also bewiesen, daß die verschiedenen zerstörten Städte und Siedlungen auf dem Hochland und in den östlichen Gebirgsgegenden mit ihren sich ähnelnden Skulpturen und Inschriften Teile einer einheitlichen Kultur waren, und daß es sich dabei um die hethitische handelte. Ebenso gewiß war, daß sich diese Kultur südwärts ausgebreitet hatte, bis tief nach Syrien hinein, und daß Städte wie Karkemisch am oberen Euphrat, Milid und Hamath einmal hethitisch gewesen sein müssen. Kurz vor Ausbruch des ersten Weltkriegs sandte das Britische Museum Dr. D. G. Hogarth zu Ausgrabungen nach Karkemisch. Sein Assistent war ein junger Oxforder Akademiker, der auf diese Weise seine erste Bekanntschaft mit einem Lande machte, in dem er später ein berühmter Guerillaführer wurde. Sein Name war T. E. Lawrence.

Ein weiteres Mitglied der Expedition war Leonard (heute Sir Leonard) Woolley. Sie brachten dem Britischen Museum neue Funde hethitischer Skulptur und eine große Anzahl neuentdeckter Inschriften hethitischer Hieroglyphen mit nach Hause.

Mit dem Ausbruch des ersten Weltkriegs, in welchem die Türkei auf der Seite Deutschlands kämpfte, trennten sich die Wege englischer und deutscher »Hethitologen«. Die Deutschen beschränkten sich auf die Entzifferung der zu Boghaz Koy und andernorts gefundenen hethitischen Keilschrifttafeln, während die Engländer sich bemühten, die Hieroglyphen lesen zu lernen. Diese Arbeitsteilung erhielt sich lange Zeit hindurch, noch bis in die Jahre zwischen den beiden Weltkriegen und über die Entzifferung der Keilschrift hinaus, die hauptsächlich einigen Deutschen gelungen war: F. Sommer, F. Friedrich, H. Ehelolf und A. Götz. Wichtige Beiträge lieferten dazu der Tscheche Hrozny, der Schweizer Forrer, der Franzose Délaporte und der Amerikaner Strutevant. Sie veröffentlichten eine »vergleichende Grammatik der hethitischen Sprache«, in der das Werk der Deutschen zusammengefaßt wurde.

Wenn auch der Inhalt dieses Buches in der Hauptsache den Überbleibseln der verlorenen Städte zu gelten hat, so wird es manchen Leser doch vielleicht interessieren zu erfahren, auf welche Weise die hethitischen Keilschrifttafeln entziffert werden konnten. Allgemein gesagt war es das Fortschreiten vom Bekannten zum Unbekannten. Das Bekannte waren die akkadischen und sumerischen Schriften. Nun kam es zuweilen vor, daß hethitische Schreiber, die beide Sprachen beherrschten, mitunter sumerische und akkadische Vokabeln als Abkürzungen in der in ihrer eigenen Sprache verfaßten Inschrift verwendeten. Mitunter gab es auch doppelte Texte, von denen der eine in Sumerisch oder Akkadisch abgefaßt war, aber sie wurden nicht zwangsläufig *am gleichen Ort* gefunden. Um eine ungefähr entsprechende Parallele zu ziehen, möge sich der Leser doppelte Niederschriften eines deutschen Satzes vorstellen, in dem gelegentlich französische Vokabeln vorkommen. Hier ein Beispiel:

»Hans leidet an einem seelischen MALAISE. Er beklagt sich dauernd über ENNUY. Er hat all seine frühere JOIE DE VIE verloren. Sogar sein Geschmack an feiner CUISINE ist vergangen. Gestern abend hat ihn der MAITRE D'HOTEL nicht einmal mit seiner berühmten BOUILLABAISSE locken können. Auch seine alte Behendigkeit ist fort. Er ist MALADROIT geworden.«

Und nun stelle man sich vor, daß die deutschen Wörter hethitisch, mithin unbekannt, und die französischen sumerisch und bekannt seien. Wenn sich nun später eine zweite Inschrift mit offenbar dem gleichen Textinhalt fände, bei der aber die französischen durch deutsche Vokabeln vertauscht wären, so ergäbe sich folgendes Bild:

»Hans leidet an einer seelischen (Unpäßlichkeit). Er beklagt sich dauernd über (Langeweile). Er hat all seine frühere (Lebenslust) verloren. Sogar sein Geschmack an feiner (Küche) ist vergangen. Gestern abend hat ihn der (Hotelbesitzer) nicht einmal mit seiner berühmten (Fischsuppe) locken können. Auch seine alte Behendigkeit ist fort. Er ist (ungeschickt) geworden.«

Ein Fachmann, der nun die zweite mit der ersten Stelle vergleicht, wäre imstande, den Sinn der eingeklammerten Wörter zu verstehen. Wenn er dann dem gleichen Wortlaut in einer andern Inschrift wieder begegnete, gäbe er ihm in bezug auf andere Textstellen einen Hinweis auf den Sinn der bisher noch unlesbaren

Niederschrift.

Dieser freilich höchst rohe und ungenaue Vergleich soll eine der Methoden der Philologen verdeutlichen, eine unbekannte Sprache zu entziffern. Es war eine langwierige und mühsame Aufgabe, die strikteste wissenschaftliche Genauigkeit erforderte. Gemeistert konnte sie nur werden, indem man eine enorme Menge von Material Schritt für Schritt studierte, sich dabei keinerlei Ratekünste gestattete und niemals versuchte, den Sinn eines Wortes festzulegen, ehe er gültig bewiesen war. Mit diesem behutsamen Vorgehen konnten deutsche und andere Wissenschaftler gegen das Jahr 1933 hin erfolgreich das meiste der hethitischen Keilschrifttexte entziffern. Nur wenig Stellen, die sich offenbar auf religiöse Rituale und Gebräuche bezogen, blieben dunkel.

Die Engländer hatten mit den Hieroglyphen weniger Glück. Erst vor kurzem hatten sie einen kleinen und unzulänglichen zweisprachigen Schlüssel in der Hand, in dem »Schildbuckel von Tarkondemos«, der nicht mehr als neun Keilschrift- und sechs hieroglyphische Zeichen aufwies. Auch gab es einige Orts- und wenige Personennamen, die bereits aus assyrischen Inschriften bekannt waren.

»Davon ausgehend«, schreibt Gurney, »haben fünf Forscher, Bossert (Deutschland), Forrer (Schweiz), Gelb (Amerika), Hrozny (Tschechoslowakei) und Meriggi (Italien), unabhängig voneinander arbeitend, ein beträchtliches Maß von Übereinstimmung in den Werten der meisten Zeichen, soweit sie phonetisch gebraucht wurden, erreicht, und die generelle Struktur der Sprache bestimmt. Trotzdem bleiben die Inschriften noch weithin unverständlich, da die Ideogramme und Vokabeln als Ganzes betrachtet noch immer ein unübersteigbares Hindernis darstellen.«

Inzwischen hat seit 1920 eine Reihe von Archäologen die Ausgrabungen hethitischer Niederlassungen in Kleinasien und Syrien, einschließlich Boghaz Koy, fortgesetzt. Der Ausgräber auf dem Feld und der Philologe in seinem Studierzimmer haben sich dabei wechselweise unterstützt. Der Erfolg ist heute der, daß die verschollenen Städte Kleinasiens nicht länger nur geheimnisumwitterte Ruinen zur Bewunderung der Fremden sind. Wir wissen schon viel von dem Volk, das sie gebaut hat, wir kennen die Namen seiner Herrscher, seine militärische und soziale Organisation, seine Religion und seinen Alltag.

Wenig dagegen wissen wir noch über die sogenannten »Syrischen Hethiter«, welche die Bibel erwähnt, obgleich ihre Beziehung zu den Hethitern der nördlichen Berglandschaften sich nun als enger erwiesen hat, als früher angenommen wurde. »Hieroglyphisches Hethitisch« und »Keilschrift-Hethitisch« sind, wenn auch nicht die gleichen Sprachen, doch nahe verwandt.

Männer vieler Nationen haben zu unserm heutigen Wissen beigetragen, Deutsche, Schweizer, Tschechen, Dänen, Franzosen, Engländer und Amerikaner. Und nicht zuletzt auch die türkischen Archäologen, die seit dem Kriege bereits mehrere wichtige Stätten in Anatolien ausgegraben haben.

6. Ein vergessenes Reich II

Die historischen Hethiter waren nicht die ersten Bewohner Kleinasiens. Der Name Hatti stammt von dem eingeborenen Volk, das wir heute Hattier nennen.

Die Hethiter der ägyptischen und assyrischen Berichte, das Volk also, das von Hattusa aus herrschte und dessen Sprache wir als hethitisch bezeichnen, waren Einwanderer, die sich anscheinend um 1900 v. Chr. im Lande angesiedelt hatten und die örtlichen Machthaber befehdeten. Sie brachten ihre eigene Sprache mit, die von den Philologen als indogermanischen Ursprungs angesehen wird, das heißt, sie stammt aus den gleichen Wurzeln wie nahezu alle europäischen Sprachen und ist darin von den ägyptischen und babylonischen zu unterscheiden, die anderer Herkunft sind. Diese indogermanische oder arische Sprachengruppe muß in ferner prähistorischer Zeit irgendwo in Nordindien und Afghanistan entstanden sein.

Doch als die Eindringlinge sich in Hatti festgesetzt hatten, nahmen sie den Namen des Landes an und wurden ihren Nachbarn so als Kheta, Khatti oder Hethiter bekannt. In gleicher Weise nennen die Bewohner Englands, die zumeist von angelsächsischen und skandinavischen Einwanderern stammen, ihre Insel nach ihrem ursprünglichen Namen Britannien.

In Übereinstimmung mit den zu Boghaz Koy entdeckten historischen Quellen hat man das Land zunächst in zwei getrennte Staaten geteilt, aber vielleicht war es nur ein einziger König, Labarnas, der die kleinen Nachbarstaaten eroberte und unter seine Herrschaft brachte.

»Und das Volk war klein«, sagen die Dokumente, »aber wo es sich auch in einen Krieg einließ, unterwarf es die feindlichen Länder durch seine Macht. Es zerstörte die Länder und machte sie machtlos und es machte das Meer zu seiner Grenze. Und wenn es vom Krieg heimkehrte, gingen seine Söhne in jeden Teil des Landes, nach Hupsina, nach Nenessa, nach Landa, nach Zallara, nach Parsuhanda und nach Lusna und herrschten dort, und die großen Städte des Landes wurden ihnen untertan.«

Der Nachfolger des Labarnas war Hattusilis I., unter dessen Herrschaft die Hauptstadt offenbar nach Hattusa (Boghaz Koy) verlegt wurde. Während seiner Regierungszeit und der seines Nachfolgers begannen die Hethiter aus ihrer Bergfeste südwärts in die Ebenen Nordsyriens vorzudringen. Sicher waren es die Reichtümer der älteren Kultur, die sie anzogen. Hattusilis I. eroberte Halap (Aleppo) und sein Sohn Mursilis sogar Babylon, ein Ereignis, das in den babylonischen Chroniken erwähnt ist:

»Gegen Samsuditana marschierten die Männer von Hatti, gegen das Land von Akkad.«

Die Wissenschaft verlegt dieses Datum etwa auf das Jahr 1600 v. Chr.

Innere Zwistigkeiten im hethitischen Königreich folgten. Es war die übliche Geschichte von Palastintrigen, Mord und Mördern, und schließlich wurden die hethitischen Hoheitsgebiete von einem andern Volk, den Hurritern, überflutet. Etwa 1525 v. Chr. befestigte der Usurpator Telepinus dort seine Stellung, und unter seiner Regierung wurde

»ein sorgsam ausgearbeitetes Edikt verfaßt, in welchem ein kurzer Überblick über die Geschichte der Hethiter (die Episode des Labarnas ist daraus oben zitiert) die Gefahr von Zwietracht und Hader in hohen Häusern vermerkte und zu einer Verordnung über das Verhalten von Königen und Würdenträgern überleitete. Die auf diese Weise verkündeten Gesetze scheinen bis zu den letzten Tagen des hethitischen Reiches Gültigkeit gehabt zu haben«.[39]

Diese Periode, welche die Historiker als das »alte Reich« der Hethiter bezeichnen, scheint mit Telepinus geendet zu haben. Die kaiserliche Periode, nämlich die der großen Machtentfaltung, begann mit Tudhaliyas II., dem Begründer einer neuen Dynastie. Während seiner Regierungszeit wurden die alten Gegner der Hethiter, die Hurriter, durch den großen ägyptischen Kriegerkönig Tuthmosis III. erledigt, und er konnte dadurch seinem Volk die Vormachtstellung in Nordsyrien für die Dauer von dreißig Jahren verschaffen. Dann aber erhob sich eine neue hurritische Macht, der Staat der Mitanni, an der großen Biegung des Euphrat. Eine Zeitlang war nun Mitanni der mächtigste Staat in Westasien und ein Herd der Unruhen für Ägypter und Hethiter. Etwa um 1457

v. Chr., als Tudhaliyas Aleppo plünderte, waren die Hethiter und Ägypter wahrscheinlich Verbündete, da die Amarnatafel Gechenke an den Pharao vom König der »großen Hatti« verzeichnet.

Mit der Thronbesteigung König Suppiluliumas kommt ein neues Stückchen des archäologischen Legespiels auf den Plan, denn dieser König war eben der verschlagene Spieler, dessen Intrigen den Abfall der ägyptischen Verbündeten während der Regierung Amenophis III. und seines Nachfolgers Echnaton verschuldet hatten. Er hat allen Anspruch darauf, als die Heldengestalt der hethitischen Geschichte zu gelten, denn nicht nur, daß er den einst so bedeutenden Staat von Mitanni zerschlagen hatte, kamen seine Heere, die nach Syrien eingefallen waren, ins Treffen mit dem König von Kadesch, einem Verbündeten der Ägypter, und schlugen auch dessen Armeen. Dies geschah etwa um das Jahr 1370 v. Chr.

Unter den Aufzeichnungen, die man in Boghaz Koy gefunden hat, befand sich der Bericht über einen Vorfall im Leben des Suppiluliuma, der in einem unmittelbaren Zusammenhang mit einer dramatischen Episode in den Annalen der ägyptischen Könige zu stehen scheint. Die hethitische Chronik berichtet nämlich, daß zu Suppiluliuma, der vor Karkemisch lag, ein Bote mit einem Brief der ägyptischen Königin kam, der folgendermaßen lautete:

»Mein Gatte ist gestorben und ich habe keinen Sohn, doch von Dir wird gesagt, Du habest viele Söhne. Wenn Du mir einen Deiner Söhne senden würdest, könnte er mein Gatte werden. Ich will unter keinen Umständen einen meiner Untertanen zum Gatten nehmen. Ich bin in großer Sorge.«

Verwundert und vielleicht auch mißtrauisch, schickt der hethitische König einen persönlichen Botschafter an den ägyptischen Hof, um nähere Auskunft einzuholen. Zurück kam ein zweiter Brief der Königin.

»Warum sagst Du ›sie täuschen mich‹? Wenn ich einen Sohn hätte, würde ich dann an einen Fremden schreiben und meine Not und die meines Landes bekannt werden lassen? Du hast mich gekränkt, indem Du so sprachst. Der mein Gatte war, ist tot und ich habe keinen Sohn. Ich will niemals einen meiner Untertanen nehmen und heiraten. Ich habe an niemanden sonst geschrieben als an Dich. Jeder sagt, Du habest viele Söhne. Gib mir einen von ihnen, damit er mein Gatte werde.«

Als Winckler dieses erstaunliche Dokument entdeckte, wußte man noch nicht, wer die ägyptische Königin war, die diese Botschaften gesandt hatte. Aber seit damals sind die Ägyptologen in die Lage versetzt worden, die höchstwahrscheinlich einzig richtige Antwort auf diese Frage zu geben. Sie enthüllt eine der rührendsten Geschichten, die je aus der Erde der verlorenen Städte der alten Welt geholt worden sind. Der »Gatte, der gestorben war«, muß der knabenhafte König Tutenchamon gewesen sein, dessen wundervolles Grab von Howard Carter und Lord Carnavon entdeckt worden ist. Seine Königin, Ankhesnamon, deren reizendes Bild man auf dem berühmten goldenen Königsthron bewundern kann, war vielleicht nicht älter als Tutenchamon. Die ägyptische Thronfolge erfolgte immer durch die Erbin. Aus diesem Grunde wurde, wer immer die verwitwete Königin heiratete, zum Pharao. Ein mächtiger Höfling, Ay, der unter Echnaton Vezier (= Premierminister) gewesen war, strebte nach der Herrschaft. Aber eine Hochzeit konnte nicht vor Ablauf der vorgeschriebenen neunzig Tage stattfinden, welche die Einbalsamierung und Bestattung des königlichen Leichnams erforderten. Es sieht ganz so aus, als ob Ankhesnamon hierin ihre einzige Chance erblickte, die Heirat mit dem Höfling zu vermeiden, einem Manne, der so viel älter war als sie selber. So sandte sie also ihre verzweifelte Botschaft an den König der Hethiter.

Das Ende der Geschichte ist traurig. Suppiluliuma sandte schließlich einen seiner Söhne, aber der wurde bei seiner Ankunft in Ägypten umgebracht, wahrscheinlich auf Ay's Befehl. Und Ay wurde König. Er scheint demnach Ankhesnamon geheiratet und damit seine Thronbesteigung legitimiert zu haben.

Diese dreitausendjährige Tragödie ist keine aus irgendeiner alten Sage hergesponnene romantische Erzählung, sondern das Ergebnis sorgfältiger Kombination historischer Tatsachen, deren Aufzeichnungen im ägyptischen Theben und dem kleinasiatischen Boghaz Koy entdeckt worden sind. Diese Städte liegen mehr als 1500 Meilen voneinander entfernt, und die eine der beiden wurde erst vor fünfzig Jahren identifiziert.

Allein die politische Geschichte des hethitischen Reiches zu berichten, würde mehr Raum erfordern, als mein Buch gestattet. Ich versuche es darum gar nicht erst. Aber aus den Chroniken der aufeinanderfolgenden Könige, die zu Boghaz Koy gefunden worden sind, und aus denen der Nachbarstaaten, mit denen die Hethiter so häufig Krieg führten, kann ich dem Leser einige Proben vermitteln.

Es ist die Geschichte eines harten, kriegstüchtigen Volkes, das sich zunächst ein vereinigtes Königreich in seiner Bergwelt schuf, aber dann ständig gezwungen war, es zu verteidigen. Mitunter fielen Vasallenstaaten von ihm ab und mußten zurückerobert werden. Mitunter auch gab es Streitigkeiten im hethitischen Mutterlande selber. Suppiluliuma scheint es gewesen zu sein, der die Pläne für den großen Festungsgürtel mit seinen mächtigen Toren geschaffen hat, der die Stadt Hattusa umgibt, und sicher mit gutem Grund. Aber immer, wenn sie sich stark genug fühlten, brachen die Hethiter aus ihrem Bergland hervor und in die reichen Gegenden des Südens ein. Um 1370 v. Chr. wurden Halap (Aleppo) und Alakh (Atchana) in Syrien hethitische Kolonien, ebenso Nuhassi in Mittelsyrien und Amurru, das die Libanonregion und die Küstengebiete umfaßte. Karkemisch widerstand eine Weile, aber 1340 v. Chr. wurde es einverleibt, als das ganze weitausgedehnte Land zwischen dem Euphrat und dem Meer ein Teil des hethitischen Reiches wurde.

Mursilis, der Sohn des Suppiluliuma, eroberte den Nachbarstaat von Arzawa zurück, der, wir wissen es aus den Amarnatafeln, seine Unabhängigkeit verteidigt und sich in friedlichem Verkehr zu Ägypten gehalten hatte. Dann gab es aber auch Schwierigkeiten mit den feindlichen Bergstämmen des Nordens, und auch der Aufstieg Assyriens am oberen Tigris wurde für die hethitischen Vasallenstaaten bedrohlich. Schließlich begannen die Ägypter, die um 1300 v. Chr. unter einer neuen und kraftvollen Dynastie ihre alte Stärke und Einigkeit zurückgewonnen hatten, sich über ihr Tal hin auszubreiten und ihre alte Herrschaft über Syrien wieder zu behaupten. In Königen wie Sethi I. und Ramses II. mußten die Hethiter die Wiederverkörperung des furchtbaren Tuthmosis III. erblickt haben, der sie aus Nordsyrien vertrieben hatte. Der Konflikt war unvermeidbar, und 1286/85 v. Chr. gerieten die beiden Reiche bei Kadesch am Orontes in einer Schlacht aneinander. Ihr Ausgang war unentschieden[40], aber die Hethiter behielten ihre Macht in Nordsyrien. Schließlich wurde Friede geschlossen und beide Parteien unterzeichneten, wie wir bereits wissen, den Vertrag, dessen Abschriften in beiden Hauptstädten aufbewahrt wurden. Assyrien wurde bald für die beiden Königreiche zur gemeinsamen Bedrohung, so daß sie gegen Ende des 13. Jahrhunderts v. Chr. in steigendem Maße freundschaftliche Beziehungen zueinander pflegten, bis, 13 Jahre nach der Unterzeichnung des Vertrages zwischen

Ramses II. und Hattusilis III. der Pharao die hethitische Prinzessin zur Frau nahm.

Der Sohn des Hattusilis III., Tudhaliyas IV., befahl das Werk des großen Reliefs an den Felswänden von Yassilikaya bei Boghaz Koy. Sein Name erscheint auf ihnen, und ihn stellt die berühmte Skulptur dar, die den König in den Armen seines Gottes zeigt. Gegen Ende seiner Regierungszeit entstanden Unruhen in den Weststaaten des Reichs. Die Quellen berichten von einem König von *Ahhiyawa* und einem gewissen *Atarissiyas*, einem Bürger dieses Landes, der offenbar einen hethitischen Vasallenkönig aus seinem Reich im Westen Kleinasiens vertrieben hat. Der Schweizer Forrer ging sogar so weit, anzunehmen, daß Ahhiyawa das von Homer gewähnte Land der Achäer und Attarissiyas vielleicht Atreus, der Vater des Agamemnon, gewesen sei. Die Daten scheinen zu stimmen, denn wir wissen, daß um diese Zeit griechische Seeräuber, die Mykener, im westlichen Kleinasien am Werk waren. Es ist dies eine faszinierende Annahme, doch ehe weitere Quellenbeweise erbracht sind, muß sie Theorie bleiben. Die Hauptschwierigkeit ist dabei, daß wir noch nicht sagen können, ob das mysteriöse Königreich von Ahhiyawa an das Meer reichte oder im Kerngebiet Kleinasiens gelegen war.

Ein anderer vertrauter Name taucht in den hethitischen Dokumenten jener Periode auf: *Mitas*. Der berühmte phrygische König Midas – dem alles, was er berührte zu Gold wurde – war vielleicht der König der Muschki, der im achten Jahrhundert lebte, lange nachdem die Hethiter aus Anatolien vertrieben worden waren. Gurney vermutet dagegen, »es sei möglich, daß die Muschki (klassisch: Moschki) schon in dieser Region waren und daß Mitas ein dynastischer Name gewesen ist«. Aber hier erreichen wir einen Punkt, wo sich klassische Mythen und archäologische Tatsachen zu vermengen beginnen und man nur noch mutmaßen kann.

Nicht alle hethitischen Dokumente enthielten Chroniken oder religiöse Texte. Es gab da auch einen Gesetzkodex, dessen Einzelheiten beweisen, daß die Hethiter ursprünglich ein Volk von Bauern waren. Er enthält Zeilen wie die folgenden:

»Wenn einer ausleiht und einspannt einen Ochsen, ein Pferd, ein Maultier oder einen Esel, und das Tier stirbt oder ein Wolf zerreißt es oder es verläuft sich, so soll er seinen vollen Wert bezahlen. Doch wenn er sagt: ›Durch die Hand Gottes starb es‹, so soll er schwören...«

»Wenn ein Schwein auf eine Dreschtenne läuft oder in ein Feld oder einen Garten, und der Eigentümer der Tenne oder des Feldes oder des Gartens schlägt es so, daß es stirbt, so soll er es seinem Eigentümer zurückgeben. Aber wenn er es nicht zurückgibt, wird er zum Dieb.«

»Wenn jemand einen Schwarm Bienen stiehlt, mußte er früher eine Mine Silbers zahlen, aber nun soll er fünf Sekel Silbers zahlen.«

Dieser letzte Satz läßt vermuten, daß auch die Hethiter schon Inflationsprobleme hatten.

Wie waren sie nun aber als Volk beschaffen? Die einzige Möglichkeit, sie zu beschreiben, leitet sich aus ihren schriftlichen Dokumenten her, die uns etwas über ihre geistige Beschaffenheit, und aus ihren Skulpturen, die uns über ihr Aussehen berichten. Im großen und ganzen kommen sie bei einem Vergleich mit anderen zeitgenössischen Kulturen gut weg. Das rauhe Klima ihres heimischen Berglandes machte sie zäh, kein fruchtbares Tal nährte sie wie die Ägypter und Sumerer, und ihre geographische Lage setzte sie dem ständigen Druck durch Nachbarvölker aus. Niemals konnten sie sich wie die Niltalvölker einer langen gesicherten Friedensperiode erfreuen, und immer waren sie von Invasionen bedroht.

Wollten sie überleben, so hatten sie sich zu einem kriegerischen Volk zu entwickeln, und tatsächlich beweisen ihre ummauerten Städte und Grenzbefestigungen einen Zustand dauernder Kriegsbereitschaft. Ihre Kunst und Kultur müssen von älteren Zivilisationen stammen, mit denen sie in Berührung gekommen sind. Ägypten und Assyrien beeinflußten ihre Plastik, ihre Hieroglyphen können von den Ägyptern übernommen sein, und die babylonische Keilschrift benutzten sie für ihre eigene Sprache.

Aus ihren Dokumenten kann man darauf schließen, daß sie in Kriegsführung und Gesetzgebung mindestens so human waren wie die Ägypter. Und in beidem waren sie gewiß zivilisierter als die Assyrier mit ihrem Blutdurst und ihrer Folterlust. Wenn sie eine feindliche Stadt belagerten und diese sich ergab, wurde das Volk verschont, falls es einen angemessenen Tribut entrichtete. Der Stadtherrscher wurde hethitischer Vasall, regierte im Interesse des hethitischen Königs und kam ihm im Kriegsfall zu Hilfe. Widerstand eine Stadt aber und fiel, so wurde sie gewöhnlich geplündert und ihre Einwohner wurden zu Sklaven gemacht. Aber sie wurden weder verstümmelt noch gefoltert.

Wie alle alten Zivilisationen machten die Hethiter eine genaue Unterscheidung zwischen Sklave und Freigeborenem, und die Gesetze, die für diese galten, waren wesentlich gemäßigter als die, welche bei einem Sklaven angewandt wurden. Ein Herr konnte seinen Sklaven nach Belieben züchtigen, aber andererseits enthält ein religiöses hethitisches Dokument den folgenden Passus:

»Wenn ein Diener auf irgendeine Weise in Not gerät, macht er ein Gesuch bei seinem Herrn, und der Herr hört ihn an und ist (freundlich gesinnt) gegen ihn und bringt in Ordnung, was ihn peinigt. Oder wenn ein Diener auf irgendeine Weise gefehlt hat, und er bekennt seine Schuld vor seinem Herrn, dann kann der Herr mit ihm tun was er will. Aber weil er dem Herrn seine Schuld bekannt hat, ist des Herrn Sinn besänftigt und der Herr wird ihn nicht zur Rechenschaft ziehen.«

Instruktionen des Königs an die Befehlshaber seiner Garnisonen enthalten solche Befehle:

»In welche Stadt auch immer du zurückkommen wirst, rufe alle ihre Bewohner zusammen. Wer immer eine Klage hat, entscheide sie für ihn und stelle ihn zufrieden. Wenn ein Sklave oder ein Mann oder die Dienerin einer Frau eine Klage hat, entscheide sie für sie und stelle sie zufrieden...«

»Mach nicht den besseren Fall zu einem schlimmeren, oder den schlechten zu einem besseren. Tu, was recht ist.«

In der Behandlung solcher Fälle hatte der Offizier des Königs mit den zivilen Behörden zusammenzuarbeiten.

»Nun sollen der Befehlshaber der Garnison, der Stadthauptmann und die Ältesten billig Recht sprechen und das Volk soll seine Fälle vorbringen[41].«

Für den Freigeborenen waren die einzigen Kapitalverbrechen Raub, Verunglimpfung des Staates und Unzucht mit Tieren. Totschlag, schwarze Magie, Diebstahl und Körperverletzung mit tödlichem Ausgang konnten durch Geldstrafen oder durch Rückerstattung des Eigentums geahndet werden.

Die Ehegesetze waren patriarchalisch. Ein Mädchen wurde von seinem Vater verheiratet. Die Verlobung konnte stattfinden, wenn der Bräutigam seiner erwählten Braut ein Geschenk brachte. Aber wenn sie sich anders besann ehe die Heirat zustande kam, konnte sie den Kontrakt brechen, sofern ihr Vater das Geschenk zurückbrachte. Die Hochzeit war von einem symbolischen Geschenk des

Bräutigams an die Familie der Braut begleitet, und der Brautvater hatte für die Mitgift zu sorgen. Somit folgten die hethitischen Hochzeitsgebräuche denen der Babylonier.

Die befestigten Städte, wie die des mykenischen Griechenland, wurden zu Verteidigungsstellungen gegen feindliche Angriffe, in die sich die Bevölkerung im Kriegsfall zurückziehen konnte. In Friedenszeiten wohnte sie außerhalb der Mauern, wo sie ihre Felder und Weinberge bestellte und ihre Herden hütete. In der Stadt befanden sich der Palast des Statthalters und meist mehrere Tempel. Dort waren auch die Kasernen der Truppen, und eines der Dokumente enthält bestimmte Befehle für den Kommandeur der Grenzverteidigung. Er mußte Straßenpatrouillen verteilen, war für die nächtliche Schließung der Stadttore und die Unterhaltung der Festungswerke verantwortlich und hatte für Nahrungsmittel, Wasser und andere Vorräte zu sorgen. Grenzgarnisonen befanden sich meist im gebirgigen Norden und Südwesten, sie beschützten das Land gegen die Einfälle wilder Stämme. Im Süden und Westen, wo das Reich an zivilisierte Nachbarn grenzte, pflegten die Hethiter ihre Vasallenkönigreiche als Pufferstaaten zu benutzen.

Im Kriege waren sie furchtbare Gegner und gewandte Strategen, die darauf abzielten, den Feind in ungedeckte Stellungen zu manövrieren und ihren eigenen beweglichen Truppen entgegenzutreiben. Diese flinke und furchterregende Taktik war in ganz Westasien berühmt. Die Infanterie war mit Streitäxten bewaffnet und trug kurze Tuniken, wie das bekannte Kriegerrelief von Boghaz Koy zeigt. Auf ägyptischen Darstellungen der Schlacht von Kadesch erscheinen sie dagegen in langen kurzärmeligen Röcken und tragen Speere. Es kann sich bei den so Ausgerüsteten um Hilfstruppen aus hethitischen Vasallenstaaten gehandelt haben.

Landwirtschaft und Viehzucht scheinen die Hauptquellen ihres Wohlstandes gewesen zu sein, doch gruben sie auch nach Kupfer und Eisen und exportierten diese, sowie Mineralien in Nachbarländer im Austausch gegen Textilien und andere Fertigwaren. Hier folgt die Übersetzung eines Briefes des Königs Hattusilis III. an einen Nachbarn, möglicherweise den König von Assyrien.

»Was das gute Eisen angeht, um welches Du an mich geschrieben hast, so ist gutes Eisen nicht vorrätig in meinem Schatzhaus zu Kizzuwatna. Es ist eine schlechte Zeit um Eisen zu machen. Ich habe geschrieben, sie werden gutes Eisen machen, aber bis jetzt sind sie damit noch nicht fertig. Wenn sie damit fertig sind, werde ich es Dir schicken. Heute nun sende ich Dir eine eiserne Dolchklinge.«[42]

Schon bevor die Hethiter sich in Kleinasien festgesetzt hatten, bestanden Handelsbeziehungen zwischen dem Land und Assyrien. Vor nicht langer Zeit fanden Archäologen in Kultepe, etwa 20 Meilen von Kayseri entfernt, die Reste einer Niederlassung assyrischer Kaufleute. Die Geschichte dieser Entdeckung und der wertvollen Kenntnisse, die sie vermittelte, ist einer der Romane hethitischer Archäologie. Nicht weniger als 1800 in akkadischer Sprache beschriftete Tafeln, wie sie gewöhnlich für die Handelskorrespondenz benutzt wurden, erschienen bei Antiquitätenhändlern in Ankara. 1893 waren die ersten von ihnen in Boghaz Koy aufgetaucht (und das gab Winckler Veranlassung, dorthin zu gehen) und andere wurden schließlich in Kultepe aufgefunden, in der Nähe des großen Hügels Karahuyuk.

1906 machte der französische Archäologe Chantre dort einige Untersuchungen, aber er fand wenig. Aber die Kultepetafeln erschienen weiterhin auf dem Markt. Dann versuchte es Winckler, aber ebenfalls ohne Erfolg. Es wurde zweifelhaft, ob Kultepe überhaupt der Fundort für diese Tafeln war. Nach dem 1. Weltkrieg wurde ein dritter Versuch gemacht, diesmal von einer tschechischen Expedition unter Hrozny. Was nun folgte, hat Seton Lloyd launig geschildert.

»Hrozny zog wie seine Vorgänger die ersten Gräben in die Kuppe des Haupthügels und wendete mehrere Wochen daran, das auszugraben, was er als eine »hethitische Festung« ansah, aber er fand nicht die geringste Spur von Tafeln. Es ist ein bemerkenswerter Beitrag zur absichtsvollen Verschwiegenheit der Dorfleute von Kultepe, daß sie nun schon dreimal nacheinander eine Gruppe von Fremden bei dieser besonderen Form von Jagd auf Wildgänse beobachten konnten. Seit sich nämlich herausgestellt hatte, daß man durch den Verkauf dieser Tafeln seine Einkünfte verbessern konnte, bestand wenig Aussicht mehr, daß ihre Fundstellen bekannt würden. Diesmal aber blieb ihnen das Glück nicht treu.«

Hrozny war ein ausgezeichneter Linguist und sprach fließend Türkisch. Zwei seiner Arbeiter kamen aus der benachbarten Stadt Kayseri, wo die Geschichte von Kultepe ein nicht endenwollender Spaß gewesen war.

»Durch langes Kreuz- und Querfragen kam er endlich der Sache auf den Grund. Die Wiese, zu der sie ihn führten, lag keine hundert

Meter vom Fuß des Haupthügels entfernt und war von diesem durch eine Baumreihe getrennt. Er merkte sofort, daß sie Spuren von beträchtlichem Ausmaß aufwies, die nur ganz oberflächlich beseitigt waren und von Amateurausgrabungen stammen mußten.«

Hrozny beorderte seine Leute an den Platz, und in kurzer Zeit kamen mehrere tausend Tafeln ans Licht. Der Haupthügel stellte tatsächlich die Trümmer einer befestigten Stadt oder einer Zitadelle dar, keiner hethitischen, sondern einer von indigenen Bewohnern Anatoliens vor der Zeit der Hethiterherrschaft erbauten. Aber in der Nähe der Stadt hatte eine Niederlassung bestanden, eine fremde Handelskolonie assyrischer, in Kleinasien angesiedelter Kaufleute. Ihr Name war Kamesch, und Hrozny und seine Nachfolger fanden dort auch die Überbleibsel der Wohnhäuser jener assyrischen Kaufleute samt ihrer Habe und ihrer Geschäftsdokumente, wie eben aus der Hand gelegt – offenbar hatten sie den Ort fluchtartig verlassen müssen.

Die Datierung machte keine Schwierigkeit, da einige der Dokumente die Namen zu ihrer Zeit herrschenden assyrischen Könige tragen, und zwar nicht die der bekannten des siebten und achten Jahrhunderts v. Chr., deren Paläste Layard entdeckt hatte, sondern solcher, die mehr als tausend Jahre vorher über die Gebiete am oberen Tigris geherrscht hatten.

Schließlich reiste im Jahre 1948, zweiundzwanzig Jahre nachdem Hrozny Kultepe verlassen hatte, eine türkische Expedition unter Taschin und Nimet Ozguc zu umfangreichen Ausgrabungen nach Kultepe. Sie stellten fünf verschiedene Bauperioden zwischen 2000 und 1700 v. Chr. fest. Außer der Entdeckung der Kaufmannshäuser, deren Einrichtung unzerstört angetroffen worden war, kamen ununterbrochen neue Inschrifttafeln zum Vorschein – nahezu tausend in jeder Saison.

»Auf gut Glück einen Text aus den Tafeln auszuwählen, ist so, als ob man einen neuen Band eines bekannten zeitgenössischen Autors aufschlüge«, schreibt Lloyd. »Wenig Zeilen schon können die Atmosphäre beschwören, in der seine Gestalten leben und verstärken nur unser Interesse an ihnen. Ein Kaufmann aus Kamesch zum Beispiel, der sich Puschukin nannte, besitzt einen Brief von Assur-Immitii, seinem Geschäftsfreund daheim:

›Ich habe Deine Instruktionen erhalten und der Tag des Empfangs Deiner Tafeln ist mir bekannt. Ich habe Deinen Agenten mit drei Minen Silbers für den Einkauf von Blei versehen. Wenn Du nun fürderhin mein Bruder bist, laß mir mein Geld durch Boten zugehen.‹

Plötzlich ist man im oberen Raum des anatolischen Hauses, die Hülle fällt vom Brief und der Kaufmann lächelt über diese dringende Zahlungsaufforderung, da er sich vielleicht das Gesicht seines Korrespondenten vorstellt und wieder einmal die Gewalt der mesopotamischen Sonne spürt...«

Die Güter wurden wahrscheinlich auf Eseln transportiert. Besondere Agenten waren engagiert, die für den sicheren Transport der Waren verantwortlich waren, Stoffe und Zeuge, »berühmte Gewebe mit exotischen Namen« (zweifellos für die anatolischen Damen) und als Gegenleistung der Export von Blei, Eisen, Karneol und anderen Mineralien aus Kleinasien. Die Namen der Agenten und ihre Spesenrechnungen sind noch bekannt.

Dies ist das Bild, das wir von einem Volk besitzen, welches vor dreitausend Jahren mit Ägypten um den Rang einer Weltmacht stritt. Und doch liegt es erst achtzig Jahre zurück, daß wir von ihm und seinen Städten nicht mehr wußten, als was uns die Bibel und die ägyptisch-assyrischen Inschriften verrieten. Noch vor knapp fünfzig Jahren war es stumm für uns, aber heute wissen wir beinahe so viel über seine Sprache, Sitten und Gebräuche, seine soziale Organisation, seine Gesetze und seinen Glauben wie damals seine mesopotamischen Nachbarn. Und mit jeder der neuen Entdeckungen, die Jahr um Jahr gemacht werden, wächst dieses Wissen weiter.

Eine ausführliche Beschreibung der hethitischen und vorhethitischen Städte, die im Lauf der letzten dreißig Jahre freigelegt worden sind, würde Bände füllen. Eine der erregendsten Entdeckungen machten ägyptische Archäologen in Alaya Huyuk, ungefähr 20 Meilen nordöstlich von Boghaz Koy Der Platz war den Reisenden des 19. Jahrhunderts unter dem Namen »Eyuk« bekannt. Sie beschrieben einen großen Hügel, in dessen Nähe zwei gewaltige Steinsphinxe standen, die offenbar ein monumentales Tor flankiert hatten. Gelegentliche Ausgrabungen fanden in den Jahren 1861, 1863 und 1906 statt; es wurden dabei umfangreiche Steinbauten und schön gearbeitete Reliefs entdeckt. Im Jahr 1935 ging eine türkische Expedition unter Kosay und Arik nach Alaya Huyuk ab. Sie beabsichtigte, in tiefere Schichten des Hügels vorzudringen, um Nachweise über die Ureinwohner der Niederlassung zu erhalten. Nachdem Kosay und Arik die unter der Oberfläche liegenden Trümmer aus der hethitischen Epoche untersucht und aufgenommen hatten, gruben sie einen tiefen Schacht in den Hügel. In zwanzig Fuß Tiefe stießen sie zu ihrem Erstaunen auf Reste verschwenderisch ausgestatteter Grabkammern aus der frühen Bronzezeit (etwa 2500 v. Chr.).

»Diese Gräber«, schreibt Seton Lloyd, »waren zweifellos solche von Priestern oder königlichen Personen, die unter einem die sonst üblichen Opfergaben und reichen Einrichtungen weit übertreffenden prunkvollen Ritual bestattet worden waren. Den Frauen hatte man ihre Juwelen und Toilettengegenstände mitgegeben, den Männern ihren persönlichen Schmuck und ihre Waffen. In jedem Grab war der Leichnam von feingearbeiteten Sonnenscheiben und Tiersymbolen umgeben, die vielleicht als Standarten beim Leichenbegängnis gedient hatten, und von einer verschwenderischen Fülle von Bildwerken, Weihgefäßen und anderen Kultgegenständen. Sie bestanden zumeist aus Gold und Silber, und sie waren in einer wundervollen Technik gearbeitet, die in vieler Hinsicht dem Können der sumerischen Goldschmiede in Ur ebenbürtig war. Wieder andere Gegenstände waren aus Bronze und einzelne davon mit edleren Metallen eingelegt. Auch Dolchklingen aus Eisen waren vorhanden.

Vierzehn dieser Gräber wurden in Alaya Huyuk in der Zeit zwischen 1935 und 1939 freigelegt. Sie gehörten tatsächlich einem vorhethitischen Volk an, das von den indogermanischen Einwanderern bei ihrem Eindringen nach Anatolien mehr als 500 Jahre später unterjocht worden war. Als das hethitische Reich auf dem Gipfel seiner Macht angelangt war, als Muttawilis in Kadesch gegen Ramses II. kämpfte, lagen diese priesterlichen oder königlichen Toten schon mehr als tausend Jahre in ihren prunkvollen Gräbern. Ein Volk von Barbaren konnten die nicht gewesen sein, welche von den Hethitern besiegt worden waren.

Die wichtigste hethitische Entdeckung der letzten Jahre wurde aber 1947 in Karatepe in Kilikien gemacht. Das war wirklich eine »verschollene Stadt«, in tiefe Vergessenheit und ungewöhnlich reizvolle landschaftliche Umgebung versunken. Karatepe liegt im südöstlichen Kleinasien, nur etwa 50 Meilen nördlich jener »Ecke«, in welcher die Südküste der Türkei, von Osten nach Westen verlaufend, mit der Nord-Süd-Linie der syrischen Küste zusammentrifft. In alter Zeit hieß dieses Land Kilikien. Wo die kilikische Küstenebene sich in die Vorgebirge des Taurus zu erheben beginnt, liegt eingebettet in eine Buchtung der Berghänge, ein kleiner bewaldeter Hügel, ortsüblich »schwarzer Hügel« genannt. In diesem dünnbesiedelten Gebiet konnten Altertümer wohl jahrtausendelang unbeachtet bleiben, und niemand, außer vielleicht gelegentlich einem Köhler, ist je zu diesem lieblichen Ort gekommen.

»Wenige konnten in der Tat vermutet haben, daß zu Zeiten, die weit hinter dem Horizont historischen Erinnerns liegen, ein König diese Stelle zu seiner Residenz gemacht haben konnte, und daß unter Brombeergestrüpp und Eichenunterholz die Symbole seiner Herrschaft tief unter den Ruinen seines Schlosses begraben lägen. Aber es war wirklich so, und erst mit der Entdeckung dieses Fundes konnte etwas von seiner alten Würde wiederhergestellt werden. Denn hier, vor den Augen des Ausgräbers, standen sorgsam gefeilte Sätze, in zweierlei Sprachen gefaßt, und die unbeholfen gezeichneten Bilder der Welt, in der er gelebt hatte. Unter diesen eingestürzten Galerien kleiner Steinbilder war auch sein Volk zu sehen: plumpe Kerle mit flachen Stirnen und zurückweichenden Kiefern, wie sie zu jener Zeit weite Gebiete Anatoliens bevölkert haben. In ihren mannigfachen Beschäftigungen innehaltend, betrachten sie einander, als seien sie verwundert über den seltsamen Wandel des Geschicks, das die schweigende Dunkelheit ihres langen Begrabenseins zerrissen hatte.«

So schreibt Seton Lloyd in seinem köstlichen Buch »Early Anatolia«[43].

Die Entdeckung geschah im Herbst 1945 durch eine Gruppe türkischer Archäologen unter H. T. Bossert und H. Cambel. Ein Ortsschulmeister, begeisterter Amateurarchäologe, hatte sie auf die Stelle hingewiesen. Sie konnte, so sagte er, zu Pferd in fünf Stunden von dem kleinen Marktflecken Kadirli aus erreicht werden. Sie brachen zu einer vorläufigen Besichtigung dahin auf und fanden unter anderem eine menschliche Statue, die auf dem Gesicht lag, mehrere gemeißelte Löwen mit einer stehenden menschlichen Figur, ferner einige Teile von Reliefs. Der Rest war unter dem Schutt begraben. Zwei Jahre später kamen die Archäologen zurück und begannen eine gründliche Untersuchung. Ihre Funde wurden zu einer Sensation für die Erforscher hethitischer Archäologie. Denn nun war er hier endlich zutage gekommen, der langgesuchte zweisprachige Schlüssel zum Verständnis der hethitischen

Ein Priester des
Adad-nirare III.,
Nimrud.

Flügelstier mit gekröntem Menschenhaupt. Dieser Schutzgeist wurde aus Teilen der mächtigsten Erdenwesen zusammengesetzt, dem Menschenhaupt, den Adlerschwingen, dem Rücken des Stieres und den Tatzen des Löwen.

Schutzgottheit aus Ninive. – Gefangener mit seinem Sohn, links.
Beides aus dem Palast des Assurbanipal, 9. Jahrh. v. Chr. Louvre.

Links: Der Heros Gilgamesch, welcher die Götter erzittern macht. Rechts: Stele Schamschi-Adads V. von Assur, Kalkstein. Der König mit Tiara, Haarschopf, langem Bart trägt ein langes Gewand mit Fransen und um den Hals ein Malteserkreuz, in der linken Hand hält er das Zepter. Britisches Museum.

Inschrift-Tafel mit einem Teil der babylonischen Schöpfungsgeschichte in Keilschrift.

Die Prozessionsstraße und Ischtar-Tor mit den farbigen Reliefbildern, Löwen, Stieren und Schlangengreifen. Beide Modelle im Vorderasiatischen Museum Berlin.

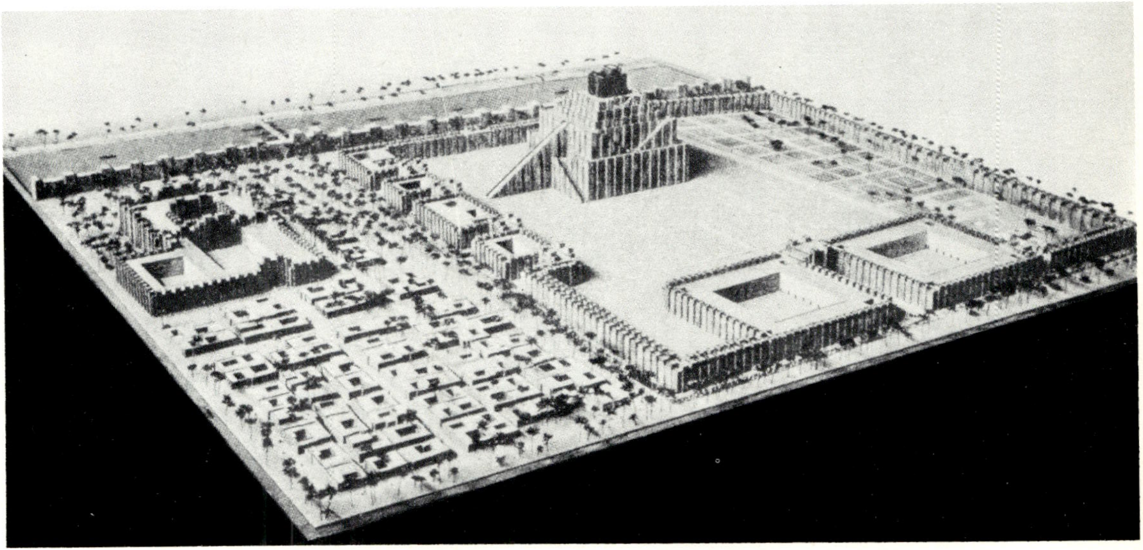

Das Mardukheiligtum von Babylon zur Zeit der Chaldäerkönige ist eine Rekonstruktion. Oben links »Erscheinungstempel« Esangila mit seinen Höfen, rechts der Stufenturm Etemenanki, mit der blauglasierten »Hochzeitskapelle« auf seiner Spitze, dem großen Tempelhof und dem Portal »Gottestor«. Im Hintergrund der Euphrat.

Reliefdarstellung zweier Schutzdämonen als Torwächter am Sanherib-Palast in Ninive. Der eine Dämon in Menschengestalt mit gehörntem Helm hebt zur Abwehr den Arm hoch. Der andere Dämon mit Löwenkopf, Adlerklauen und Rock schwingt einen Dolch.
Britisches Museum.

Hieroglyphen. Die Trümmer der Stadt waren späteren Datums, etwa 800 v. Chr., lange nach dem Untergang des Hethiterreiches. Auf der Kuppe des Hügels lagen die Reste einer Verteidigungsmauer von vieleckigem Grundriß, mit achtundzwanzig rechteckigen Türmen und einem oberen und einem unteren Tor. Beim Betreten einer der Toreinfahrten fanden die Forscher auf beiden Seitenwänden beschriftete skulpturierte Platten. Die eine war in hethitischer, die andere in phönizischer Sprache abgefaßt. Diese Inschriften waren von unbeholfen gearbeiteten Reliefs begleitet, welche unter anderem Szenen einer Seeschlacht, ein Orchester, vierschiedene Sportarten, religiöse Rituale und einfache Szenen des häuslichen Lebens zeigten. Die Art ihrer künstlerischen Behandlung war der großen hethitischen Skulpturperiode durchaus nicht ebenbürtig, aber vom archäologischen Standpunkt aus betrachtet waren diese Reliefs höchst bedeutsam.

Von weitaus größerer Bedeutung waren aber natürlich die zweisprachigen Inschriften. Die Philologen hatten zwar bereits die Hauptelemente der grammatikalischen Struktur des Hethitischen gemeistert und konnten den allgemeinen Sinn einer Inschrift erraten, nun aber konnten sie dem genauen Wortlaut folgen, ohne dessen Kenntnis eine gültige Übersetzung unmöglich ist. Als Ergebnis dieser Entdeckung begannen nun die hethitischen Hieroglyphen in Kleinasien, wie überall in den Museen der Welt, über die sie verstreut waren, zu reden. Die Philologen, die sich ein halbes Jahrhundert lang mit dem kleinen »Schildbuckel von Tarkondemos« hatten begnügen müssen, mögen wohl bitter gelächelt haben, als sie erfuhren, daß all diese Jahre hindurch ein lebensgroßes Zweisprachenwerk unbekannt unter einem abgelegenen kilikischen Hügel begraben gewesen war.

Der Name des Königs war Asitawad, ein anatolischer und kein phönizischer Name, wie zunächst angenommen worden war. Die Inschrift berichtet vom Bau einer Festung, der er seinen eigenen Namen gab und fügte dann das interessante Detail hinzu, daß er auch über die *Danuna* geherrscht habe. Das konnten nur die Dananier sein, ein Stamm, der in den Tempelinschriften Ramses II. als Glied einer Koalition von Seevölkern verzeichnet war, und den Ägypten im 12. Jahrhundert bekämpft und besiegt hat. Vielleicht wären auch diese Dananier mit Homers »Danaoi« zu identifizieren.

Es muß daran erinnert werden, daß die »Hethiterjagd« in den

syrischen Tiefebenen mit der Entdeckung der Hieroglyphenschriften in Aleppo und Hamath begonnen hatte, und daß die Nachforschungen die Ausgräber dann zu den Gebirgen Kleinasiens und nach Boghaz Koy geführt hatten, von dem aus die Hethiter ihre Herrschaft bis tief in den Süden Syriens ausdehnten. Mit der Entdeckung der zweisprachigen Inschrift von Karatepe scheint das Rad seine volle Umdrehung gemacht zu haben. Wir sind nun vielleicht imstande, mehr von den syrischen Neo-Hethitern zu erfahren, dem Volk, das die Hebräer kannten und das häufig im Alten Testament erwähnt ist.

Kannten die Hebräer die Berghethiter Anatoliens? Es scheint sehr zweifelhaft zu sein. Als König David die Witwe Urias des Hethiters um etwa 1000 v. Chr. zur Frau nahm, waren die Hethiter schon längst von späteren Einwanderern aus ihrer Bergheimat vertrieben worden. Das Problem ist schwierig. Möglicherweise brach gegen Ende des 13. Jahrhunderts das hethitische Reich unter dem Ansturm der fremden Eindringlinge zusammen, der vielleicht von einem Aufstand der Vasallenstaaten begleitet war. Wir wissen, daß schon unter der Regierung Arnunwandas III. die mysteriösen Ahhiyawa, welche Homers Achäer gewesen sein könnten, Unruhen in der hethitischen Provinz Arzawa ausgelöst hatten. Ein gewisser Madduwattas (sein Name ist in Beziehung zu den lybischen Königen Alyttas und Sadyttas gesetzt worden) machte gemeinsame Sache mit dem König der Ahhiyawa, dessen Name – hethitsch – Attarissyas (griechisch Atreus?) lautete. Gemeinsam »nahmen sie das ganze Land von Arzawa«, und etwa um dieselbe Zeit berichten die hethitischen Inschriften auch von einem Mitas, der die östlichen Provinzen des Reiches aufzuwiegeln begann.

Dann, so erzählen uns die Tempelinschriften Ramses II., folgte eine unruhige Periode, als eine große Einwanderungswelle von Völkern, die mit ihren Weibern und Lastwagen der palästinensischen Küste entlangzogen und Ägypten bedrohten. Unter ihnen waren die »Achaiwascha», die »Danuna« und die »Völker der See«. »Die Inseln«, so sagt die Inschrift, »waren in Aufruhr«. Einige der Einwanderer erreichten Ägypten und wurden schließlich vom Pharao in einer Reihe von Land- und Seeschlachten geschlagen. Diese Völkerwanderung geschah gegen Ende des 13. Jahrhunderts und ist mit weitreichenden Völkerbewegungen verbunden. Es war dies die gleiche Zeit, in der die Philister sich an der palästinensischen Küste niederließen und die mykenischen

Griechen in Kleinasien und andernorts kolonisierten. Und zur selben Zeit, glauben die Historiker, müssen wohl auch die Hethiter aus Kleinasien vertrieben worden sein. Die Königlisten von Boghaz Koy brachen ab und die Phrygier wurden, homerischen Legenden zufolge, zur führenden Macht in Anatolien.

Mehr als 500 Jahre nach diesem Datum hatten die Hethiter gleichwohl noch immer in Syrien überdauert; assyrische Quellen des 8. Jahrhunderts sprechen weiterhin vom »Land Hatti« und verzeichnen hethitische Königsnamen. Das Alte Testament berichtet in seinen Büchern der »Könige« und »Chroniken« gleichfalls von einem »König der Hethiter«, aber er regierte in Syrien, nicht in Kleinasien. Und andererseits schreibt Gurney:

»Sprache und Religion dieser Neo-Hethiter waren weder die der Hethiter von Hattusa (Boghaz Koy), noch waren sie die des bekannten Volkes, das Syrien unter der Hethiterherrschaft bewohnt hatte, denn diese waren Hurriten. Syrien muß von einem anderen Volk überrannt worden sein, das aus einer der hethitischen Provinzen stammte, welche hethitische Kultur angenommen hatten.«

Dies also sind offenbar die Hethiter, welche das Alte Testament erwähnt. Trotzdem bleibt noch eine Frage offen. Wo waren die »Söhne des Heth«, von denen Abraham die Höhle der Makpela gekauft hat? Abraham muß etwa um das Jahr 1700 v. Chr. gelebt haben, lange bevor die Hethiter nach Syrien eingedrungen waren. Auch gibt es keinen Beweis dafür, daß ihr Gebiet sich so weit nach Süden bis nach Palästina erstreckt hatte.

Dann gibt es da noch einen Hinweis im Buch »Numeri« (4. Buch Moses. 5. Kapitel) auf die Wanderungen der Israeliten nach dem Auszug aus Ägypten. Das Datum kann nicht später als etwa 1250 v. Chr. liegen, aber es ist deutlich darin ausgesprochen: »Amalek wohnt im Lande des Südens, und die Hethiter und die Jebusiter, und die Amoniter wohnen in den Bergen« (= von Judäa). Gurney hat eine einleuchtende Erklärung dafür beigebracht, nämlich die, daß etwa um 1330 eine Gruppe kleinasiatischer Hethiter aus der »Stadt Kurustamma« nach Palästina eindrangen und sich dort niederließen. Er zitiert einen hethitischen Text, der berichtet, wie »der Wettergott von Hatti die Leute von Kurustamma in das Land Ägypten brachte... und mein Vater sandte Fußvolk und Wagen, und sie fielen ein in das *Grenzland von Ägypten, das Land von Amka*«.[44]

Nun war tatsächlich zu jener Zeit das »Land von Amka« – das

B'ka-Tal im Libanon – das Grenzland von Ägypten, seit dieser Teil Palästinas zur ägyptischen Provinz geworden war, aber es scheint sehr wenig glaubhaft, daß ein Stamm von einer nordöstlichen Provinz Kleinasiens so weit nach Süden vorgestoßen sein sollte. War dies aber der Fall, so wäre dies ein Beweis für die Anwesenheit von Hethitern in den Hügeln Jüdäas im 14. Jahrhundert v. Chr., als die Israeliten in das Land kamen, »da Milch und Honig fließt«.

Die Suche, die mit der Entdeckung der Hamath- und Aleppo-steine begonnen hatte, ist noch lange nicht zu Ende. Die Entzifferung der Hieroglyphenschrift der Neo-Hethiter kann uns noch weiterbringen. Sie hat uns schon zur Wiederentdeckung verlorener Städte einer fast vergessenen Rasse geführt, vielleicht wird sie uns noch weiterführen, nicht nur in Kleinasien, sondern auch in Syrien, wo Elemente der hethitischen Kultur noch lebendig waren, als König David über Jerusalem herrschte.

7. Susa und Persepolis

»Ich, Darius, bin der Große König, der König der Könige, Könige der Länder, die alle Arten von Menschen beherbergen. König dieses großen, weiten und breiten Landes, Sohn des Hystaspes des Achämeniden, ein Perser, Sohn eines Persers, ein Arier aus arischem Stamme. Durch die Gnade des Herrn Ahuramazda sind dies die Länder, die ich außerhalb Persiens in Besitz genommen habe; ich herrsche über sie, sie waren mir tributpflichtig; was ich ihnen befahl, das taten sie; mein Gesetz umfaßte sie alle, Medien, Elam, Parthien, Arien, Baktrien, Sogdanien, Chorasmien, Drangiana, Arachosia, Sattagydia, Sind, Amrygier und Skythen, Skythen mit spitzen Hüten, Babylonien, Assyrien, Arabien, Ägypten...«

Wie ferner Trommelwirbel verklingt die prahlende Liste der Eroberungen des Darius, die er in sein Grab zu Susa einmeißeln ließ, verklingt und stirbt hin. Übrig bleibt nur das trockene Wispern des Wüstenwindes, der den Sand in Wirbeln um die Säulenreihen von Persepolis jagt, Persepolis, des Königs der Könige, Darius des Persers Stadt und Palast. Und auf einem seiner Fensterstürze die Worte, die ein späterer Araber daraufschrieb:

»Wo sind nun die Könige, die hier herrschten und aus dem Becher des Todes tranken?«

»Wie viele Städte, die am Morgen gebaut wurden, sanken nicht hin, bevor der Abend kam?«

In den vorigen Kapiteln haben wir die alten Zivilisationen von Mesopotamien und Kleinasien beschrieben, im nächsten haben wir die prähistorische Kultur des Industales in Indien zu betrachten. Aber zwischen diesen beiden Ländern liegt ein dreieckiger Landstrich, von Bergen umgeben, von denen einige eine Höhe von annähernd 7000 Meter haben. In seinem Zentrum liegt ein Staubekken, leer und trocken, das man zu Recht als den ungastlichsten Fleck der Erde bezeichnet hat. Dieses gebirgige Vorland ist das heutige Persien oder der Iran.

In alten Zeiten schon war es genau wie heute ein Land zwischen Ost und West. In seinem Nordwesten dehnt sich die flache und fruchtbare Ebene von Sumer. Östlich die Gebirge des Hindukusch und Indiens, im Norden das Kaspische Meer und im Süden der Persische Golf, der zum Indischen Ozean führt.

Die Berge sind kahl, aber die Täler sind fruchtbar. Über den Weiden höhergelegener Hänge grünen Wälder von Buche, Walnuß und wilder Mandel. Tiefer drunten gedeihen Rebe, Feige und Granatapfel. Im Winter leuchten die Berggipfel im Schnee, zur Sommerszeit droht der Feuerball der Sonne, Ahuramazda, Mithras, der Gott der alten Perser, vom sengenden Himmel herab, verdorrt alle Pflanzen und treibt die keuchenden Menschen in den Schatten. Ein wildes, ungezähmtes Land ist es, das vom Himmelsgott beherrscht wird. Es ist kein Wunder, daß die Perser Sonnenanbeter waren. Und sogar noch heutzutage bilden die Zoroastrier, denen schon Darius seine Verehrung zollte, eine mächtige Minderheit unter den großen Weltreligionen. Noch immer brennt die Flamme auf ihren Altären und die Parsen, ihre kulturellen Erben, setzen ihre Toten der Sonne und der Luft aus, bis ihre Knochen von den Geiern saubergenagt sind, denn sie fürchten die Elemente von Erde, Feuer und Wasser durch das verwesende menschliche Fleisch zu verunreinigen.

Ihren Anfang nahm die persische Zivilisation in Susiana, einem Ausläufer der mesopotamischen Tiefebene, der sich bis in die Gebirgskette hineinzieht. Susiana war mit seiner Hauptstadt Susa die Heimat einer sehr alten städtischen Kultur, die gewisse Parallelen zu den Zivilisationen von Sumer und Akkad aufweist. Hier entstand der Staat Elam, dessen Bevölkerung ihren Brüdern im Berghinterland in kultureller Hinsicht weit voraus war, wenn sie auch dauernden Einflüssen durch die nomadisierenden Bergvölker, die an seinen Grenzen lebten, ausgesetzt war. Mit den Bergen im Rükken und der weiten Alluvialebene von Sumer zu Füßen war es natürlich, daß dieses Volk Opfer der widerstreitendsten Einflüsse war; ebenso natürlich auch, daß es eher Borger als Erzeuger war. Als die großartigen Palaststädte von Susa und Persepolis von den Achämenidenkönigen Cyrus, Darius und den übrigen gebaut wurden, vereinigten sie künstlerische Elemente all der vielen Reiche, welche die Achämeniden beherrschten. Die Siebzig-Fuß-Säulenschäfte waren griechisch, aber die geduckten Stiere, welche ihre Kapitelle bildeten, waren assyrisch. Die emaillierten Löwen-

Greifen aus Susa waren babylonisch, aber die geflügelte Scheibe, welche Ahuramazda, den Sonnengott, symbolisierte, stammte aus Ägypten.

Archäologen, die in den tieferen Schichten von Susa gegraben haben, brachten Töpfereien und Schmuckgegenstände an den Tag, welche beweisen, daß Susa mehr als 2000 Jahre v. Chr. bereits eine hochentwickelte Zivilisation besessen haben muß. Wir haben uns aber zu vergegenwärtigen, daß für die meisten der heutigen Besucher Persiens sowohl seine alte Hauptstadt Susa wie auch Persepolis laut und deutlich *eine* Epoche verkünden, nämlich die der Achämeniden, die Zeit eines Cyrus, Darius, Xerxes, Artaxerxes und ihrer Nachfolger, jener Herrscher also, die über ganz Westasien geboten und um ein Haar Europa selber erobert hätten. Der Besucher von Persepolis, der seinen Herodot kennt, entsinnt sich des Königs Xerxes auf seinem goldenen Thron, der von den Höhen von Marathon den heroischen Kampf einer Handvoll Spartaner im Engpaß gegen die gewaltigen Schlachtreihen des Ostens beobachtet.

Und wenn der Besucher Engländer ist, ruft er sich vielleicht die Verse seines Landsmannes Housman ins Gedächtnis:

Vom Morgenland der König her
zieht mit des ganzen Ostens Macht.
Sein Kriegsvolk trinkt die Flüsse leer,
sein Speerwald macht den Tag zur Nacht.
Für nichts stirbt, wen der Tod hier wählt,
und Heimkehr gibt es nimmerdar.
Auf seegenetzter Klippe strählt
die Jugend Spartas sich das Haar.

Herodot, der als loyaler Grieche die Heldentaten seines Volkes rühmt, hat es aber auch nicht unterlassen, seinen persischen Gegnern Gerechtigkeit widerfahren zu lassen. Er nennt sie tapfer, ehrlich und human. Die Griechen kannten sie gut, denn viele Tausende von ihnen dienten als Söldner im persischen Heer und empfanden dies durchaus nicht als Schande. Die Perser waren Orientalen, die einem Gott-König huldigten, ein Brauch, den die freidenkenden Griechen verabscheuten. Dennoch ließen sie die Perser gelten, die, nach Herodot, ihre Kinder zwei wesentliche Dinge lehrten: genau zu zielen und die Wahrheit zu reden.

Vielleicht erkannten die Griechen, die ja selber ein Bergvolk arischer Herkunft waren, in vielen persischen Eigenschaften ihre eigenen wieder, denn auch sie kamen ja im Gegensatz zu den Semiten Babylons und Ägyptens aus dem gleichen indo-europäischen Stamm.

Wer die Perser waren und woher sie stammen, ist nicht endgültig bewiesen. Das Elamitische Reich endete etwa um 640 v. Chr., als Susa durch den assyrischen König Assurbanipal zerstört wurde. Schon aber bildete sich im Norden eine neue Macht, das »Volk der Parsen«, das im siebten Jahrhundert nach Süden vordrängte und sich im Gebiet des heutigen Iran festsetzte. Zunächst waren die Parsen noch dem medischen Königreich untertan, aber im sechsten Jahrhundert besiegte Cyrus die Meder, erstürmte ihre Hauptstadt Ekbatana und begründete eine Dynastie, die nach einem seiner Vorfahren die Achämenidische genannt wird.

Unter ihren siegreichen Königen gewannen die Perser schließlich die Herrschaft über ganz Westasien von der östlichen Mittelmeerküste bis zu den Gebirgen des Hindukusch und vom oberen Nillauf bis nach Kleinasien. Dieses gewaltige Reich wurde in Satrapien unterteilt und jede einem Statthalter oder Satrapen unterstellt. Aber nicht wie die späteren Römer machten die Perser Versuche, den von ihnen unterworfenen Völkern eine Kultur nach ihrem eigenen Muster aufzuzwingen. Sie waren klug genug, als Neulinge die kulturelle Überlegenheit der babylonischen, assyrischen und ägyptischen Reiche anzuerkennen und machten daher unbefangen kulturelle Anleihen bei ihnen.

Als die achämenidischen Könige ihre gewaltigen Paläste zu Susa und Persepolis als unvergängliche Symbole ihrer Macht schufen, gaben sie nicht nur die Unterstützung bei diesem Werk durch die ihnen tributpflichtigen Völker zu, sondern sie rühmten sich dieser Tatsache sogar. In den Palastruinen von Susa entdeckten französische Archäologen einen Text, in dem Darius verkündet:

»Dies ist der Palast, den ich zu Susa baute. Sein Schmuckwerk wurde von weither herbeigebracht. Man grub in die Erde, bis ich auf Fels in der Erde kam. Als der Aushub fertig war, wurde Trümmergestein hineingepackt, teils vierzig, teils zwanzig Ellen tief, und auf diesem Gestein wurde der Palast errichtet.«

»Und daß die Erde ausgegraben wurde, und daß das Trümmergestein hineingepackt wurde, und daß die sonnegedörrten Ziegel geformt wurden, (diese Aufgaben) verrichtet das Volk von Babylon.«

Dann geht Cyrus dazu über, die Arbeit zu schildern, die von andern Völkern geleistet wurde, welche Teile seines Reiches bildeten.

»Das Zedernholz, welches... ein Berg, der Libanon heißt, von dem es gebracht wurde; das assyrische Volk, es brachte dieses nach Babylon; von Babylon brachten die Karier und Ionier (aus Kleinasien) es nach Susa. Das Yakaholz wurde von Gandar und Garmania gebracht. Das Gold wurde von Sardis und von Baktrien gebracht, wo es verarbeitet wurde. Die kostbaren Steine Lapislazuli und Karneol, die dort verarbeitet werden, kamen von Sogdania, ...das Silber wurde aus Ägypten herbeigeschafft...«

Susa und Persepolis liegen im Südwesten Persiens. Susa liegt etwa nordöstlich des Persischen Golfs, es blickt über die Alluvialebene des unteren Mesopotamien. Persepolis erhebt sich an den Berg gelehnt auf einer Terrasse. Beides sind verschollene Städte in dem Sinn, daß die Gezeiten des Lebens von ihnen weggeebbt sind und sie als Strandgut zurückgelassen haben. Einsam gelegen und schwer zugänglich, wie sie sind, haben bis heute nur wenige Menschen den Weg zu ihnen gefunden, außer nomadisierenden Stämmen auf ihren Wanderungen, Archäologen und solchen Touristen, die genügend Energie für diese Reise aufbringen konnten.

Die ersten Europäer, die Susa besucht, untersucht und aufgenommen haben, waren zwei abenteuerlustige Engländer, Loftus und Churchill, von denen schon im 4. Kapitel die Rede war. Die einheimische Bevölkerung war ihnen aber so feindselig entgegengekommen, daß sie umkehren mußten, nicht ohne jedoch dem Leiter der Türkisch-Persischen Grenzkommission von 1850, General Williams, Bericht über ihre Entdeckungen erstattet zu haben. Im Winter darauf besuchte Williams selber die Ruinen und ordnete die Ausgrabungen an, in deren Verlauf ein großangelegter Achämenidenpalast ans Licht kam. Daraufhin kehrte Loftus zurück und setzte seine eigenen Ausgrabungen mit der kläglichen Unterstützungssumme von 500 Pfund fort. Wenn nun zwar auch die Engländer die Ehre für sich beanspruchen mögen, Susa als erste ausgegraben zu haben, so waren es tatsächlich doch die Franzosen unter Dieulatoy (1884) und Morgan, die durch ihre Arbeit die ganze Pracht der achämenidischen Hauptstadt enthüllten.

Wenn der Besucher von Susa die Ebene durchquert, sieht er hoch über sich die Schutthügel emporsteigen, und es ist für ihn nicht schwierig, sich die Stadt vorzustellen, als sie noch etwas anderes war als nur ein Haufen halb oder zerstörter Bauten, als ihre leuchtenden Paläste mit ihren bunt glasierten Ziegeln und ihrem Zierrat von edlen Metallen schimmernd und glänzend vor dem pittoresken Hintergrund der grünen Berge standen. Da erhob sich eine Festung mit einer Grundfläche von 250/450 Metern und einer Höhe von 40 Metern. Da war die Königsstadt, die sich vom Nordosten der Festung anderthalb Kilometer lang nach Südosten hinzog, mit ihrem Palast und ihrem, Appadana genannten Thronsaal. Und da war das Händlerviertel mit seinen übervölkerten Straßen, seinen Läden und Magazinen. Die ganze Stadt war von einer hohen starken Mauer aus Rohziegel umgeben, die von Türmen flankiert und von einem Graben geschützt wurde, der aus dem Fluß Chahour mit Wasser gespeist wurde.

»Mit dem Meere durch vier Flüsse verbunden und bevölkert von Königen, Prinzen, Gesandten, Ärzten, Wissenschaftlern und Künstlern war Susa wohl der Rolle einer Hauptstadt der Welt würdig, die ihr der König der Könige zuerteilt hatte[45].«

Einiges von ihrem Glanz ist bis zu unsern Tagen erhalten geblieben. So die herrlichen Löwen-Greifen und die Flügelstiere aus emailliertem Ziegel, und die mächtigen Kapitelle der kraftvoll aufstrebenden Säulen, die aus je zwei Rücken an Rücken gekrümmten Stieren gebildet sind. Die schönsten von ihnen sind von französischen Archäologen nach Paris gebracht worden und noch im Louvre zu sehen.

Aber der Besucher, der einen vollen Eindruck von der Glorie der achämenidischen Periode gewinnen will, muß nach Persepolis gehen, das Darius in seiner Heimatprovinz Fars gebaut hat. Hier braucht er keine Einbildungskraft. Die massiven Kalksteinmauern des Palastes, die gewaltigen Säulen, die siebzig Fuß hoch in den blauen Himmel aufragen, und die großen von Skulpturen eingefaßten Treppenfluchten sind noch vorhanden und bieten sich seiner Bewunderung dar. Sowohl seiner herrlichen Lage als auch seiner Gestalt nach stellt Persepolis einen bestürzenden Ausdruck schreckenerregender Macht dar – der Macht eines orientalischen Despoten, der sämtliche Königreiche der alten östlichen Welt unterjochte. Ägypten, Babylon, Assyrien, Kleinasien und die Levante, alle lagen sie zu seinen Füßen. Und wären die Griechen nicht gewesen, könnte sehr wohl auch Europa da gelegen haben.

Sir Percy Sykes, der große Orientalist, hat das wie folgt formuliert:

»Keines der Überbleibsel einer großen Vergangenheit kann mit dem Takht-i-Jamschid oder Thron des Jamschid verglichen werden, der großen Terrasse, der ein Spruch Omars des Zeltmachers gewidmet ist:

Von Löwe und Eidechse sind nun bewohnt
die Hallen, drin Jamschid gezecht und gethront...«

Löwen gibt es hier nicht mehr, aber die grünen Eidechsen huschen noch über den sonnenheißen Stein oder äugen aus den dunklen Spalten der Treppenstufen. Hinter der gewaltigen Plattform von 500 Meter Länge und 300 Meter Breite türmen sich die Berge auf. Ihre Farben wandeln sich mit jeder Stunde in dem Maße, wie die Sonne am Firmament aufsteigt, dieses wütende Licht, das die alten Perser anbeteten. Die winzigen Gestalten der Besucher und Arbeiter krabbeln wie schwarze Ameisen über die sonnengrellen Höfe und erklimmen langsam und mühselig die Zeremonientreppen, deren jede einzelne Stufe aus einem einzigen Block gehauen ist und die so flach sind, daß Sir Percy Sykes berichtet, er sei ohne Mühe mit seinem Pferd hinaufgeritten. An den Flanken der großen Treppe und an denen der Terrasse selber sind Hundert von tief geschnittenen Basreliefs zu sehen, deren starkes und einprägsames Linienspiel vom Sonnenlicht noch stärker hervorgehoben wird. Da sind die Gestalten von Menschen, Tieren und Göttern. Die Menschen, persische Krieger mit harten und ungerührten Gesichtern und Speeren in den Fäusten – oder lange Züge unterworfener Völker, die Stiere und Kamele am Zügel führen oder die Erzeugnisse ihres Landes als Tribut für den König der Könige herbeitragen. Die Tiere sind höchst lebendig und voller Kraft dargestellt. Flügelstiere, den assyrischen ähnlich, mit menschlichen Gesichtern, dem Antlitz des Darius, mythologische Fabeltiere, halb Löwe, halb Stier – die in tödlichem Kampf verstrickt sind, oder sich auf den Hinterbeinen aufbäumen, indessen der König, der in der rechten Hand ein Horn hält, sein Schwert in ihren Wanst stößt. So vom Sonnenlicht gleichsam herausgeätzt, gewinnen diese Gestalten seltsames Leben – der ganze Palast lebt –, die marschierenden Krieger, die unterworfenen Völker. Der König selber in seinem langen Mantel, losen Gewand – ein Sonnenschirm wird über das königliche Haar gehalten – betritt noch immer die Höhe von Persepolis, unsterblich geworden durch die unbekannten Künstler, die ihn vor 2500 Jahren gesehen und in den Stein gebannt haben.

Und über all dieser Schönheit, und hoch über die steinerne Terrasse steigen die Säulen wie ein Wald gigantischer Bäume, überwältigend auch jetzt noch, vereinzelt und beschädigt wie sie sind. Und wenn man sich das skulpturierte Dach hinzu zu denken versucht, welches sie einmal in einer Höhe von siebzig Fuß getragen haben, dann kann diese Vorstellung kaum die einstmalige Wirklichkeit erreichen.

Wenn der Besucher nun die vielen Stufen erklommen hat, kommt er endlich zu der großen Appadana, wo die Achämenidenherrscher, umgeben von ihren Offizieren und Beamten, Hof gehalten haben. Purpurn gewandet und von Gold und Juwelen blitzend, saß der König auf seinem hohen Thron. Wer nach Persepolis kam, um ihm von den Grenzen seines Reiches den Tribut zu bringen, warf sich zunächst zu Boden. Und wenn man ihm dann gestattete, den Blick vom marmornen Estrich zu erheben, erblickte er den Herrscher nur in einem gewissen Abstand durch einen durchsichtigen, goldgestickten Vorhang, der zwischen ihm und seinen Untertanen hing.

Nach Plutarch aber wurde all diese Herrlichkeit durch die Laune eines Mädchens zerstört, einer Tänzerin. Thais, eine schöne Kurtisane im Gefolge Alexanders, war eine von den vielen, welche den jungen Eroberer im 4. Jahrhundert auf seinem Zug durch Asien begleiteten. Er nahm Susa und betrat Persepolis im Triumph. Und viele Nächte lang schwärmten die Makedonier zechend im Palast des Achämeniden.

»Als er gegen Darius weiterziehen wollte«, erzählt uns Plutarch, »nahm er an einem Gelage seiner Gefährten teil, bei dem auch die Schönen zugegen waren. Die gefeiertste unter ihnen war Thais, ein Mädchen aus Attika. Sie war einst die Geliebte des Ptolemäus gewesen, der später König von Ägypten wurde. Als das Gelage auf seinen Höhepunkt gekommen war, ließ sie sich herbei, einem Gefühl Ausdruck zu verleihen, das zwar dem Geist ihres Vaterlandes würdig, ihrem gegenwärtigen Zustand aber wohl nicht mehr ganz angemessen war. Sie sagte nämlich, sie sei reich belohnt für die Strapaze, dem Heerlager quer durch ganz Asien gefolgt zu sein, daß sie jetzt das Vergnügen habe, diesen stolzen Palast der Perser mit Spottreden bedenken zu können. Doch, fügte sie hinzu, es würde ihr ein noch größeres Vernügen bedeuten, wenn sie zur Krönung dieses Festes das Haus des Xerxes anzünden könnte, der einst Athen in Schutt und Asche gelegt habe, und daß sie gern mit eigener Hand unter den Augen des Königs das Feuer anlegen würde...«

Alexander war damit einverstanden. »Von seinem Sitz aufspringend, einen Blütenkranz auf dem Haupt und die brennende Fackel in der Hand ging er voran, während die andern ihm in trunkenem Zuge unter bacchantischen Schreien durch die Gänge des Palastes folgten...«

Die Wächter auf den Bergen sahen die Flammen aus dem Dach des Palastes brechen und die Rauchsäulen sich am Monde vorbeiwälzen. Die dicken Zedernholzsparren und die reichen Wandbehänge nährten die wilde Glut. In einiger Entfernung mögen die Brandstifter, in ihre Mäntel gehüllt, die großen Säulen schwarz und reglos vom weißglühenden Inferno des brennenden Palastes sich abzeichnen gesehen haben.

Am nächsten Tag reckten sich die rauchgeschwärzten Pfeiler wie verkohlte Stümpfe eines ausgebrannten Waldes nackt gegen den Himmel. Und von all der Pracht, die sie einst getragen hatten, war nichts übriggeblieben als ein Haufen schwelender Trümmer.

Ist Plutarchs Geschichte wahr? Manche Gelehrten zweifeln daran. Sie können nicht glauben, daß Alexander mutwillig das Erbe zerstört haben sollte, das ihm seine Waffen gewonnen hatten. Oder war die Katastrophe nur durch ein Unglück verursacht worden, durch das Stolpern eines trunkenen Nachtschwärmers über eine Lampe? Was auch die Ursache gewesen sein mag, die Wirkung war die gleiche. Persepolis war zerstört, aber es wurde zugleich bewahrt. Das drückt Robert Payne in seinem Buch »Reise nach Persien« aus.

»Alles hatte Alexander zerstört bis auf das Unzerstörbare. Indem er die Paläste einäscherte, machte er sie nur dauerhafter. Feuer, das Pergament verzehrt, bäckt Ziegeltafeln, und die Steinmetzarbeiten der Treppen konnten überdauern. Die Steinsäulen überlebten. Die zerscherbten Gefäße konnten zweitausend Jahre später wieder geleimt werden. Wenn Alexander Persepolis nicht verbrannt hätte, wüßten wir vielleicht nichts von ihm. Mit der Zeit wären die Säulen abgetragen worden, um irgendwo eine christliche Basilika zu stützen; anstatt von zusammengewehter Erde bedeckt zu werden, wären die großen Treppen mit ihren Bildern von den Moslems gewiß zerkratzt und unkenntlich gemacht worden. Aber nichts derartiges ist geschehen. Alexander zerstörte ihn, aber eben weil er ihn zerstörte, konnte der Palast am Leben bleiben.«

Der Autor wagt hier noch weiter zu gehen. Selbst wenn von Persepolis kein Stein auf dem andern geblieben wäre, irgend eine Spur von seiner Größe hätte überdauern müssen, denn sein Name hat magischen Klang. Für einen Menschen wie Christopher Marlowe, den englischen Dichter des 16. Jahrhunderts, der diese Stadt niemals gesehen hat, genügte der Name schon, um ihn zu den Zeilen zu inspiricren:

König zu sein, ist es nicht überaus köstlich
und im Triumphe zu ziehn durch Persepolis?

8. »1984« – vor Christi Geburt

Auch der ausgedehnte Subkontinent Indien und Pakistan weist viele einstmals große, nun zu Ruinen gewordene Städte auf, aber die meisten von ihnen sind erst in historischer Zeit gebaut, sehr viel später als die in Ägypten und Mesopotamien. Nirgendwo auf der Erde außer in China gab es vor verhältnismäßig kurzer Zeit noch solche schlüssigen Beweise für das Vorhandensein von Kulturen, die an Alter mit Ägypten und Sumerien verglichen werden könnten.

Aber in Indien bestanden wie auch in Griechenland Überlieferungen. Laut den Chroniken der Hindu reicht die Geschichte Indiens etwa bis auf das Jahr 3000 v. Chr. zurück, aber das ist archäologisch noch nicht bewiesen. Wir wissen jedoch, daß die ersten Einwanderer nach Indien Arier waren. Sie kamen aus dem Nordwesten und lebten eine Zeitlang in den Südhängen des Himalaya, bevor sie in die weite Talebene des Ganges eindrangen und die drawidische Urbevölkerung in den Süden des Landes abdrängten. Das meiste unserer Kenntnisse stammt aus dem *Rigveda*, einer Sammlung von hinduistischen Hymnen, welche das Alter ihrer Herkunft beweisen. Sie waren ein zivilisiertes Volk mit einer tiefwurzelnden und festumrissenen religiösen Tradition, und sie beherrschten die verschiedensten Künste. Sie beteten zahllose Götter an, die auch heute noch verehrt werden, und es gibt auch heutzutage nur wenige Menschen dort, die nicht wenigstens mit einigen von ihnen innig vertraut sind, mit Indra, Vischnu, Schiwa und seiner Gemahlin Parvati.

Bis vor dreißig Jahren etwa beruhten unsere ganzen Kenntnisse lediglich auf der aus den Hindumythen und Legenden geschöpften Überlieferung. Die Zivilisation der Hindu war offensichtlich sehr alt – aber wie alt war sie? Während es in Ägypten und Mesepotamien Städte, Baudenkmäler und Gräber gab, die samt ihren Inhalten durch archäologische Schlüsse sehr genau bestimmt werden konnten, waren in Indien keine zu finden, die erwiesenermaßen schon vor 500 v. Chr. bestanden haben konnten. So schreibt Sir John Marshall 1922 in seinem Bericht über die Denkmäler des alten Indien:

»Schon vor der Errichtung des Mauryareiches hatte eine wohlentwickelte blühende Zivilisation in Indien etwa 1000 Jahre lang bestanden. Von den Baudenkmälern jener Epoche hat jedoch nichts überlebt außer den kyklopischen Mauern von Radschgriha.« Die Maurya-Dynastie begann 321 v. Chr. und Radschgriha stammt aus dem 6. Jahrhundert v. Chr.

Und jetzt, ein Jahr vor der Veröffentlichung dieses Buches, hat ein Mann aus dem Stab Sir Johns, Rai Bahadur Daya Sahni, dieses Datum umstoßen können. Er hatte nämlich 1921 den Versuch von Ausgrabungen in dem alten Stadthügel von Harappa im Pundschab gemacht, wo Siegelsteine mit Tierdarstellungen und eine fremdartige, unlesbare Bilderschrift gefunden worden waren. Seine Ausgrabungen ergaben sehr bald, daß unter den Hügeln von Harappa die unwiderlegbaren Spuren einer alten Stadt lagen, die von einem Volk der chalcolithischen Periode bewohnt gewesen war. Mit diesem Wort bezeichnen die Archäologen eine Periode zwischen der jüngeren Steinzeit (Neolithikum) und der Bronzezeit. In Kleinasien begann diese Periode etwa um das Jahr 2500 v. Chr. und in Mesopotamien noch etwas früher. Daraus folgt natürlich nicht, daß die Völker des Industals schon um die gleiche Zeit einen ähnlichen Stand ihrer Zivilisation erreicht hatten. Sir Mortimer Wheeler schreibt in seinem Buch »The Indus Age«:

»Was das nach den Begriffen einwandfreier Chronologie bedeutete, war noch unentschieden, aber klar war es, daß eine Stadtkultur, die merklich früher als das Mauryareich oder sogar als Radschgriha sein mußte, festgestellt worden war. Und schon 1922 fand ein anderes Mitglied aus dem Stabe, Sir John's, R. D. Banerdschi ähnliche Überreste unter einem buddhistischen Stupa, welcher den höchsten Hügel einer Gruppe krönte, die als Mohendscho-daro (möglicherweise: ›Hügel des Todes‹) im nahezu 400 Meilen entfernten Lakarnadistrikt von Sindh bekannt ist. Schon wenige Wochen nach der Veröffentlichung dieser Entdeckung gab es keinen Zweifel mehr, daß nun den Berichten über die Vorgeschichte Indiens ein neues Kapitel hinzugefügt werden würde.«[46]

Während der letzten dreißig Jahre, als Sir Mortimers »neues Kapitel« am Anfang seiner Entstehung war, konnte bewiesen werden, daß in diesem Teil Indiens eine prähistorische Zivilisation von fast gleichem Alter wie die sumerische bestanden hat. Die Grenzen der Indischen Vorgeschichte waren damit um mehr als 2000 Jahre zurückverlegt worden.

Bevor wir nun zur Beschreibung der beiden aufgefundenen Hauptstädte und des weiten, von ihnen beherrschten Gebietes kommen, ist es lohnend, einen Blick auf die älteste religiöse Literatur Indiens zu tun, die *Veden.* Es gibt annähernd tausend von diesen Hymnen, und sie sind an die bedeutendsten Götter des hinduistischen Pantheon gerichtet, indem sie ihre Taten preisen und sie anflehen, das Opfer der Gläubigen entgegenzunehmen. Diese Hymnen sind in der literarischen Sprache des alten Indien, dem Sanskrit, verfaßt, einem Zweig der indogermanischen Sprachenfamilie, der auch die unsrige entstammt. Teile des Rigveda könnten sich vielleicht auf die Epoche vor der Einwanderung der Arier nach Indien beziehen, aber zu beweisen ist es nicht. Andere wiederum scheinen aus der Zeit der Uneinigkeit und der Kämpfe zu stammen, in der die Einwanderer aus Norden in das Land eindrangen, dem sie ihren Namen gegeben haben, und in der sie ihren höchsten Gott, Indra, anriefen, ihnen in der Schlacht beizustehen. Indra war »der Herr des strahlenden Firmaments«. Wie der Zeus der griechischen Mythologie, steht er obenan im Himmel als König der Götter, und in den vedischen Dichtungen ist er dargestellt als der Vollbringer wunderbarer Taten zum Wohl der Guten, während sie ihm zugleich die Attribute eines Kriegsgottes geben.

In einigen dieser Hymnen erscheint Indra als *Puramdara,* »Festenzerstörer«. Um seinem Schützling Divodasa beizustehen, zerstört er »neunzig Festen«. Damit sind offensichtlich irgendwelche befestigten Städte gemeint; das Wort »Pur«, das in dem Namen enthalten ist, bedeutet »Wall« oder »Festung«. Einige von diesen sind aus Steinen (*Asmamayi*), andere wahrscheinlich aus Dörrziegeln (*ama* gleich roh, ungebrannt) errichtet. Er zerstört auch einhundert »alte Kastelle« und »zerreißt Festen wie die Zeit ein Gewand«.[47]

Heute ist tatsächlich erwiesen, daß die Arier bei ihrem Eindringen in Indien dort keine ungebildeten Barbaren, sondern ein hochzivilisiertes Volk angetroffen hatten, welches im Industal schon mindestens tausend Jahre vor dieser Invasion beheimatet war.

Die Beweise hierfür lieferten zur Hauptsache die Ausgrabungen der beiden »verlorenen Städte«. Die eine ist das bereits schon genannte Harappa, eine kleine Stadt im Montgomerydistrikt des Pundschab. Die andere ist Mohendscho-daro, mehr als 350 Meilen tiefer im Südwesten. Mohendscho-daro liegt am Indus, Harappa an einem seiner Nebenflüsse, dem Ravi. Zwischen diesen Städten und außerhalb ihres Umkreises, in etwa drei Meilen Ausdehnung, haben die Archäologen sechzig kleinere Siedlungen festgestellt, in der Indusebene sowohl wie in dem westlichen Hügelland. Sie haben alle den Beweis einer einheitlichen Zivilisation erbracht, obschon diese Einheitlichkeit unter den Talsiedlungen größer ist. Das ganze Gebiet umfaßt mehr als tausend Meilen von Rupar am Fuß des Simlagebirges bis nach Sutkagen-dor, das nahe an der Küste des arabischen Meeres liegt. Dieses Gebiet ist um vieles größer als das etwa des alten Ägypten oder Sumerien, etwa doppelt so groß.

Jeder, der einmal von Karatschi aus durch die Sindh-Wüste gereist ist, wird zugeben, daß dieses Gebiet nicht gerade zu den anziehendsten unserer Erdoberfläche gehört. Wo der Indus langsam durch die Ebene zieht, ist er von einem breiten Vegetationsgürtel umgeben, und hier und dort gibt es Zonen, die der Mensch durch künstliche Bewässerung der Wüste abgerungen hat. Aber von diesen abgesehen gibt es da nichts als eintönige, düstergetönte Wüste, in der nichts gedeiht als zähes Gestrüpp und niedrige buschige Bäume. Den ganzen langen Sommer hindurch röstet sie unter einer unbarmherzigen Sonne. An windstillen Tagen tanzen dort die Hitzewellen und wirbeln über den Tamarisken, und wenn der Wind weht, treibt er schmerzenden Sandstaub in die Augen. Wenn die Sonne die letzten Spuren des Winterregens aus der Erde gesogen hat, bildet sich an der Erdoberfläche ein salziger Belag, der, so drückt sich ein Berichterstatter aus, aussieht wie »eine teuflische Vorspiegelung von Schnee«. Knarrende Ochsenkarren ziehen träge über die staubigen Straßen, die staubige Dörfer miteinander verbinden, in denen hin und wieder der kleine Stupa eines buddhistischen Tempels die Linie des Horizonts durchschneidet. Wie in Babylonien, so fällt es auch hier dem Reisenden schwer zu glauben, daß ein so offensichtlich unfruchtbares Land eine so zahlreiche Bevölkerung hatte ernähren können.

Wendet sich der Reisende nach Norden und folgt dem Lauf des großen Stroms, so erblickt er in der Ferne zur Linken die Hügel von Belutschistan. Etwa dreihundert Meilen von Karatschi ergießt sich ein Nebenfluß in den Indus. Folgt er diesem etwa hundert Meilen, so erreicht er die Stelle, wo ein anderer Fluß, der Ravi, von

Osten kommend, in den ersten mündet. Und noch fünfzig Meilen weiter am rechten Ufer des Ravi zeigt sich das ausgedehnte Dorf Harappa, zum Teil über einem Komplex von ziegelfarbenen Hügeln gebaut. Hier also grub im Jahr 1921 Rai Bahadur Daya Sahni in die Hügel und entdeckte Spuren einer Zivilisation, die zumindest 1000 Jahre vor der Einwanderung der Arier in das Industal bestanden hat. Wir nennen sie nach dem Ort ihrer Entdeckung *Harappan.*

Harappa war ein schwieriger und wenig lohnender Ausgrabungsort. Schwierig, weil das heutige Dorf sich über einen Teil des Hügels erstreckt, und wenig lohnend, weil dieser größtenteils von Ziegelräubern zerstört worden ist, die im 19. Jahrhundert große Mengen der sonnengedörrten Ziegel als Schotter für den Bau der Bahnlinie Lahore-Multan herausgeholt hatten. Trotzdem waren die Ausgräber imstande, aus den verbliebenen Resten festzustellen, daß die Stadt einen Umfang von nicht weniger als dreihundert Meilen gehabt hatte, und daß ihre Hauptmerkmale eine befestigte Zitadelle im Westen und eine »Unterstadt« im Osten und Südosten gewesen waren. Diese Zitadelle hatte ungefähr die Gestalt eines Parallelogramms von etwa 500 Metern Länge und 200 Metern Höhe. Sie war eingefaßt von einem gewaltigen Mauergürtel aus Dörrziegeln in einer Dicke von 45 Fuß und einer Verkleidung aus gebrannten Zigeln von 4 Fuß Dicke. Bastionen zur Verstärkung der Verteidigungskraft waren mit Rampen und Terrassen vorgebaut, durch Tore und von Wachttürmen aus zu beobachten. Die Zitadelle ruhte auf einem Ziegelfundament hoch über der Ebene, von der aus man sie wahrscheinlich über Treppenfluchten erreicht hat. Die Bauten, welche innerhalb dieses Verteidigungsringes gestanden hatten, waren so gründlich zerstört, daß ihre Identifizierung nicht mehr möglich war.

Als die Archäologen darangingen, die Hügel nördlich der Zitadelle zu erforschen, hatten sie mehr Glück. Hier, dicht beim alten Bett des Flusses (der jetzige fließt in einer Entfernung von sechs Meilen), legten sie drei wichtige Gebäudegruppen frei.

»Gegen Süden, in der Nähe der Zitadelle, ist eine Doppelreihe von barackenähnlichen Gebäuden. Weiter nordwärts die Reste von fünf Reihen kreisförmiger Arbeitsplattformen, und unter diesen wieder eine Doppelreihe von Kornkammern auf einer verkleideten Plattform. Das ganze weist auf einen einheitlichen Entwurf hin, und obgleich die Methoden der Ausgräber nicht derartige waren, daß sie stratigraphische Beweise von der erforderlichen Genauigkeit geliefert hätten, kann doch angenommen werden, daß die ganze Anlage den gleichen zeitlichen Ursprung hat.«

Die beiden Reihen barackenähnlicher Gebäude waren zwar unvollständig, aber doch so gut erhalten, daß festgestellt werden konnte, daß jedes von ihnen zwei Räume und einen teilweise mit Rohziegeln gepflasterten Gang besaß. Mit ihren Fronten und Rückseiten grenzten sie an schmale Gäßchen, das Ganze war von einer Mauer eingefaßt.

»Es ist unzweifelhaft«, schreibt Wheeler, »daß das ganze bei aller Eigentümlichkeit zugleich durchaus gleichförmig und offenbar ein Stück staatlicher Planung war... Es mag hinzugefügt werden, daß bei diesen Kulireihen, aber auf höherem Niveau, sechs Öfen gefunden wurden,... die tatsächliche Funktion dieser Öfen war zweifelhaft, aber in ihrer Nähe wurde ein Tiegel zum Schmelzen von Bronze gefunden.«

Die siebzehn ziegelgemauerten »Arbeitsplattformen« wurden ersichtlich zum Dreschen von Getreide benutzt. Bei einer war ein hölzerner Mörser erhalten und rings um die Mittelöffnung, in der er gestanden hatte, fanden sich Reste von Stroh oder Spelzen. Verbrannter Weizen und gedroschene Gerste fanden sich bei einer anderen. Es scheint klar, daß auf diesen Plattformen mit ihrer genauen Reihenanordnung und überwacht von den drohenden Mauern der Zitadelle die Arbeiter lange hölzerne Stößel geschwungen hatten, um das Getreide in den Mörsern zu zerstampfen. Eine ähnliche Handhabung findet sich noch heute in Kaschmir aber die düstere Bedeutung dieser Plattformen von Harappa läßt auf befohlene und überwachte Arbeit schließen.

Nicht ganz hundert Meter nördlich der Plattformen war ein System von Kornkammern, deren jede 20/50 Fuß maß. Der Boden jeder einzelnen war durch eine niedrige Mauer über das Fundament gehoben, um Luft zirkulieren zu lassen. Es gab kleine vorgebaute Ventilationsöffnungen; die ganze Grundfläche der Kornkammeranlage maß über 9000 Quadratfuß.

Kurz darauf begannen die Forscher die etwa 500 Meilen weiter südwestlich in der Provinz Sindh gelegenen großen Hügel von Mohendscho-daro zu untersuchen.

Hier waren, mit Ausnahme eines buddhistischen Stupa, der sich auf dem höchsten Hügel erhob, keine neuzeitlichen Bauten über dem Ausgrabungsgelände errichtet worden.

Nachdem man hier tausend Tonnen Erde beiseite geschafft hatte und das Gewirr von Grundmauern, Pflasterungen und mächtigen Wänden frei unter der Sonne lag, wäre wohl auch der phantasieärmste Besucher in fassungsloses Staunen bei diesem Anblick geraten. Die ganze Archäologenwelt erkannte in dieser Entdekkung den Wendepunkt in der prähistorischen Forschung – ein neuer Weg in die Vergangenheit der Menschheit war erschlossen. Denn was hier lag, war eine große Stadt, und sie war nahezu, wenn nicht ebenso alt wie die Pyramiden oder Ur in Chaldäa. Nil, Tigris und Euphrat konnten nun nicht länger als die einzigen Schöpfer frühester Stromlandkulturen angesehen werden, der Indus hatte sich zu ihnen gesellt.

Es stellte sich bald heraus, daß Mohendscho-daro ein Werk der gleichen Zivilisation war, welche Harappa hervorgebracht hatte. Wie dieses bestand es aus zwei Hauptelementen: einer gewaltig befestigten Zitadelle im Osten und einer Unterstadt im Westen. Die Zitadelle war auf einem Fundament von Lehm und Ziegeln über einem künstlichen Hügel errichtet. An ihrer Südostecke waren die Überreste von Verteidigungsbastionen zu sehen. Zwei von ihnen bewachten ein Ausfalltor, aber dieses war in einem späteren Entwicklungsstadium der Stadt geschlossen und durch eine Plattform ersetzt worden, die eingestürzt war. Unter ihren Trümmern fanden die Ausgräber »nahezu hundert Wurfgeschosse aus gebranntem Ton, jedes von ihnen wog etwa ein halbes Pfund«.

Innerhalb der Zitadelle fanden sie ein mächtiges Wasserbecken oder Bad von 39 Fuß Länge und 23 Fuß Breite, acht Fuß tief in den Boden versenkt. Dieses Becken war von einem aus Ziegelpfeilern gebauten Umgang vom Hofe abgetrennt. Stufen führten zu ihm hinunter; es war wasserdicht, denn sein Boden war unter Verwendung von Gipsmörtel mit Ziegeln ausgemauert und in der gleichen Weise waren auch die Seitenwände behandelt. Der Aufbau des Bades führte durch ein »hohes, auf Kragsteinen ruhendes, gewölbtes Drainagerohr, das sich durch die Westseite des Zitadellenhügels wand«. Außerdem gab es da eine Reihe von Nebenräumen, einer von ihnen besaß einen Brunnen, der das Bad mit Wasser versorgte; ein schmales, ziegelgemauertes Treppenhaus führte zu dem nun zerstörten Obergeschoß oder einem Flachdach. Andere Fluchten von Räumen, von denen jeder acht kleine Badekabinen enthielt, wurden an der Nordseite des großen Bades entdeckt, sie waren sorgfältig und äußerst solid gebaut. Ihre schöngearbeiteten

Ziegelböden wurden durch Rinnen entwässert, die mit einem Ableitungsrohr verbunden waren, und jeder Raum hatte seine schmale Ziegeltreppe, die wahrscheinlich zum Oberstock führte.

Noch bemerkenswerter als dieses große Bad war aber ein Gebäude an seiner Westseite. Es war zuerst von Ernest Mackay in den dreißiger Jahren entdeckt worden. Er hatte solide Blöcke von Ziegelmauerwerk bemerkt, jeder etwa 5 Fuß hoch und vom nächsten durch einen schmalen Zwischenraum getrennt. Mackay nahm damals an, daß es sich vielleicht um die Reste eines Heißluftbades, »Hammann« genannt, handelte, doch als das Gebäude 1950 von Wheeler mehr oder weniger vollständig freigelegt worden war, zeigte sich seine wirkliche Bestimmung. Es war der Unterbau eines enormen Kornhauses, das ursprünglich 150 Fuß lang und 75 Fuß breit gewesen und, wie der übrige Teil der Stadt, aus Ziegelsteinen gebaut war. Die völlig freigelegten Mauern hatten eine Höhe von mehr als 20 Fuß. Die Außenmauern der massiven Plattform waren abgeschrägt und gaben dem Gebäude ein finsteres, festungsähnliches Aussehen. Am Nordende war eine Ziegelplattform, deren Wände ähnlich abgeschrägt waren, mit Ausnahme einer Stelle, an der sie senkrecht liefen, »offenbar um das Heraufwinden von unten lagernden Ballen zu erleichtern«.

Die kreuzweise Anordnung der Stützmauern diente offenbar der Luftzirkulation, auch waren die Außenwände mit Luftschächten versehen. Das Kornhaus selber, von dem nur diese Plattform übrig geblieben war, hatte aus Holz bestanden. An Grundfläche war es annähernd der ganzen Gruppe von Kornhäusern in Harappa gleich.

Nordöstlich des großen Bades befand sich wieder ein großes, gediegenes Gebäude mit einem weiten offenen Hof und einer Anzahl kleiner barackenähnlicher Räume, von denen einige sorgfältig mit Ziegeln gepflastert waren und Treppenaufgänge besaßen. Man hat angenommen, daß es sich bei diesen Gebäuden um ein Konvikt für Priester handelte, aber es ist bisher noch nicht nachgewiesen. Die Bauteile, welche unter dem Stupa und dem Kloster liegen, können gegenwärtig noch nicht angerührt werden. Es besteht die Vermutung, daß hier die Tempel des Gottes oder der Gottheiten liegen, welche die Leute von Harappa verehrten. Die Anordnung der Zitadellen von Harappa und Mohendscho-daro erinnern an die theokratischen Verwaltungen des alten Sumerien. In Ur zum Beispiel betreuten die Priester der Mondgottheit Kleidermanufakturen, Brauereien, Bäckereien und Schmiedewerkstätten zum Nutzen des Gottes und natürlich auch des Staates. Für den Augenblick bleibt dies aber nur Vermutung, solange die Harappainschriften nicht entziffert werden können.

Gegenwärtig ist also das Leben der Menschen im alten Harappa noch dunkel für uns. Was wir erfahren konnten, haben wir aus den Bauten, die überdauert haben und aus den Gegenständen, die in ihnen gefunden wurden. Immerhin wissen wir schon eine ganze Menge. Wir wissen zum Beispiel, daß sie städtebaulich planen konnten. Die Unterstadt von Mohendscho-daro war in einem sich kreuzenden System von Straßen angelegt, die offensichtlich nach einem exakten Plan verliefen und darin denen von Ur unähnlich waren, die ziemlich wahllos durcheinander gingen. Dennoch ist in diesem Gedränge von Straßen und Gäßchen, die alle aus Ziegeln gebaut und, soviel man feststellen kann, ohne jeden Schmuck waren, etwas Bedrückendes und Düsteres. Wenig Fenster öffnen sich nach den Straßen, aber es scheinen Luftöffnungen vorhanden gewesen zu sein. Die Räume im Innern der Häuser waren gegen die Innenhöfe zu offen, wahrscheinlich gab es zur besseren Durchlüftung Trennwände aus Mattengeflecht.

Das erstaunlichste Merkmal, das diese Harappanstädte innerhalb der vorklassischen Welt des alten Ostens so einzigartig macht, ist das wohldurchdachte System von Entwässerung und Hygieneeinrichtungen. Badräume gab es in großer Zahl, es gab Latrinen mit Abwässerkanälen, die zu Senkgruben führten, und diese wurden offenbar regelmäßig von städtischen Arbeitern gereinigt. Wheeler schreibt:

»Ein besonders auffallendes und immer wiederkehrendes Merkmal ist das Gewicht, das überall auf Wasserversorgung, Bäder und Kanalisation gelegt ist, in Verbindung mit dem geräumigen Treppenaufgang zum oberen Stock. In manchen Häusern befindet sich im Erdgeschoß oder im ersten Stock eine gemauerte Sitzlatrine nach westlicher Art. Sie ist durch einen schrägen oder auch gestuften Kanal, der unter der Mauer hindurchführt, mit einer Ton- oder Ziegelsenkgrube auf der Straße verbunden.« Über den gesamten Bebauungsplan der Unterstadt sagt er: »Die Hauptstraßen sind etwa 30 Fuß breit, die größeren Wohnblocks durch schmale Gassen unterteilt, die häufig (wie zum Beispiel die Seitenstraßen von Avignon) in Krümmungen verlaufen, um die häufigen Windböen abzufangen.«

Neben den Privathäusern gab es auch solche größeren Umfangs, die industriellen oder kommerziellen Zwecken dienten. Eines davon, mit konischen, in den Boden gesenkten Gefäßen, die größere Vorräte aufnehmen konnten, scheint ein Gasthaus gewesen zu sein. Kultbauten konnten zwar nicht einwandfrei festgestellt werden, doch fanden die Archäologen in der Unterstadt einen Gebäudekomplex, der massiv gemauert war. Ein Hauptzugang führte von ihm zu einem zentralen Platz, auf dem vielleicht ein heiliger Baum oder auch die Statue einer Gottheit gestanden hat. In der Nähe dieses Platzes fand man das Fragment einer Statue, die einen sitzenden oder kauernden Mann darstellte, »bärtig und mit rasierter Oberlippe und einem Band um die unnatürlich niedrige Stirne«. Das Gesicht ist wie bei den übrigen dort nicht häufig zu findenden Menschendarstellungen der Harappankultur prognathisch und mit fliehendem Kinn dargestellt.

Bis zum heutigen Tag sind noch keine Proben von Harappankunst entdeckt worden, die an Schönheit und Lebendigkeit mit der babylonischen oder assyrischen verglichen werden könnten. Eine große Anzahl von Terrakotta- und Fayencefigürchen, die gefunden worden waren, zeigen Tierdarstellungen. Die menschliche Gestalt ist selten vertreten und wenn, dann ist die Arbeit ungelenk und sorglos ausgeführt, so als ob dem Menschlichen weniger Bedeutung zugekommen sei. Unter den Tierstatuetten finden wir Elefant, Rhinozeros, Bison, Affe, Schildkröte, Schaf, Hund und Schwein, und vielerlei nicht zu bestimmende Vogelgestalten. Dies vermittelt einen Begriff von der Mannigfaltigkeit der Fauna des Industales in jener fernen Zeit, und läßt die Vermutung aufkommen, daß in dem Gebiet vor 4000 Jahren ein feuchteres Klima geherrscht habe, das eine sumpfliebende oder dschungelartige Vegetation begünstigte. Man hat eine beträchtliche Anzahl kleiner Tonstatuetten gefunden, die eine weibliche Gestalt, wahrscheinlich eine Göttin, darstellten. Sie ist manchmal mit einem großen, breiten Kopfputz und mächtigen Brüsten dargestellt. Einige dieser Figuren halten Kinder an der Brust, andere haben rechts und links Tragkörbe. Aus der rauchigen Verfärbung, die sie gelegentlich zeigen, kann man schließen, daß sie zum Verbrennen von Räucherwerk dienten. Diese Gestalt mag eine Abwandlung der »Göttinmutter« sein, wie sie in vielen Gestalten der prähistorischen Welt verehrt worden ist.

Es gibt unter diesen Figuren auch sorgfältiger gearbeitete, so die zarten Statuetten aus Fayence, die Schafe, Hunde, Eichhörnchen und Affen darstellen. Man hat verschiedenartige Knöpfe, Fingerringe und Armbänder gefunden, alle aus der gleichen reizvollen, bläulich-grünen Glaspaste. In einer Juwelensammlung, die wohl aus dem Besitz eines Goldschmiedes stammte, wurden Goldperlen gefunden, Karneol und Lapislazuli waren verarbeitet worden, ebenso Speckstein, der in großen Mengen zu Perlen und Spielfiguren verwendet wurde. Die Eltern der Harappanperiode pflegten Spielzeug für ihre Kinder anzufertigen, auch mag es berufliche Spielwarenhersteller gegeben haben, denn wir finden da kleine Ochsen mit beweglichen Köpfen, kleine Karren mit Terrakottarädern, Pfeifchen, die in hohle Vogelkörper montiert sind, und Tonrasseln mit Lehmkügelchen im Innern.

Der Handel des Harappanlebens ist durch die zahlreichen Maße und Gewichte gekennzeichnet, die in den Städten gefunden wurden. Die Gewichte reichen von großen, mit Griffen versehenen Stücken bis zu kleinsten Einheiten, wie sie wahrscheinlich von Juwelieren verwendet wurden. Sie zeigen eine gleichbleibende Genauigkeit und gehören einem gut durchdachten System an. Ein Dezimalsystem wurde für höhere Gewichte angewandt, und auch die Längenmaße folgten ihm. Das Bruchstück einer Muschel, »richtig als Teil einer Skala erkannt«, war peinlich genau in Einheiten, ca. 7 Millimeter, mit geringfügigen Abweichungen von 0,08 Millimeter eingeteilt.

Künstliche Bewässerung war bekannt. Es wurden Reste von Dämmen festgestellt, die das Flußwasser nach der alljährlichen Überschwemmung stauten. Die Harappanleute zogen unter anderem Weizen, Gerste, Bohnen und Melonen, und auf einigen Siegeldarstellungen findet sich eine Pflanze, die eine Bananenstaude gewesen sein könnte.

Auch Viehhalter gab es, die Schafe und Rinder, Schweine und Ziegen züchteten. Das Kamel scheint bekannt gewesen zu sein, außerdem der Büffel, der indische Bison, der Bär und geflecktes Rotwild. In den Häusern wurden Hund und Katze gehalten. An einem der Harappanfundorte, Caanhu Daru, wurde ein Ziegel entdeckt, über den ein Hund und eine Katze gelaufen waren, solange er noch weich war. Die Pfotenabdrücke waren leicht zu erkennen und, so sagt Makay, »der tiefe Eindruck der Pfoten verriet die Eile der Tiere«[48]. Der Hund war wie gewöhnlich hinter der Katze her gewesen.

Es gibt nur wenige bedeutende Beispiele der Harappankunst. Besonders die besser ausgeführten Statuetten aus Alabaster, Speckstein und Bronze sind steif und formalistisch. Natürlich gibt es gelegentliche Ausnahmen. Eine der interessantesten ist die kleine Bronze eines tanzenden Mädchens, die sechs Fuß tief unter dem Estrich eines Hauses in Mohendscho-daro gefunden worden ist. Sie ist unbekleidet, der Kopf ist herausfordernd zurückgeworfen, der linke Arm von der Schulter bis zum Handknöchel völlig mit Reifen bedeckt. Sie ist von fremdartigem, vielleicht aus Belutschistan stammendem Typus mit platter Nase, kräuselhaarig und großäugig. Die Ähnlichkeit mit Beispielen historischer indischer Kunst ist auffallend. Dieser Ähnlichkeit begegnen wir auch in den Menschen- und Göttergestalten der kleinen Siegeldarstellungen aus Harappanfunden. Eines dieser Siegel zeigt eine Figur, die auf einem niedrigen Schemel sitzt. Sie besitzt drei Köpfe und trägt einen hohen Kopfputz. Auch hier ist der eine Arm mit Ringen bedeckt, zu ihrer einen Seite steht ein Büffel, auf der anderen ein Rhinozeros. Unter dem Schemel sind zwei Gazellen oder Ziegen zu erkennen. Sir John Marshall deutet diese Figur als Vorbild des Gottes Schiwa in seiner Gestalt als Pasupati, Herr der Tiere.

Gelegentlich kann man auch eine Ähnlichkeit mit der sumerischen Kultur feststellen, mit der die Menschen der Harappanperiode offensichtlich in Berührung gekommen sind. Eines der Siegel beispielsweise stellt eine Figur dar, die mit ausgestreckten Armen Löwen zurückhält. Ein anderes mit offenbar sumerischen Elementen stellt einen gehörnten Tiger dar, der von einem Stiermenschen oder Minotaurus angegriffen wird, und erinnert an den sumerischen Eabani, den die Göttin Aruru erschaffen hat, um gegen Gilgamesch zu kämpfen.

Tontafeln, wie sie in so großer Menge in Babylonien, Assyrien und dem hethitischen Reich entdeckt worden waren, wurden nicht gefunden. Einige von den Siegeln sind dagegen mit einer Bilderschrift versehen, die nicht entziffert werden kann, weil sie keine Ähnlichkeit mit irgendeiner anderen, bisher bekannten zeigt und ein zweisprachiger Schlüssel bisher noch nicht entdeckt worden ist. (Man hat mich darauf hingewiesen, daß Mr. Michael Ventris, ein hervorragender junger Gelehrter, der schon mit der Entzifferung der minoischen »Linear-B«-Inschrift so erfolgreich gewesen ist, sich der schweren Aufgabe unterzogen hat. Unglücklicherweise starb Ventris wenige Wochen vor der Niederschrift dieser

Zeilen an den Folgen eines Autounfalls.)

Das Problem der Datierung konnte bisher noch nicht befriedigend gelöst werden, aber aus Gegenständen anderer bereits bekannter Kulturen, die in Harappanfundstätten aufgetaucht sind, können die Archäologen vorsichtig folgern, daß das früheste Datum für die Harappankultur (wie sie sich in den Städten gezeigt hat) nicht früher als gegen 2500 v. Chr. anzusetzen ist. Es gibt jedoch sowohl in Harappa als auch in Mohendscho-daro noch tiefer gelegene Bodenschichten, die noch nicht untersucht worden sind. Die Flüsse sind nämlich beträchtlich gestiegen seit diese Städte erbaut wurden, und unterhalb einer gewissen Tiefe ist es unmöglich, ohne ein Pumpensystem an die Ausgrabungen zu gehen.

Hat sich nun die Zivilisation des Industals selbständig entwikkelt, oder war sie in irgendeiner Weise von den früheren Stromlandkulturen des unteren Mesopotamien beeinflußt? Die richtige Antwort dürfte wohl so lauten, daß die Menschen der Harappanperiode, deren Zivilisation offenbar später als die der Sumerer ist, zwar die Vorstellung aus jenem Gebiet empfangen, ihre eigenen Kulturformen dagegen unabhängig von denen Mesopotamiens entwickelt haben. »Der Beweis für eine Verbindung mit dem Westen vor 2300 v. Chr.«, schreibt Wheeler, »ist nicht sehr einleuchtend[49].«

Was nun die gültigen Daten angeht, so scheint die Induskultur in der ersten Hälfte des zweiten Jahrtausend v. Chr., also in der Zeit der arischen Einwanderung um das Jahr 1500 noch voll bestanden zu haben. Die im Rigveda enthaltenen Überlieferungen haben seit der Entdeckung von Harappa und Mohendscho-daro neue Aspekte bekommen. Es scheint nun sehr wohl möglich, daß die »Burgen« und »Festungen«, die der Gott Indra zerstörte, »wie die Zeit ein Kleid zerstört«, die befestigten Städte der Harappanepoche waren, und zwar nicht allein Harappa und Mohendscho-daro, sondern auch andere Städte und Siedlungen der gleichen Periode, welche von den Archäologen entlang dem Flußlauf und zwischen und unter diesen beiden Hauptstädten aufgefunden worden sind. »Schriftliche (oder besser: mündliche) Überlieferung und archäologische Schlüsse haben oft mehr Deckung, als man bisher angenommen hatte.«[50]

Die Gründe für den Verfall der Zivilisation im Industal sind noch nicht ganz klar. Einige Wissenschaftler vermuten, ein Wechsel des Klimas, ein Nachlassen der Regenfälle könnten den Charakter der Landschaft verändert haben, so daß sie den Reichtum an pflanzlichem und tierischem Leben nicht mehr hervorbringen konnte, von dem das ökonomische Gefüge der Harappanepoche abhing. Das ist noch unentschieden. Wenn es wirklich zu einer Klimaveränderung kam, ergibt sich die Frage, ob sie natürliche Ursachen gehabt hatte oder eine Folge menschlicher Eingriffe oder auch beides zusammen war? Die Millionen von gebrannten Ziegeln, die zum Bau von Mohendscho-daro, Harappa und den übrigen Städten gebraucht worden waren, erforderten eine große Menge von Brennmaterial, und das konnte ja nur Holz gewesen sein. Holz war auch in Mengen zu den Bauten dieser Periode verwendet worden. Starker Holzeinschlag aber kann ein Klima durchaus verändern, indem die Regenfälle nachlassen und die Erosion des Bodens begünstigt wird. Das hat sich an vielen Stellen der Erde gezeigt, und es kann wohl auch im Industal der Fall gewesen sein.

Das sind für den Augenblick nur Vermutungen, aber soviel geht aus den Untersuchungen der oberen Schichten der Harappanstädte mit Sicherheit hervor, daß dort in späteren Jahren eine Verarmung eingetreten ist. In die breiten Straßen waren Eingriffe vorgenommen, die Gassen mit geringen Bauten verstopft worden, und die älteren, stattlichen Gebäude wurden in kleine Wohnungen unterteilt; das sind unverkennbare Zeichen politischen und ökonomischen Niedergangs. Der letzte Anstoß, der das wankende Gebäude zum Einsturz brachte, kam aber zweifellos von außen her, wenn man die Zeichen bewaffneter Überfälle, die sich in Mohendscho-daro und andernorts vorgefunden haben, richtig deutet.

In einem Raum in Mohendscho-daro trafen die Ausgräber auf die Skelette von dreizehn Frauen und einem Kind. Einige waren noch mit Armreifen und Ringen geschmückt, und sie wurden in Stellungen gefunden, die auf einen plötzlichen Tod schließen lassen. Eines der Skelette zeigt einen Schwerthieb, ein anderes Zeichen schwerer Verwundungen. An einer andern Stelle lagen neun Skelette in seltsam verkrümmten Stellungen, in einer flachen Grube zusammen mit zwei Elefantenzähnen. Man hat angenommen, daß es sich um die Leichen einer Familie von Elfenbeinschnitzern handelte, die beim Versuch zu fliehen von den Angreifern niedergemacht worden ist. Die Feinde hatten die Leichen zwar geplündert, aber die Elefantenzähne liegen gelassen, da sie offenbar wertlos für sie waren. Eine der öffentlichen Brunnenstuben enthüllt eine Szene von düsterer Tragik. »Auf den Stufen lagen zwei menschliche Skelette; ihre Stellung verriet, daß sie mit letzter Kraft versucht haben mußten, die Treppe zur Straße zu ersteigen. Zweifellos sind diese Menschen umgebracht worden.« Wieder an anderen Stellen waren die Leichen in regellosen Haufen verscharrt worden, sie waren ohne jeden Totenschmuck, den sie bei einem regelrechten Begräbnis mitbekommen hätten. Auch fand man Leichen, die einfach liegen gelassen worden waren, wo sie gerade lagen.

Angesichts solcher Beweise, die offenbar aus der Mitte des zweiten Jahrtausends, dem überlieferten Datum der arischen Invasion stammen, bleibt wenig Zweifel über die Identität der Angreifer. »Indra«, sagt Sir Mortimer Wheeler dazu, »steht unter Anklage.«

Die Begründer der Hinduzivilisation brachten aus ihrer arischen Heimat zwar eine kulturelle Tradition mit, aber nach den bisherigen wenigen Funden wird man mit Recht annehmen, daß die Zivilisationselemente der Eroberten durch die der Eroberer verdrängt worden sind, wenn sie auch einige, wie zum Beispiel die sanitären Einrichtungen der Harappanleute unberührt gelassen haben.

Schließlich ist aber doch eine Zeit gekommen, in der das alte Volk verschwunden, seine Sprache in Vergessenheit geraten ist, und seine Städte unter Hügeln von Erde und Schutt verschwunden und von späteren Eindringlingen verlassen worden sind. Aber aus den Beweisstücken, welche die Archäologen in den letzten zehn Jahren zusammengetragen haben, erfährt man mehr und mehr über diese verlorene Zivilisation. Das Studium der Keramikstilarten hat es möglich gemacht, die Anfänge der Harappan-Kultur in den Siedlungen der Hochlandtäler aufzuspüren, in denen die Vorfahren der Städtebauer von Harappa und Mohendscho-daro gelebt haben, ehe sie in die Ebenen vorgestoßen sind. An einer Fundstelle in Jarmo, an den Ausläufern des nördlichen Irak, haben Strahlungstests das Jahr 5000 v. Chr. oder wenig später als das annähernd richtige Datum erwiesen.

In der Folgezeit entstanden dann die Siedlungen an den Ufern des Indus und seiner Nebenflüsse, und schrittweise entwickelte sich ein vollkommenes Gesellschaftsgefüge, das offenbar von Mohendscho-daro und Harappa gelenkt wurde, den Zwillingsstädten, die durch die großen Ströme verbunden waren. Über den Typus der durch diese beiden Städte repräsentierten Ordnung kann man nur Vermutungen anstellen, aber sie vermitteln das Bild eines hoch organisierten Staates, der Steuern in Form von Getreideabgaben von seinen Untergebenen erhob und dieses Getreide im Schatten der mächtigen Zitadellen in seinen weitläufigen Kornhäusern stapelte. Die gelenkte Einheitlichkeit der barackenähnlichen Wohnhäuser, die Reihen von Plattformen, auf denen das Korn unter Aufsicht gedroschen wurde, alles das bietet das Bild einer starken Staatsgewalt, die vielleicht wie in Sumer von Priestern oder Priesterkönigen ausgeübt wurde.

Im ganzen ein düsteres Bild. Während man die Tüchtigkeit der Planungen und sanitären Maßnahmen jener Periode bewundert, bietet der Gesamteindruck, den man von der Harappankultur bekommt, wenig Erfreuliches. Über diesen Städten lastet eine düstere, inhumane, ja untermenschliche Atmosphäre: Straßen von schmucklosen, nüchternen Ziegelhäusern, die, wie Wheeler bemerkt, »zwar durch ihre Zahl eindrucksvoll, ihren soziologischen Aspekt kennzeichnend, aber in ästhetischer Hinsicht nichts als lange Strecken von Monotonie sind«.

Man stelle sich diese Kaninchengehege von Straßen, die unter der wilden Sonne des Pundschab glühen, vor, die wie menschliche Ameisenhaufen von einer ungeheuren Arbeitsamkeit erfüllt und von einer starken, zentralisierten Staatsmaschinerie überwacht sind, eine Zivilisation, in der es wenig Freude, viel Arbeit und eine ungemeine Überbewertung des Materiellen gab. Moderne Parallelen sind nicht schwer zu ziehen. War das wirklich »1984« – vor Christi Geburt?

9. Das Land ohne Sorgen

»Dieses Buch wurde von mir, Robert Knox, geschrieben (dem Sohn des Robert Knox, der auf der Insel Zelone verstarb), als ich nahezu 39 Jahre alt war. Ich wurde in Zelone zum Gefangenen gemacht, am 4. April des Jahres 1660. Ich wurde in Tower Hill zu London am 8. Februar 1641 geboren. Mein Alter war, als ich gefangen wurde, 19 Jahre, 1 Monat und 27 Tage, so daß ich 4 Monate 17 Tage länger als Gefangener lebte, als ich je zuvor in der Welt gelebt hatte; und am 18. Oktober 1679 befreite mich Gott, dem allein Ruhm und Preis gebührt, aus der Gefangenschaft, und ich zog mit den Holländern nach Fort Arepa.«

Robert Knox, 1696 in London[51].

Im Jahre 1681 erschien bei den Londoner Buchhändlern ein Werk mit dem Titel »Eine historische Erzählung von Ceylon, zusammen mit einigen bemerkenswerten Daten meines Lebens« von Robert Knox. Es beginnt mit den oben zitierten Sätzen.

Von diesem Buch sind nur wenige Exemplare erhalten, und bis zum Jahr 1910 wußte man praktisch von seinem Autor nichts, als was er uns in seiner »historischen Erzählung« berichtet hat. Aber in diesem Jahr entdeckte ein gewisser Donald Ferguson in der »Bodleian Library« zu Oxford einige autobiographische Notizen und ergänzende Manuskripte. Zusammen mit dem erwähnten Buch sind dies die ersten Nachrichten in englischer Sprache, die wir von der Insel Ceylon und ihren verschollenen Städten haben. Knox' Vater, 1581 zu Nacton in Suffolk geboren, war Schiffskapitän, »Befehlshaber eines Schiffes, das im Mittelmeer Handel trieb«, und sein Sohn erzählt uns:

»Als ich ungefähr 14 Jahre alt war, baute sich mein Vater ein neues Schiff (das gleiche, auf dem ich gefangen wurde), und meine Neigung zur Seefahrt war sehr groß. Aber mein Vater weigerte sich, mich Seemann werden zu lassen. Dann geschah es, daß einige

Seeleute ihn besuchten, und unter anderen Gesprächen, bei denen ich zugegen war, fragte einer meinen Vater, ob ich nicht mit ihm zur See gehen wolle. Nein, sagte mein Vater, ich will, daß er ein Kaufmann wird. Sie fragten mich und ich antwortete, zur See zu gehen sei mein heißester Wunsch. Sie wandten sich an meinen Vater und sagten: Wenn Ihr mit diesem Schiff in See stecht, wird es so gut wie ein prachtvoller Besitz für Euren Sohn sein, und es ist ein Jammer, seine gute Neigung zu durchkreuzen, da junge Leute gemeinhin am besten das tun, wozu sie die beste Veranlagung mitbringen.«

Der Erfolg war, daß der junge Robert Knox zur See ging. Zwar nicht für lange, denn schon drei Jahre nach seiner ersten Ausreise ging er mit der »Ann«, so hieß seines Vaters Schiff, auf »jene Unglücksfahrt, bei der ich meinen Vater und mich selber und die Blüte meiner Jugend und Hoffnung auf Geschäft und Vorwärtskommen für 23 Jahre bis zum Jahre 1680 verlor«.

1659 verlor die »Ann« vor der südindischen Küste in einem Wirbelsturm den Mast, und seine Besatzung mußte in Cottiar auf Ceylon einen neuen beschaffen. Und das war das Ende von Roberts Laufbahn als Seemann, und zugleich das seines Vaters, denn sie wurden zusammen mit 16 Mann der Besatzung von den Singhalesen gefangen und an den Hof des Königs Radschah Singho gebracht. Der Vater starb in der Gefangenschaft, und Robert Knox blieb beinahe zwanzig Jahre lang im Gewahrsam des Königs.

»Die Gründe für ihre Gefangenhaltung«, schreibt James Ryan in seiner Einleitung zur Neuauflage von Knox' Buch im Jahr 1911, »waren erstens die wunderliche Grille des Königs Radschah Singho, sich eine Art von Menagerie europäischer Gefangener zu halten, zweitens die eifersüchtige Angst der Holländer vor einer britischen Intervention und schließlich die eigene Abneigung der Gefangenen, entschlossen eine Flucht ins Werk zu setzen.«

Das spricht viel für die Anziehungskraft, welche dieses Land auf sie ausübte, denn nach seiner eigenen Schilderung hatten Knox und sein Vater keine gute Zeit in den Händen Radschah Singhos, dessen Grausamkeit gegen die eigenen Leute und die Gefangenen entsetzlich war. Aber hinter Knox' Kritik an den Singhalesen und ihrem König, und trotz seiner Klage: »Ich verlor meinen Vater und mich selber und die Blüte meiner Jugend und Hoffnung auf Geschäft und Vorwärtskommen«, hatte die Insel etwas Bezauberndes für ihn. Er war ein intelligenter Mensch und ein scharfer, an allem interessierter Beobachter. Trotz seiner puritanischen Erziehung (seine Mutter war nach seinen eigenen Worten »eine Frau von ungewöhnlicher Frömmigkeit und Gott lebte in all ihren Gedanken«) studierte er die Lebensweise und die Gebräuche der Singhalesen mit klarem und unvoreingenommenem Blick. Gelegentlich freilich, wenn er sich seiner Erziehung erinnert, bringt er die geläufigen Verweise des Alten Testaments gegen »Hurerei« und »Götzendienst« an, im großen und ganzen aber beobachtet er das Leben um sich her mit einer Unbefangenheit und Objektivität, die jedem modernen Anthropologen zur Ehre gereichen würde.

Wie Henry Layard und die viktorianischen Abenteurer zwei Jahrhunderte später scheint sich Knox in diese seltsame, fremdartige Zivilisation verliebt zu haben, in der er sich selber fand, und sein zwanzigjähriger Aufenthalt unter den Singhalesen mag weniger Zwang für ihn bedeutet haben als der widerwillige Gedanke, in das Land der bekleideten Leiber, des begrenzten Denkens und des allgemeinen englischen Gebetbuches zurückzukehren.

Ceylon ist ein vergleichsweise neuer Name für die Insel. Die alten Griechen kannten sie als »Taprobane« und die Araber unter dem Namen »Serendib«, den die Portugiesen im sechzehnten Jahrhundert in »Ceilac« abänderten. Unter den Holländern, die im Jahr 1656 dorthin kamen, wurde aus »Ceilac« schließlich »Ceylon«. Der schönste Name der Insel aber stammt von den Chinesen. Sie nannten sie »das Land ohne Sorgen«.

Es erhebt sich aus dem Indischen Ozean, südlich der Südspitze des Subkontinents, eine feuchte, grüne, tropische Insel, bergig im Süden, wo die höchsten Gipfel eine Höhe von 8000 Fuß erreichen, aber im Norden in eine weite grüne Ebene auslaufend, die größtenteils von undurchdringlichem Dschungel bedeckt ist. In dieser fruchtbaren grünen Wildnis mit ihrem Gewimmel animalischen Lebens – Elefanten, Leoparden, Panthern und Affen –, liegen die Ruinen großer, prächtiger Bauwerke, Städte, die jahrhundertelang verloren waren.

Im sechsten Jahrhundert v. Chr., tausend Jahre nachdem die arischen Einwanderer die Zivilisation des Industales zerschlagen haben, kamen indische Kolonisatoren aus dem Gangestal und drangen nach Ceylon ein. Sie waren die Vorfahren der heutigen Singhalesen, welche die vorherrschende Rasse der Insel sind.

Mehr als zweitausend Jahre waren sie von den singhalesischen Königen regiert worden. Die Herrschaft des ersten begann 543

v. Chr. – ungefähr 20 Jahre nach dem Tod des Nebukadnezar. Der letzte König legte seine Regierung im Jahre 1815 nieder, dem Jahr von Waterloo. Einer aus der Reihe dieser Herrscher war also Radschah Singho, der Knox gefangen hielt.

Während die Singhalesen im Süden Ceylons vorherrschten, war der nördliche Teil der Insel von den Tamilen bewohnt, einem drawidischen Volksstamm aus dem südlichen Indien, der sich nach generationenlangen Kämpfen dort festgesetzt hatte. Die Tamilen sind zur Hauptsache Hindu, die Singhalesen dagegen ließen sich im dritten Jahrhundert v. Chr. zum Buddhismus bekehren, etwa zwei Jahrhunderte nach ihrer Einwanderung auf der Insel. Auch Moslems und Christen sind dort als Minderheiten vertreten.

Die Singhalesen waren bereits mehr als 2000 Jahre auf der Insel ansässig gewesen, ehe sich dort die ersten Europäer niederließen. Es waren dies abenteuernde portugiesische Kaufleute, die dort um 1505 ihre Faktoreien errichteten. Anderthalb Jahrhunderte später wurden sie von den Holländern, die ihre Kolonien in Ostindien gegründet hatten, wieder vertrieben, aber immer noch herrschten die singhalesischen Könige in der Hauptstadt Kandy, und so blieb es auch noch, als die Insel 1785 britischer Besitz wurde. Aber im Jahre 1815, so formuliert ein Kenner der Verhältnisse taktvoll, »verschwanden die Könige von Kandy freiwillig«.

Man tut vielleicht gut daran, sich Ceylon mit Knox' staunenden Blicken zu nähern, denn er hatte die Insel noch als seltsames, von einer Eingeborenendynastie regiertes Land erlebt, und die verschollenen Städte des Dschungels waren noch nicht entdeckt worden. Und Knox hatte ja, wie wir wissen, genügend Zeit, es zu studieren.

Nachdem er die fünf damals bewohnten größten Städte einschließlich Kandy beschrieben hat, fährt Knox fort:

»Neben den schon erwähnten gibt es noch verschiedene andere Ruinenstätten, die noch die Namen von Städten tragen, in denen Könige regiert haben, von denen noch wenig Spuren übrig geblieben sind. Im Norden des Königreichs liegt eine dieser Ruinenstädte mit dem Namen Anurodgburro (Anuradhapura) in der neunzig Könige regiert haben sollen. Ihre Manen betrachtet man als verklärte Heilige, die dies durch die Errichtung von Pagoden, Steinsäulen und Bildnissen zu Ehren ihrer Götter verdient haben, von denen auch jetzt noch manche geblieben sind. Die Chingulalyes (Singhalesen) halten es für sehr verdienstlich, und für den kürzesten Weg zum Himmel, sie anzubeten... In dieser Stadt Anurodgburro ist eine Wache gestellt, die aus kleinen Leuten besteht, welche dem König von Kandy Gehorsam schulden. Dieser Platz befindet sich mehr als 90 Meilen weit von der Stadt Kandy entfernt im Norden.«

Und von den kleineren singhalesischen Städten berichtet Knox: »Die besten sind die, welche ihren Götzen gehören und in denen ihre Tempel und Dewals stehen. Sie sind nicht darum bemüht, Straßen anzulegen, in denen sie ihre Häuser in Reihen bauen, sondern jeder lebt für sich in seiner eigenen Pflanzung, die vielleicht von einer Hecke oder einem Graben umgeben ist, um das Vieh daraus zu halten. Ihre Städte liegen in einigem Abstand von den Landstraßen, denn sie wollen nicht, daß sie zum allgemeinen Jahrmarkt für alles Volk werden, sondern nur für die, mit denen sie Geschäfte haben.«

Knox' Beobachtungen über das Regierungssystem, die Religion und die Beschäftigungen, Gebräuche und Gewohnheiten des Volkes sind wertvoll, da sie zu dieser Zeit noch, in der der europäische Einfluß äußerst gering war, möglicherweise charakteristisch für das Ceylon der vergangenen Jahrhunderte gewesen sein können, in denen die verlorenen Städte gegründet worden sind. Über den König äußert er sich:

»Was seine Regierung angeht, so ist sie im höchsten Maße tyrannisch und ehrgeizig, denn er führt ganz nach seinem Willen und seinen Launen eine absolute Herrschaft, und läßt sich nur von seinem eigenen Kopf beraten. Das ganze Land ist zu seiner Verfügung, und in ihm alle Menschen vom Höchsten bis zum niedrigsten Sklaven, und sie unterstehen mit Leib und Gut seinem Befehl. Ihm fehlt keine der drei Eigenschaften, die den Tyrannen machen: Mißtrauen, Heuchelei und Grausamkeit.«

Das System scheint eindeutig feudalistisch gewesen zu sein. »Der König verpachtet das Land, nicht gegen Geld, sondern gegen Arbeitsleistung.« Er herrschte durch seine hohen Offiziere, die »Adigare« genannt werden, ich möchte sie oberste Gerichtsherren nennen; ihnen untersteht die Verwaltung der Städte«. Unter diesen höchsten Beamten regieren andere, die Knox »Dissauvas« nennt, sie waren Bezirksgouverneure, die eine Truppe zur Verfügung hatten. Diese Beamten scheinen aus einem Erbadel zu stammen, denn, so sagt Knox, »der König legt keinen Wert auf ihre Eignung oder Fähigkeit, ihr Amt zu verwalten, sondern nur darauf, daß sie von Rang und Stand sind«. Ihnen stand ein Stab jüngerer Beamter, Sekretäre, Zolleinnehmer usw. zur Seite, in denen wir vielleicht die Modelle all jener altorientalischen Despoten von Assyrien, Babylon und Harappa erblicken können.

»Der nächste Offizier unter dem Gouverneur ist der Liannah oder Schreiber. Er hat die eintreffenden Briefe zu lesen und Berichte über alle Geschäfte zu verfassen... er führt auch die Register... Ihm zunächst steht der Undia, das ist der Mann, der des Königs Gelder einzieht, dann folgt der Monnananah, der Maßbeamte. Seine Aufgabe ist es, das Korn zu messen, das auf des Königs Land wächst, oder alles Korn, das ihm gehört.«

All diese Beamten wurden nach der Laune des Königs ernannt oder abgesetzt, keiner war auf Lebenszeit im Amt. Einmal an der Macht, sorgten diese Beamten zunächst einmal für ihre eigene Tasche, meist durch Bestechung oder Erpressung, und Knox schildert es »Wenn sie in Geschäften des Königs über Land gingen, waren sie vorn und hinten von einer Schar Soldaten bewacht... wo diese Großen im Reich erschienen, pflegten sie sich auf den Arm eines Mannes oder Knaben zu stützen. Und wo ein Adigar erscheint, geht ihm einer mit einer großen Peitsche wie einer Kutscherpeitsche voraus, mit der er um sich schlägt, damit jedermann weiß, daß der Adigar naht.«

Die Bauern zogen Korn und Reis und sorgten, vor allem im trockenen nördlichen Teil der Insel für künstliche Bewässerung, indem sie »große Dämme aufwerfen, um den Regen einzufangen und zu sammeln«. Sie zogen auch Gemüse und Früchte, Kokosnüsse, Pisangs, Bananen, Ananas, Granatäpfel und Reben. Einen Baum verehrten sie besonders, obgleich er keine Früchte trug.

»Sie nennen ihn Bo-gahah oder Götterbaum. Es ist ein mächtiger und weitästiger Baum, seine Blätter zittern unaufhörlich wie die einer Espe. Sie hegen eine große Verehrung für ihn und achten ihn sehr, denn eine Überlieferung sagt, daß der Buddou (Buddha), einer ihrer großen Götter, unter seinem Schatten zu sitzen pflegte, als er noch auf Erden wandelte.«

Der Buddhismus gelangte etwa um 300 v. Chr. aus Indien nach Ceylon. Siddharta oder Gautama, wie er verschiedentlich genannt wird, war ein Hinduprinz des nördlichen Indien, von dem im fünften Jahrhundert v. Chr. das Problem des Leides im menschlichen Dasein Besitz ergriffen hatte. Um ihn von seiner Besessenheit zu heilen, vermählte ihn sein Vater mit der schönen Prinzessin Yasodhara (»die Gedanken, die sich nicht mit ehernen Ketten halten lassen, kannst du mit Mädchenhaar leicht binden«). Zwölf Jahre waren sie glücklich miteinander und Yasodhara gebar ihm einen Sohn. Dann riß er sich los, dreißig Jahre alt, um nach Art der Brahmanen ein asketisches Leben zu führen. Aber auch diesen Weg verwarf er wieder, als er eingesehen hatte, daß geistige Befreiung nicht durch Abtötung des Leibes zu gewinnen sei. Die Lehre, die er schließlich verkündete, und die nun die Religion eines Drittels der gesamten Menschheit ist, ist die der Entsagung und der Befreiung von der Begierde als der einzigen Wurzel der Existenz. Er kehrte zu seinem Weib zurück, die eine seiner ersten Anhänger wurde. Buddha (der Erleuchtete), wie er nun genannt wurde, zweifelte an der Existenz von Göttern und hat für sich selber nie den Anspruch erhoben, ein Gott zu sein. Dennoch wurde er von der großen Schar seiner Anhänger wie ein Gott verehrt, und die »Götzenbilder«, die Knox in den Tempeln Ceylons gesehen hatte, waren und sind nichts anderes als Darstellungen des Buddha. Es ist seltsam, daß der Buddhismus, der im Land seiner Entstehung beinahe erloschen ist, sich außerhalb Indiens so entwickeln konnte, daß er nun die weitest verbreitete Religion Asiens ist.

Die verschollenen Städte von Ceylon waren hauptsächlich die Früchte religiöser Begeisterung. Der schöpferische Trieb, der latent in jedem Menschen vorhanden ist, führte die Singhalesen jener Zeit zur Errichtung von prächtigen Tempeln und Heiligtümern, Heiligenschreinen, Klöstern und Palästen von Königen, die sie zur Ehre des Buddha erbauten.

Die autokratische Macht dieser Herrscher machte es ihnen möglich, alle Menschenkräfte und Hilfsmittel zur Schaffung erstaunlicher Monumente und öffentlicher Arbeiten einzusetzen, wie jene großen künstlerischen Bewässerungsanlagen mit Vorratsbehältern und Kanälen, die den Dschungel in reiches fruchtbares Land verwandelten. Sie beschäftigten Heere von Arbeitern, Architekten, Baumeistern, Maurern, Bildhauern, Gärtnern, Goldschmieden und Gemmenschneidern, um ihre Städte reich zu gestalten und auszuschmücken.

Der Bau von Anuradhapura, der größten von ihnen, wurde etwa um die Zeit der Eroberungszüge Alexanders des Großen und seiner Nachfolger begonnen und während der Periode des Römischen Reiches fortgeführt. Selbst die gewaltigsten Architekturen der römischen Kaiser können an Umfang mit den schönsten zeitgenössischen Werken der singhalesischen Könige nicht verglichen werden. Die Grundfläche von Anuradhapura zum Beispiel betrug 250 Quadratmeilen; gegen die Paläste der Könige Tissa und Dutthagamini, welche die singhalesischen Schreiber geschildert haben, ist der Diokletianspalast eine recht armselige Sache. Ihre großen *Dagobs*, künstliche, gemauerte Hügel, die Heiligen- und Reliquienschreine trugen, hatten mitunter eine Höhe von 300 Fuß und können durchaus mit den ägyptischen Pyramiden verglichen werden. Ihre hydraulische Technik hat weder im 19. noch im 20. Jahrhundert Parallelen. Der künstliche See von Minneria zum Beispiel, der im dritten Jahrhundert n. Chr. bei Maha Sen geschaffen wurde, hat einen Umfang von 20 Meilen, und die Erd- und Mauerdämme, die das Wasser des Flusses in ihn überleiten, haben eine Länge von 80 Meilen und eine durchschnittliche Höhe von achtzig Fuß.

Jahrhunderte kriegerischer Unruhen zwischen den Singhalesen und den brahmanischen Tamilen wie unter den Singhalesen selber schwächten schließlich das Königreich; das vorbildliche Bewässerungssystem wurde zerstört oder durch Vernachlässigung unbrauchbar, und der Dschungel bemächtigte sich wieder erbarmungslos der blühenden Städte. Einige wenige, wie Anuradhapura und Polunnaruwa, wurden zwar weiterhin als Kultstätten verehrt, aber sie verloren jede Bedeutung als Hauptstädte. Andere gerieten völlig in Vergessenheit, bis sie im 19. und 20. Jahrhundert von den Europäern wieder entdeckt wurden. Bis vor verhältnismäßig kurzer Zeit war ein Besuch von Anuradhapura und Polunnaruwa, als den meistbekannten Städten, noch eine recht schwierige Unternehmung. 1897 belehrt Henry Cave Reisende, die sich mit der Absicht eines solchen Besuchs trugen:

»Es ist ratsam, sich ein paar Pferde und einen gut gefederten Wagen, zwei Ochsenkarren für die Vorräte, Betten und Zeltausrüstung zu besorgen; dazu drei paar Ochsen, eines davon als Reserve, falls die andern lahmen oder verunglücken sollten, einen Koch und eine Köchin und etwa 15 Kulis. Dieser ziemlich beträchtliche Aufwand ist nötig, da viele von den Plätzen, die wir besuchen wollen, weitab von den Straßen liegen, die erst jüngst durch das Gebiet gezogen worden sind, und nur auf Dschungelpfaden primitivster Art zu erreichen sind.[52]«

Zum Glück ist das Problem der Darstellung alter singhalesischer Städte durch das Vorhandensein von Sanskrittexten erleichtert, welche die Geschichte ihrer Gründung und ihrer königlichen Erbauer enthalten. Auch gibt es viele lesbare Steininschriften. Die ältesten schriftlichen Chroniken sind unter der Bezeichnung Mahawamsa bekannt, dem Namen der ersten oder größeren Dynastie. Vieles darin ist durchaus mythisch und legendär – aber darum nicht weniger reizvoll –, aber sie enthalten auch viel beweisbares Tatsachenmaterial. Eine kurze Zusammenfassung der wichtigsten Perioden kann zum besseren Verständnis der Bauwerke dienen. Einige dieser Kenntnisse verdanke ich Lord Holdens »Ceylon«, einem der interessantesten und neuesten Bücher über die Insel[53].

Legenden berichten, daß der erste König von Ceylon, Vijaya I., der Enkel eines Löwen gewesen sei. Ungefähr 600 v. Chr. hatte der Überlieferung zufolge der König von Bengalen eine Tochter, die einige Eigentümlichkeiten mit der kretischen Königin Pasiphae gemeinsam zu haben scheint. »Krank vor Begierde«, so erzählt die Legende, »stieg sie heimlich bei Nacht von der Terrasse des väterlichen Palastes und verführte einen vorbeistreichenden Löwen. Das Tier entflammte bei ihrer Berührung von brennender Lust, nahm sie auf seinen Rücken und rannte mit ihr in seine Höhle. Dort vereinigte er sich mit ihr, und aus dieser Vereinigung gebar die Prinzessin ein Zwillingspaar, einen Sohn und eine Tochter.«

Lord Holden fährt fort: »Hände und Füße dieses Sohnes, Sihabahu genannt, waren wie Löwenpfoten gestaltet, und als er das sechzehnte Jahr erreicht hatte, fragte er, der wenig Beobachtungsgabe besaß: ›Weshalb sind unser Vater und du so verschieden, liebe Mutter?‹«

Als er es erfahren hatte, war der Knabe so entsetzt, daß er floh und bei einem Onkel der Prinzessin Zuflucht suchte. Der Löwe unterdessen verheerte in verständlicher Wut das Land, bis der König jedem, der es unternehmen wollte, das Tier zu töten, eine Belohnung versprach. Ganz unkindlich erschlug nun Sihabahu seinen Vater und erhielt als Belohnung das Königreich Bengalen. Einer von den sechzehn Söhnen des Sihabahu, Vijaya, wurde »nach manch unerträglich blutiger Tat« aus Indien verbannt und König von Ceylon.

Hier stehen wir nun auf festerem Boden, denn es ist bekannt, daß Vijaya etwa um 500 v. Chr., wahrscheinlich mit einer großen Heeresmacht, in Ceylon einfiel.

Er landete im Nordwesten und brachte schrittweise das Land unter seine Gewalt. Er und seine Nachfolger waren Brahmanen, also Anhänger der Religion der arischen Einwanderer, welche die alte Zivilisation des Industales zerstört und die in der Folgezeit das südliche Indien erobert hatten. Ceylon wird in den Hinduchroniken und -legenden als *Lanka* bezeichnet.

Wer die Ureinwohner des Landes waren, ist unbekannt. Die ältesten Schriften nennen sie verächtlich »Yakkas« – Teufelsanbeter. Es waren halbwilde Rassen in verschiedenen Zuständen des Barbarentums, von denen, so schreibt Cave 1897, »einige wenige Stämme noch übriggeblieben sind. Jede Berührung mit anderen Stämmen scheuend, hausen sie in Wäldern, wo sie sich von der Jagd ernähren und die primitivsten Vorstellungen von Religion zeigen, indem sie Schlangen und Dämonen anbeten und an Verstandeskräften nicht weit über den niederen Tieren stehen«.

Vijaya und seine Nachfolger brachten die hochentwickelte Kultur ihrer arischen Vorfahren in das Land und begannen, nachdem sich ihre Macht gefestigt hatte, Straßen und Städte zu bauen, Wälder zu roden und Bewässerungsanlagen zu schaffen, und verpflanzten so ihre den örtlichen Verhältnissen angepaßte Heimatkultur nach Ceylon.

Ursprünglich war ihre Religion die brahmanische; sie verehrten eine große Anzahl von Göttern.

Erst später, gegen Ende des dritten Jahrhunderts v. Chr., erfolgte die schon erwähnte Bekehrung zum Buddhismus. Die Berichte darüber sind im Mahawamsa enthalten. Devanampiyatissa (247–207 v. Chr.) – der Name erscheint gelegentlich in abgekürzter Form als Tissa – war damals König von Lanka. Sein Ruhm war nach Indien zu König Asoka gedrungen, der, trotzdem er nur durch den Mord an 99 von verschiedenen Müttern geborenen Halbbrüdern zum Thron gelangt war, ein ungewöhnlich frommer Buddhist war. Er beschloß, seinen Sohn Mahinda, einen buddhistischen Mönch, nach Lanka zu schicken, um die Singhalesen zum neuen Glauben zu bekehren. Die Begegnung fand im Gebirge Mihintal statt, das seit jenen Tagen als die heiligste Stelle der Insel verehrt wird. Mahinda, so erzählt Mahawamsa, sei durch die Luft gekommen und habe den König auf einem Jagdausflug im Mihintal angetroffen. Unverzüglich begann er Tissa zu befragen, um zu sehen, ob er für eine Bekehrung reif sei.

> »Sag mir«, fragte Mahinda, »wie nennt man diesen Baum?«
> »Einen Mangobaum«, antwortete der König.
> »Gibt es außer ihm noch mehrere Mangobäume?«

»Es gibt viele.«

»Gibt es außer diesem und den anderen Mangobäumen noch andere Bäume auf der Erde?«

»Freilich gibt es viele, aber es sind keine Mangos.«

»Gibt es außer den andern Mangos und denen, die keine Mangos sind, noch einen andern Baum?«

»Gewiß«, sagte der König, »diesen Mango.«

»Herr der Menschheit«, sagte Mahinda erfreut, »Du besitzest Verstand.«[54]

Nach dieser Intelligenzprüfung ging Mahinda daran, dem König die Lehre Buddhas zu erläutern, und er tat das, so sagt die Legende, daß in kürzester Zeit der König und sein Gefolge zur neuen Lehre bekehrt waren.

Zum Gedenken an dieses Ereignis errichteten Tissa und sein Gefolge und später ihre Nachkommen zahlreiche fromme Bauten auf dem Mihintal; ein Kloster oder *Vihara*, eine große Anzahl Mönchszellen im Felsen, gewaltige Dagobs, künstliche Hügel, die heilige Reliquien enthielten, und eine große Granittreppe, die vom Fuß des Berges zu seinem Gipfel in eine Höhe von mehr als 1000 Fuß aufsteigt.

Bevor er Ceylon verließ, versprach Mahinda dem König einige heilige Reliquien des Buddha: seinen rechten Augenzahn, sein rechtes Schlüsselbein, seine Almosenschale und einen Zweig des heiligen Bo-Baumes, unter dem er seine Erleuchtung empfangen hatte. Alles dies, sagt Mahawamsa, kam wie versprochen und es war von Wundern begleitet. Es heißt zum Beispiel, als die heilige Urne mit den Reliquien dem König übergeben wurde, habe er gesagt: »Wenn dies eine Reliquie des Weisen ist, dann soll mein Sonnenschirm sich vor ihr verneigen, mein Elefant soll auf die Knie sinken und diese Urne ... soll sich auf meinem Kopf niederlassen.«

Alles dies ereignete sich tatsächlich, und der König nahm die Urne von seinem Kopf und stellte sie auf den Rücken des Elefanten, der vor Freude zu trompeten begann, und die Erde erbebte. Als die Reliquien dann in einem Schrein geborgen werden sollten, schwebte die Urne noch einmal auf und ließ sich auf des Königs Haupt nieder.

Der Zweig des heiligen Bo-Baumes gebärdete sich ebenso wundersam. Er war in einem goldenen Gefäß aus Indien nach Ceylon und in die Hauptstadt Anuradhapura gekommen, wo ein kostbarer Schrein bereitstand, um ihn aufzunehmen.

»Zur Stunde, als die Schatten am längsten fielen, betrat der Zug den Garten Mahemegha, und der König selber schickte sich an, das Gefäß darin niederzustellen. Aber im gleichen Augenblick befreite sich der Zweig aus seinen Händen, fuhr achtzig Ellen hoch in die Lüfte, erhielt sich dort in der Schwebe und sandte, glänzend, eine sechsfarbige Aureole aus ..., dann sank er wieder in sein Gefäß auf dem Boden zurück und trieb alsbald Wurzeln in die Erde.«

So naiv und zauberhaft uns diese Legenden auch anmuten mögen, so dürfen wir doch nicht übersehen, daß sie und die Glaubenskraft, welche sie symbolisieren, die gleiche Kraft darstellen, welche die großen Städte Ceylons aus dem Boden wachsen ließ. Noch jetzt kann man in Anuradhapura den großen Bo-Baum sehen, der wohl durch die unverwüstliche Erneuerungskraft, die dieser Pflanzenart eignet, durchaus ein Nachkömmling dieses Baumes sein kann, den Tissa vor mehr als 2000 Jahren gepflanzt hatte. Hier und an andern Orten kann man auch noch die großen *Dagobs* oder Schreine sehen, Erinnerungszeichen der Frömmigkeit vieler Generationen von Königen, die sie aufgeführt haben, um in ihnen die heiligen Reliquien zu bergen. Und die zahllosen Gebäude, die sie umgeben, die nun unter vielen Quadratmeilen Urwalds begraben ruhen, waren alle diesem einen Gedanken untergeordnet: den Buddha zu ehren. Die Klöster, in denen Tausende von safranfarbig gewandeten *Thera* oder Priester[55] lebten, die prunkenden Königspaläste mit ihren blühenden Gärten und weiten Parkanlagen, die Heimstätten der Steinhauer und Steinmetzen, die Bildner in Gold, Silber und Elfenbein, die Juweliere, welche die Gemmen schnitten, die in Tempeln und Heiligenschreinen funkelten – sie alle dienten einem religiösen Zweck wie die tausend andern, die in Korn- und Reisfeldern arbeiteten, um für die Legionen von Beamten, Priestern und Gläubigen Nahrung zu schaffen.

Doch trotz dieses schlichten Glaubens an den Buddha und seine Forderung »rechten Handelns und rechten Denkens«, seiner Verkündigung der Reinheit und Heiligkeit allen menschlichen und tierischen Lebens, ist die Geschichte der singhalesischen Könige nicht weniger blutrünstig als die der meisten orientalischen Monarchien. Es ist die bekannte Geschichte von Tyrannei, Grausamkeit, Blutdurst, Mord und Mördern. Pfählen, unter Elefantentritten Zerstampfen und lebend Einmauern waren gebräuchliche

Todesstrafen. Gewiß gab es unter diesen Königen wohlwollende und humane, ritterliche und edle Gestalten, aber viele waren gemein und verderbt, aber das waren auch viele der christlichen und muselmanischen Herrscher.

Noch fünfzig Jahre nach dem Tod des Tissa erhielt und verstärkte sich der buddhistische Einfluß. Anuradhapura blühte in Schönheit und Pracht. Dann aber eroberte im Jahr 145 v. Chr. Elara, ein südindischer Tamile, Ceylon, und da er Hindu und ein Gegner der Buddhalehre war, wurden viele von Tissas Städten zerstört oder dem Verfall überlassen. Aber der Bo-Baum überdauerte, denn auch die Brahminen verehrten ihn als heilig. Inzwischen planten die Nachkommen der geschlagenen Singhalesenkönige, die nun im Hügelland von Rohuna lebten, ihr altes Reich zurückzuerobern, und unter diesen waren es vornehmlich zwei Brüder, Prinz Gamani und ein anderer Tissa, die eine große Bedeutung für die späteren Geschicke Ceylons haben sollten.

Gamani, ein heißblütiger Jüngling, war so aufgebracht über seines Vaters Verbot, ihn gegen Elara in den Krieg ziehen zu lassen, daß er ihm ein Weiberkleid mit der Botschaft übersandte: »Wäre mein Vater ein Mann, so würde er nicht so zu mir sprechen. Darum soll er dieses tragen.« Für ein solches unbotmäßiges Verhalten wurde der Jüngling zeitweilig nach Malay verbannt, während die Singhalesen, die ihn wahrscheinlich heimlich verehrten, ihm den Beinamen *Duttha* – der Zornige – gaben. So wurde er als Dutthagamini bekannt, und unter diesem Namen war er es, der Anuradhapura zurückeroberte. Er ritt dabei einen riesigen Elefanten namens Kandula. »Der Erste an Kraft, Schönheit, Gestalt und Schnelligkeit und an gewaltiger Größe.«

Hier bekommt die Geschichte homerische Züge. Wie Hektor und Achill der Ilias begegneten sich Dutthagamini und Elara im Zweikampf, wenn auch nicht zu Fuß wie jene, sondern auf dem Rücken von Elefanten. Vor dem Südtor von Anuradhapura trafen die beiden Könige aufeinander, nachdem die Tamilen nach einer erbitterten Schlacht geflohen waren. Mit dem Ruf »Keiner außer mir wird Elara schlagen« trieb der Singhalesenprinz seinen Elefanten gegen den Gegner vor und wich dem Speer aus, den Elara gegen ihn schleuderte. Kandula verwundete Elaras Elefanten mit seinen Stoßzähnen so schwer, daß er stürzte. Dutthagamini sprang ab und tötete den Gegner mit seinem Dolch.

Dann begrub der siegreiche König Elaras Leichnam ehrenvoll

und feierlich, und wenn später die ceylonesischen Könige an Elaras Grabmahl vorüberkamen, ließen sie sich bei ihm nieder, um einen tapferen Gegner zu ehren. Als 2000 Jahre später der letzte, der Anspruch auf den singhalesischen Thron erhob, von den Engländern besiegt wurde, verließ er seine Sänfte bei der überlieferten Stelle, an der Elara gefallen war und erwies ihm seine Reverenz. Das geschah im Jahr 1818.

König Tissa, der Dutthagamini in der Herrschaft folgte, setzte zu Anuradhapura große Bauvorhaben ins Werk, bis 30 Jahre später die Tamilen die Stadt zurückgewannen. Wieder gab es Plünderungen und Verwüstungen, bis im Jahr 27 v. Chr. die Stadt wiederum in die Hand des Singhalesenkönigs Vatthagamini fiel. Sein Sohn Coranaga, der zu Beginn der Christlichen Zeitrechnung regierte, wird im Mahawamsa nur flüchtig gestreift, während seinem Weib Anula mehr Aufmerksamkeit gewidmet ist, und zwar aus folgenden Gründen:

Sie ermordete sechs Könige, fünf davon waren ihre Gatten gewesen. Als ersten tat sie Coranaga ab, nachdem sie sich in Siva, einen Mann der Palastwachen, verliebt hatte. Coranagas legitimer Nachfolger war Tissa, und so vergiftete Anula auch diesen, um Siva zum König zu machen. Nach einem Jahr und zwei Monaten hatte sie ihn satt und vergiftete ihn, um einen Zimmermann zu heiraten, der ihr Gefallen erregt hatte. Auch dieser Mann, Vatuka, regierte nur ein Jahr und zwei Monate, als die Reihe an ihm war, ermordet zu werden und den Weg für einen Förster namens Tissa freizumachen. Auch dieser überlebte ein Jahr und zwei Monate, dann folgte Niliya, ein Palastpriester, und dieser war, wie Mahawamsa berichtet, der letzte, den dieses Schicksal ereilte, denn »als Prinzessin Anula (die sich, wie es sie gerade gelüstete, mit zweiunddreißig Männern der Palastwache vergnügte) den Niliya mit Gift umgebracht hatte, regierte sie als Königin Anula noch vier Monate.«

An diesem Punkt hatte Kutankannatissa, ein Neffe von Anulas erstem Opfer, wohl den Eindruck, daß die Dinge nun weit genug gegangen seien. Er brachte die Königin um und bestieg selber den Thron. Seine Nachfolger regierten noch zwei Jahrhunderte, während deren in einer gewissen Periode Streitigkeiten zwischen dem Herrscherhaus und der mächtigen Priesterschaft ausgebrochen zu sein scheinen. Einer der letzten Könige, Mahasena, ließ den »ehernen Palast«, das Zentrum der buddhistischen Orthodoxie in

Lanka, einreißen, und eine Zeitlang hielt sich eine ketzerische Minderheit. Schließlich aber widerrief er und erbaute im Auftrag des orthodoxen Bikkhus einen der schönsten Dagobs in Anuradhapura, den Jetavanarama-Dagob, und die großen Wasserbecken von Mineriya und Kantalay, künstliche Seen von erstaunlichen Ausmaßen.

Nach dem Tod des Königs kam eine schwächere Linie an die Regierung, die *Sulewamsa* (Kleinere Dynastie), welche wenig geeignet waren, den wiederholten Einfällen der Tamilen Widerstand zu leisten. Der Staat wurde geschwächt. Ceylon begann Reichtum und Unabhängigkeit zu verlieren, und während des achten Jahrhunderts n. Chr. sahen sich die Könige gezwungen, die alte Hauptstadt aufzugeben und eine neue in *Polunnaruwa* zu errichten. Sie wurde nun die führende Stadt des singhalesischen Ceylon, während Anuradhapura von den Tamilen besiegt und geplündert wurde. Aber auch Polunnaruwa fiel im Jahr 1000 (n. Chr.). Es war ein kurzer Augenblick wiedererstandenen Glanzes für die singhalesischen Könige, als 1056 Vijya Bahu I. den alten Feind besiegte und zum König von Lanka gekrönt wurde. Sein sicher bedeutenderer Enkel Parakrama Bahu I. sammelte ein Heer von mehr als 2 Millionen Mann und fiel damit in Indien ein, besiegte den König von Pandi und zwang ihn, an Ceylon Tribut zu zahlen. Er kehrte zurück und baute Polunnaruwa wieder auf, errichtete eine Kette von Wällen um die Stadt, ein Theater für Gesangs- und Tanzdarbietungen, einen »zauberhaften Raum, der von einer einzigen Säule getragen wurde, die wie aus der Erde emporgewachsen zu sein schien. Sein Boden war aus Gold und er wurde von einem einzigen Leuchter erhellt.«[56] Er stellte auch viele Gebäude der ehemaligen Hauptstadt wieder her, die zu jener Zeit vom Dickicht überwuchert waren, »in dem Tiger und Bären lauerten« (so schildert es Nahawamsa), und er sorgte so für Sicherheit und Frieden auf der Insel, daß »eine Frau allein mit einem wertvollen Juwel über die Insel gehen konnte, ohne gefragt zu werden, was es sei«.

Es war das letzte Aufflackern der Flamme. Mit dem Tod Parakrama Bahus neigte sich die Glorie der alten singhalesischen Kultur ihrem Niedergang zu. Raubzüge der Tamilen und schwache, egoistische Herrscher trugen das ihre dazu bei, die einst so reiche und mächtige Kultur zu Fall zu bringen. Im 15. Jahrhundert, zu etwa der gleichen Zeit, in der die englischen Kämpfe der roten und weißen Rose stattfanden, fiel ein chinesisches Heer in das Land ein und verschleppte die Singhalesen als Gefangene nach Peking. Diese chinesische Invasion endete jedoch mit dem 15. Jahrhundert, und zwanzig Jahre später erschien ein aufgeregter singhalesischer Bote vor dem König und meldete:

»In unserm Hafen zu Colombo ist eine Menschenrasse, hellhäutig und überaus anmutig! Sie tragen Gewänder von Eisen und Hüte von Eisen und bleiben nicht eine Minute am gleichen Platz. Sie essen Brocken von weißem Stein und trinken Blut, und sie haben Kanonen mit einem Hall, der lauter als der Donner ist, und die Kugel, die aus ihnen geschossen wird, vermag noch, wenn sie über eine Seemeile weit geflogen ist, eine Marmorfestung zu brechen.«

»Sie« – das waren die Mannschaften der portugiesischen Schiffe, die von einer starken Strömung in den Hafen von Colombo getrieben waren. Europa war nach Ceylon gekommen, und das geschah mehr als 2000 Jahre, nachdem die ersten Könige Anuradhapura zu erbauen begonnen hatten. Zwanzig Jahrhunderte, in denen sich eine reiche Kultur entfaltete, blühte und verging. Als die Portugiesen, Holländer und Engländer das »Land ohne Sorgen« zu erforschen begannen, war von dem früheren Glanz sichtlich wenig übrig geblieben. Die Eingeborenen jedoch sprachen davon, daß in den Dschungeln des Nordens die Ruinen mächtiger Städte lägen.

Im Lauf des 19. Jahrhunderts, nachdem Ceylon in britischen Besitz übergegangen war, machte eine große Anzahl Reisender abenteuerliche Fahrten ins Innere und entdeckten die verlorenen Städte wieder. Einer von ihnen, Major Forbes, publizierte 1840 ein Buch unter dem Titel »Elf Jahre in Ceylon«, in dem er eine Liste von 165 singhalesischen Königen aufstellt. Der erste Eintrag lautet:

> 1. Wejaya... v. Chr. 543. Regierte 38 Jahre. Gründer der Wejaya-Dynastie.

> Und der letzte:

> 165. Schri Wickrema Radschah-Singha (Kandy) A. D. 1798. Regierte 16 Jahre. Neffe des letzten Königs, von den Engländern gefangengenommen, starb in Gefangenschaft.

Diese Angaben stammten offenbar aus alten singhalesischen Chroniken. Von ihren mythischen Zutaten gereinigt, scheinen diese tatsachengetreu zu sein. Forbes und andere Forscher waren verwirrt und von Ehrfurcht ergriffen, als sie den Existenzbeweis von Städten gefunden hatten, die seine Parallelen unter den alten Zivilisationen Europas und Westasiens besaßen. Städte, so schreibt Forbes, in denen das Trompeten der Elefanten, das erschreckende Hervorbrechen von Wildschwein und Rotwild, der rauhe, gellende Schrei von Pfau und Tukan das feierliche und zugleich trauervolle Gefühl verstärken, das die düsteren Wälder über einer begrabenen Stadt hervorruft.[57]

»Alle diese Ruinen von Anuradhapura«, schreibt er, »selbst die hohen Bauten, welche die Reliquien des Buddha enthalten, sind entweder ganz vom Dschungel bedeckt oder teilweise von Wäldern beschattet. Die Phantasie hat sie mit bösen Phantomen, Geistern der Sünder bevölkert, die verdammt sind, bei den verfallenen Mauern umherzustreichen, die einst Zeugen ihrer Schuld und Gefährten ihrer Verzweiflung gewesen waren... Die einzige vom Dschungel freie Stelle war vor einem großen Tempel, wo ein weitschattender Baum inmitten eines Geviertes stand und eine vierzehn Fuß hohe Säule neben dem Bild eines granitgemeißelten Stieres, das auf einem Zapfen drehbar war.«

Von diesem Platz führen Treppen zu einer weiten Umzäunung, in deren Mitte der heilige Bo-Baum steht. Es ist wahrscheinlich der gleiche, den Devanampiyattissa gepflanzt hatte. »Der Baum«, schreibt Forbes, »ist der Hauptgegenstand der Verehrung für zahlreiche Pilger, die alljährlich nach Anuradhapura wallfahrten.«

Er ist immer noch dort und wird noch immer von Millionen verehrt.

Forbes beschreibt auch den »ehernen Palast«, den Dutthagamini erbaut hat, mit seinen »sechzehnhundert Steinsäulen, die in vierzig parallelen Reihen zu je vierzig auf einer quadratischen Grundfläche stehen, von der jede Seite eine Länge von 43 Fuß hat«. Er erwähnt die Dagobs von Anuradhapura mit dem »Rumanwellisaye«, der ebenfalls von Dutthagamini stammt. Dieser »steht im Mittelpunkt einer erhöhten quadratischen Basis, die mit großen behauenen Granitblöcken gepflastert ist und Seitenflächen von 500 Fuß Länge besitzt. Er ist von einem siebzig Fuß breiten Graben eingefaßt, seine Seitenböschungen zeigen Skulpturen mit Fronten und Köpfen von Elefanten, die als Stützen den massiven Aufbau tragen«.

Unweit des Dagob wiesen Führer, wie sie es auch heute noch zu tun pflegen, Forbes auf die Granitplatte hin, zu welcher der sterbende König in den letzten Tagen seiner Krankheit gebracht worden war, um seine großen Werke überschauen zu können, den Rumanwelli-Dagob und den ehernen Palast Lohapasada. Von diesem Bauwerk, dessen Säulenreihen noch erhalten sind, sagt Mahawamsa:

»Dieser Palast mißt hundert Quadrat-Ellen und das gleiche in der Höhe. Es gab in ihm neun Stockwerke und in jedem befanden sich hundert Räume. Alle diese Räume waren reich mit Silber ausgestattet und ihre Kranzgesimse waren mit Gemmen verziert, Blumenornamente waren da, ebenfalls mit Gemmen besetzt und klirrende Girlanden aus Gold. In diesem Palast gab es tausend Schlafräume, sie hatten ornamentierte Fenster, die hell wie Augen leuchteten.«

Von der Halle, die das Hauptstück des ehernen Palastes war, heißt es im Mahawamsa:

»Die Halle war von goldenen Säulen getragen, die Löwen und andere Tiere und Devatas darstellten, und sie war rundum mit Perlen verziert. Genau in der Mitte der Halle, die mit den sieben Kostbarkeiten geschmückt war, stand ein herrlicher, bezaubernder Elfenbeinthron, dessen eine Seite das Zeichen der Sonne aus Gold, die zweite das des Mondes aus Silber und die dritte Sterne aus Perlen zeigte...«

Das Gebäude war mit Bronzeziegeln gedeckt, daher hatte es den Namen »eherner Palast« bekommen.

Die Gebäude, die Forbes und seine Zeitgenossen vor mehr als hundert Jahren sahen, sind seither in großem Umfang vom Dschungel befreit, ausgebessert und zum Teil wieder hergestellt worden. Englische und später auch singhalesische Archäologen haben sich darum bemüht, die verlorenen Städte vor weiterer Zerstörung und schlimmerem Verfall zu bewahren, und die ehemals so gepflegten Gärten und Parks in Anuradhapura, Polunnaruwa und anderen Städten von Wildwuchs und Unterholz zu befreien. Heute erreichen Besucher diese Stätten auf gutgebauten Straßen, während einst Pioniere wie Cave und Forbes sich nur auf Dschungelpfaden zu ihnen vorankämpfen konnten, und wo 150 Jahre früher der Flüchtling Robert Knox, als er seiner neunzehnjährigen Gefangenschaft entkam, »hier und da an den Ufern des Flusses... eine Welt von Steinsäulen und Haufen behauenen Gesteins« bemerkte, von dem er »annahm, daß sie ehemals Gebäude gewesen sind«.

Männerkopf mit langem Bart aus Diorit, wahrscheinlich Hammurabi. Gesicht eines Greises mit Falten und Tränensäcken. Das Bild kam als Beute nach Susa. Louvre, Paris.

Statue des Idrimi, König von Alalach, 1500 v. Chr. Gefunden in Nordsyrien in der Nähe von Antiochia, Kalkstein, Augen und Augenbrauen aus schwarzem Stein eingelegt, die Figur war ursprünglich bemalt.

Oberteil der Statue eines Königs von Lagasch, 2125 v. Chr. Vielleicht den Gudea darstellend. Schwärzlich-grüner Diorit, im Besitz des Britischen Museums.

Gudea mit Turban. Augenbrauen im Fischgrätenmuster. Plastik aus Diorit. University Museum Philadelphia.

Harfe aus den Königsgräbern von Ur mit eingelegten Muscheln. Oben ist Dumuzi mit zwei Stiermenschen dargestellt, dann folgen Löwe und Leopard beim Servieren der Speisen. Unterhalb ist die Tierkapelle mit dem Esel, der Harfe spielt, Bären und Fuchs; am Schlusse der Skorpionmensch mit der Gazelle. Rechts das Prunkschwert, ebenfalls aus den Königsgräbern von Ur mit Goldscheide und Griff aus Lapislazuli. Beides Irak, Museum Bagdad.

Stele des Königs Bar-Rekub aus Samal (Sendschirli). Der König sitzt auf geschnitztem Stuhl. Vor ihm der Schreiber in aramäischer Tracht. 730 v. Chr. Staatliche Museen in Berlin.

Zwei goldene Schalen aus dem Grab der Königin Schubad von Ur, 2750 v. Chr. Die obere, unverzierte Schale hat zwei Henkelansätze, durch die ein gedrehter Golddraht als Henkel gezogen ist. Wahrscheinlich ein Eß-gerät. Die untere kannelierte Schale zeigt am Rand und an der Basis Zickzack- und Fischgrät-Ornamente.

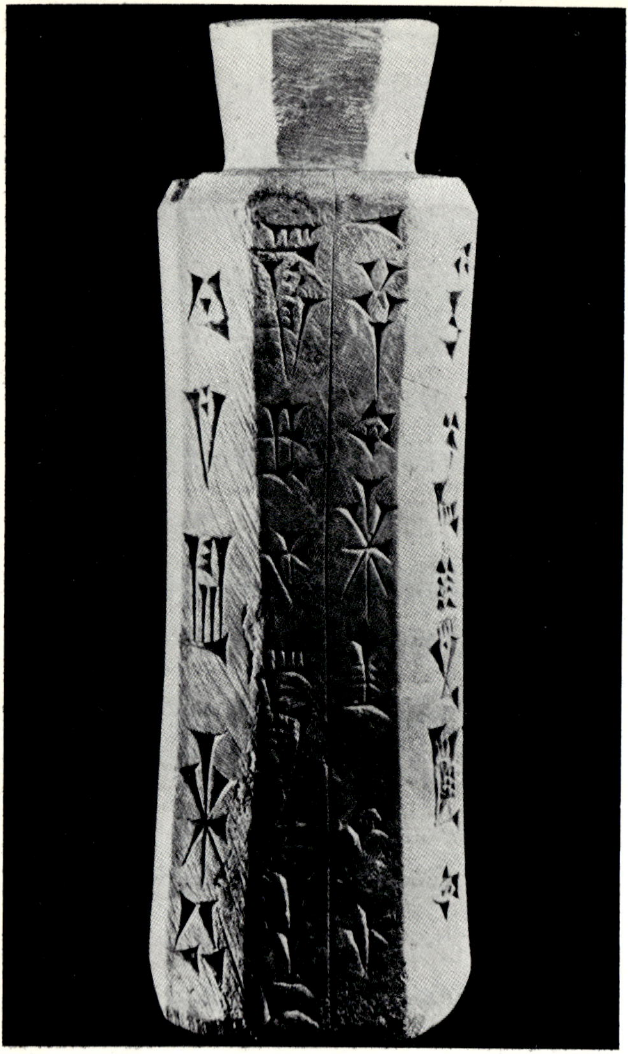

Votivgabe aus Kalkstein. Frühe assyrische Periode. Keilschrifttext mit Name und Titeln des Königs Arikdenilu, etwa um 1325 v. Chr. In Sassur, der Hauptstadt des ersten assyrischen Reichs gefunden.

Diese Besucher können den großen Ruanweli oder »Goldstaub« Dagob bewundern, den König Dutthagamini errichtet hat, um den heiligen Fußabdruck des Buddha und andere kostbare Reliquien darin unterzubringen. Er hat eine Höhe von 270 Fuß und ist vollständig aus Ziegeln gebaut.

»Von der Ferne betrachtet«, schreibt Lord Holden, »gleicht er einem riesigen roten Ballon, der von einem blendend weiß und goldenen Mal gekrönt ist; und beim Näherkommen scheint das Gewirr der über seine gewölbte Fläche verteilten Baugerüste den Eindruck seiner Größe noch zu steigern...«

An der Ostseite des Baus befinden sich sieben Statuen, wohl die künstlerisch wertvollsten in Ceylon. Eine davon stellt den König selber dar, die anderen die vier Buddhas, welche zur Erde gekommen sind.

»In geringer Entfernung von diesem Tempel standen zwei Statuen auf der Höhe eines kurzen Treppenaufgangs. Sie stellten König Dutthagamini und seine Mutter dar. Das besondere Merkmal dieser kostbaren Plastik ist die Eleganz ihrer gefalteten Hände, die unmerklich zur Brust hin geneigt sind. Die Gestalt seiner Mutter ist mit Arm- und Halsreifen geschmückt und trägt einen Hut, der offenbar chinesischen Ursprungs ist. Ihr Gesicht ist sanft und ruhevoll, ihr Profil erinnert an eine primitive italienische Madonna. Die Schönheit dieser Plastiken kann nicht hoch genug gewertet werden.«[58]

Hier und da haben die Skulpturen von Anuradhapura und Polunnaruwa und andernorts der Zerstörung widerstanden – sie sind ein klägliches Überbleibsel der zahlreichen, die einmal bestanden haben müssen, aber doch noch hinreichend, um uns einen Begriff von der Schönheit altsinghalesischer Kunst zu vermitteln. Diese Bildwerke sind zart und sinnlich zugleich und zeugen von einer feinen Rasse mit schöngebauten Körpern und sanften Umrissen. Es ist etwas Zerbrechliches und Blumengleiches um sie, etwas von Lotosblüten Verwandtes, die sie in den Händen halten. Eine Stelle im Abhayagiriya-Dagob beschreibt Cave wie folgt:

»Der Oberteil zeigt eine männliche Gestalt, die eine fünfköpfige Kobra wie eine Art von Aureole umgibt. Sie hält Blumen in der rechten Hand und hat die Linke an die Lippen geführt. Im unteren Teil ist eine mit einer Kappe bekleidete weibliche Figur, deren Oberkörper bis auf den fraulichen Juwelenschmuck nackt ist. Von der Hüfte abwärts ist sie in ein durchscheinendes Gewand gehüllt.

Die Handgelenke sind von Armreifen umschlossen, auf der offenen Handfläche trägt sie ein Gefäß mit einer Lotosknospe.«

Kraft und Zerbrechlichkeit, Empfindsamkeit und Asketentum, Grausamkeit und Milde – solche einander widersprechenden Merkmale der altceylonesischen Kunst mögen Schlüssel zum Charakter ihrer Schöpfer sein. Macht und Gewalt erscheinen hier wie in Ninive, Babylon und Hattusa. Da ist der Abhayagiriya-Dagob, ein glockenförmiger Hügel von Ziegeln, die sich fünfzig Fuß höher als die St. Pauls-Kathedrale erhob, da ist die breite Treppe, die in eine Höhe von 1000 Fuß zum Mihintal hinaufführt, da ist die von Galerien umgebene Festung Sigri, die von ihrer Felskuppe herabdroht, und da ist schließlich der Jetwanarama-Dagob, dessen Baumaterial nach Angabe eines Fachmannes zum Bau von 8000 Wohnhäusern mit Fronten von 20 Fuß Breite oder eines 10 Fuß hohen und 1 Fuß breiten Walls genügen müßte, der von London nach Edinburgh reicht.

Aber mit dieser monumentalen Kraft ist anderes verbunden: Straßen, mit Blumengirlanden behängt, über die Könige auf Elefanten mit Goldschabracken hinreiten, die juweleninkrustierten Heiligenschreine, die Buddhas, die mit gekreuzten Beinen in ernster Kontemplation verharren, und die tanzenden Mädchen mit sanftem Lächeln und geschwungenen Hüften, die sich mit der gleichen träumerischen Unberührtheit bewegen, die sie ihren Nachkommen vererbt haben.

10. Tod einer Stadt

Jeder, der das Glück hat, Länder des Altertums bereisen zu können, wird in ihnen seine bevorzugten »verlorenen Städte« haben. Die meine ist Palmyra in der syrischen Wüste (ich habe sie in meinem Buche »One Man's Journey« bereits beschrieben), aber gleich hinter ihr kommt die meistbeschriebene von allen, Pompeji. Wenn dieses Kapitel nun weniger objektiv ausfallen sollte als die übrigen, so muß ich den Leser um Nachsicht bitten, denn meine Erinnerungen an Pompeji sind rein persönlicher Natur, und die Gründe dafür werde ich mit den Soldaten, die 1944 in Italien gekämpft haben, gemeinsam haben.

Ich hatte nicht beabsichtigt, die Campagna, in der Pompeji liegt, zu besuchen. Ich kam im Krankenwagen dahin. Im Frühjahr 1944 war ich als Kriegsberichterstatter der RAF zugeteilt worden mit dem Auftrage, Radiosendungen über die Transportkommandos der RAF in Nordafrika, Italien, Indien und Burma zu verfassen. Es war das erstemal, daß ich außer Landes kam und die Aussichten, die sich mir boten, hatten etwas Erregendes für mich. Mein Kummer war daher groß, als ich in Neapel ganz unrühmlich an einem unklaren Fieber erkrankte, das von den Ärzten zunächst nur als eine Art Erkältung angesehen wurde, sich aber dann als eine infektiöse Lungenentzündung herausstellte. Ich erinnere mich des Abends in der Offiziersmesse des 124. Geschwaders wie durch einen Nebelschleier gesehen, an dem gewiß auch die weitherzigste Gastfreundschaft dort nicht hatte schuld sein können. Dann folgte ein Tag im Krankenwagen entlang der Küstenstraße am Golf von Neapel zu einem großen, rosagetünchten Gebäude zwischen Gärten und Olivenhainen. In der nächsten Morgenfrühe wurde ich in einem Krankenzimmer unsanft von einem gewaltigen Dröhnen und Zittern aufgeweckt, das ich für eine Explosion in allernächster Nähe hielt. Als die Krankenschwester kam, um meine Temperatur zu nehmen, fragte ich sie, ob wir in der Nacht einen Bombenangriff erlebt hätten. Ihre Antwort war kühl und gelassen: »Oh, das?... Das war der Vesuv.«

»Der Vesuv?« fragte ich. »Sind wir denn so nahe daran?«

»Daran?« antwortete sie, »wir sind drauf...« und trippelte mit ihrem Thermometer davon.

Das Hospital befand sich in Torre del Greco am Fuß des Berges. Während meiner Rekonvaleszenz pflegte ich auf dem Balkon zu sitzen und auf den Kegel des Vesuvs zu starren, aus dem hin und wieder kleine Rauchwölkchen aufstiegen, und den stark gefärbten Schilderungen meiner Kameraden zuzuhören, welche den berühmten Ausbruch vor wenigen Wochen erlebt hatten. Insgeheim und verschämt hoffte ich auf einen neuen Ausbruch, aber ich habe mit Vulkanen kein Glück. Die gleiche Geschichte ereignete sich nämlich neun Jahre später in Mexiko, wo ich nach einer anstrengenden Überlandfahrt, bei der ich den Parakutin, der schon seit einigen Wochen in einem gewaltigen Ausbruch begriffen war, zu sehen gehofft hatte und gerade noch zurecht kam, um einen stillen und friedlichen Aschenberg anzusehen, der gar nicht daran dachte, zu speien...

Auch sah ich einmal von einem Flugzeug aus den Stromboli in vollem Ausbruch, aber ich bin überzeugt, wenn wir gelandet wären, hätte er sofort jede weitere Tätigkeit eingestellt.

Diese Abschweifung habe ich mir zur Einleitung nur gestattet, um meine unfachmännische Begegnung mit den begrabenen Städten Herkulanum und Pompeji zu erklären. Weitere Reisen dorthin im Jahr 1952 bewiesen mir nur die Gültigkeit meiner ersten Eindrücke. In mancher Hinsicht freilich war das Jahr 1944 nicht gerade die richtige Zeit, Pompeji zu besuchen. Der Krieg hatte die Ausgrabungen stillgelegt, und nachts ließ das Mündungsfeuer der Geschütze am nördlichen Horizont die Archäologie denn doch als eine etwas fernab liegende und rein esoterische Beschäftigung erscheinen. Die alten Straßen waren vollgestopft mit Menschen, die keine ernsthaften Studenten der Archäologie waren, sondern einfach Soldaten auf Urlaub. Man war nicht in der rechten Stimmung, wissenschaftliche Studien zu treiben, und da ich in eine Rotte des liederlichen Kriegsvolkes geraten war, das Schlange stand, um das Römische Bordell zu besichtigen, das bei weitem die meiste Anziehungskraft besaß, erstieg ich für mich die unteren Hänge des Berges und kletterte über die noch warme Lava – meine Eindrücke schienen nur ganz oberflächlich zu sein.

So dachte ich damals. Aber als ich acht Jahre später als Friedenstourist zurückkam und eine geruhsame Besichtigung der Ruinen vornahm, erschienen mir meine damaligen Erinnerungen doch höchst lebendig. Denn die Asche, welche die Straßen puderte, das gelegentliche Grollen des Berges, und die Geschichten, die man in den Tavernen von verschütteten Dörfern und von Menschen zu hören bekam, die ihre Heimstätten verloren hatten, rückten die große Tragödie, die Pompeji im Jahr 79 n. Chr. vernichtet hatte, doch in greifbare Nähe.

Pompeji ging nicht wie die anderen Städte, von denen ich in diesem Buch berichtet habe, allmählich unter. Es war ein einziger, schrecklicher Schlag, der es vernichtet hatte. Und mehr als dies: aus den Berichten römischer Augenzeugen können wir nacherleben, wie dieser Todesstreich fiel. Plinius d. Ä. zum Beispiel, der zu jener Zeit die Flotte von Misenum befehligte, wurde in diesem Unheil getötet. In einem Brief an Tacitus beschreibt der Neffe des Plinius das Ereignis in so lebendigen Worten, daß wir beim Lesen zu unmittelbaren Zeugen des Vorgangs werden.

»Am neunten Tag vor den Kalenden des September[59] machte ihn meine Mutter darauf aufmerksam, daß eine Wolke von besonderer Größe und Gestalt sich zeige. Nach seinem Sonnenbad und einem Bad im kalten Wasser hatte er sich auf das Bett gelegt und die gewöhnliche Mahlzeit zu sich genommen, nun widmete er sich den Studien. Er verlangt seine Sandalen und steigt an einen Punkt, von wo aus er die seltsame Erscheinung beobachten kann. Die Wolke erhebt sich in die Luft, ohne daß man der großen Entfernung wegen zu unterscheiden vermochte, von welchem Berge sie ausging. Die Ereignisse haben nachher gezeigt, daß sie vom Vesuv aufstieg. Ihre Gestalt glich einem Baum, am ehesten einer Pinie, denn während sie wie ein mächtiger Stamm sich erhob, entfaltete sich ihr Haupt wie eine Krone. Vielleicht machte sich die Kraft nicht mehr geltend, die zuerst den Dampf hinauftrieb, vielleicht verbreiterte sich die Wolke, indem sie schwerer und durch ihr eigenes Gewicht auseinandergedrückt wurde. Sie erschien bald weiß, bald schmutzig und fleckig, je nachdem sie mit Asche oder Erde beladen war. Die sonderbare Erscheinung überraschte meinen Onkel, sein Eifer für die Wissenschaft trieb ihn weiter. Er ließ ein liburnisches Schiff flottmachen und stellte es mir frei mitzufahren.«

Der jüngere Plinius scheint die Wißbegier seines Onkels nicht geteilt zu haben, denn er erwiderte ihm, daß er lieber an der Arbeit bleiben wollte. »Er hatte mir zufällig selbst etwas zu schreiben gegeben.«

Der Charakter des älteren Mannes zeigt sich im folgenden, denn als Rectina, die Frau seines Freundes Cessius Bassus, ihm eine Botschaft schickte, ihr Haus sei bedroht und sie könne nur zu Schiff entfliehen,

»ändert er sein Ziel und tut aus Pflicht, was er vorher aus Wissensdrang unternehmen wollte.«

Auch das genügte offenbar noch nicht, den jungen Mann von seiner literarischen Tätigkeit aufzuscheuchen, so daß der ältere Plinius einen Vierruderer flottmachen ließ und ohne seinen Neffen in See stach

»um Rectina zu retten und viele andere, die an dieser lachenden Küste wohnten. Schnell geht es jenen Orten entgegen, von denen alle Welt flieht. Vorwärts in die Gefahr, stand er, die Hand am Steuer, den Geist so frei von Furcht, daß er alle Bewegungen, alle Formen der brennenden Wolke vor sich beobachten konnte.

Je näher man kam, desto dichter und heißer fiel Asche auf das Schiff. Schon prasselten Felsstückchen, schwarze Steine, verbrannt und geschmolzen durch das Feuer, herunter, und das Meer, plötzlich ganz ruhig geworden, verlor seine Tiefe; die Auswürfe des Vulkans füllten es vom Ufer aus. Mein Onkel dachte einen Augenblick daran, umzukehren, aber gleich darauf sagte er dem Steuermann, der dazu riet: ›Das Glück gehört dem Mutigen, bringe uns zu Pomponianus.‹ Das war in Stabiae, auf der anderen Seite einer kleinen Bucht... Dort hatte Pomponianus, angesichts der Gefahr, die noch weit aber drohend bevorstand, seine Habe auf sein Schiff bringen lassen und wartete auf günstigen Wind zur Abfahrt. Mein Onkel, begünstigt durch den Wind, legte bei ihm an, umarmt ihn, beruhigt den Aufgeregten, wiegt ihn in Sicherheit, spricht ihm Mut zu und läßt sich, um durch die eigene Ruhe die Angst des Freundes zu besiegen, ins Bad bringen. Nach dem Bad setzt er sich zu Tisch und ißt mit Vergnügen, oder, was noch mehr innere Stärke zeigt, gibt sich den Anschein, mit Vergnügen zu essen.

Indessen sah man von mehreren Seiten des Vesuvs breite Flammen auflodern und eine ungeheure Feuersbrunst, deren Schein die Dunkelheit verstärkte. Um das Entsetzen seiner Gastgeber zu dämpfen, sagte ihnen mein Onkel, daß nur Landhäuser brennen, die von dem erschreckten Bauernvolk dem Feuer zur Beute überlassen wären.«

Über seine eigenen Erlebnisse in der Zwischenzeit berichtet der jüngere Plinius:

»Seit einigen Tagen machte sich Erdbeben bemerkbar. Weil wir in Campanien daran gewohnt waren, erschreckte es uns nur wenig. Aber in dieser Nacht wiederholte es sich mit solcher Stärke, daß man meinen konnte, es sei kein bloßer Erdstoß, sondern eine allgemeine Umwälzung. Meine Mutter stürzte in mein Zimmer. Auch ich wäre aufgestanden, um sie zu wecken, wenn sie geschlafen hätte. Wir setzten uns in den Hof, der einen engen Streifen zwischen Haus und Meer einnimmt. Da ich damals erst 17 Jahre alt war, weiß ich nicht, ob ich es Entschlossenheit oder Unklugheit nennen soll, was ich tat. Ich verlangte einen Titus Livius und begann mit der größten Ruhe zu lesen und Auszüge zu machen.«

Unterdessen glaubten die entsetzten Einwohner von Pompeji und der umliegenden Landhäuser und Dörfer, am Himmel die Gestalten von Giganten zu sehen. So schreibt Dio Cassius:

»Zahllose Gestalten, die jedes menschliche Maß überschritten, und Geschöpfe von der Art, wie man uns die Giganten geschildert hat, erschienen, nun über den Bergen, nun über der Ebene, und dann in den Städten, Tag und Nacht wandernd und durch die Luft streichend... unablässiges Dröhnen war zu vernehmen, teils aus den Tiefen der Erde und wie ferner Donner tönend, teils über ihr und an wildes Gebrüll gemahnend; auch die See stimmte ein und das Firmament antwortete ihr im Echo. Und plötzlich wurde ein unheilverkündendes Krachen gehört, gleichsam als ob die Berge zusammenstürzten, mächtige Felsbrocken wurden in die höchste Höhe emporgeschleudert, dann brach gewaltiges Feuer auf und nicht endenwollender Qualm, der die Luft verdunkelte und die Sonne verbarg. Es gab Leute, welche glaubten, die Giganten hätten ihren alten Kampf erneuert (denn man meinte ihre Gestalten im Rauch zu erkennen und in dem Lärm den Schall von Trompeten zu hören), während andere vermeinten, das Weltgebäude verwandele sich in ein Flammenchaos.«

Der sprachgewandte Dio, der dies 150 Jahre nach der Katastrophe niederschrieb, scheint zeitgenössische Berichte, die inzwischen verlorengegangen sind, sowie örtliche Überlieferungen benutzt zu haben. Aber der jüngere Plinius, der mit Aufmerksamkeit las, während das Haus bebte und zitterte, und seine Mutter, die an ihren Bruder draußen in der verdunkelten Bucht dachte, waren Augenzeugen. Am nächsten Morgen schrieb der junge Mann:

»Es war um die erste Stunde des Tages, aber nur ein schwaches, dämmriges Licht drang durch. Die Häuser unserer Umgebung zeigten sich so stark erschüttert, daß ihnen Einsturz drohte, obgleich sie in der engen Stadt frei standen. Wir beschlossen die Stadt zu verlassen. Das erschreckte Volk floh mit uns. Vor der Stadt blieben wir stehen. Neue Wunder! Neue Schrecken! Die Wagen, die wir mitgenommen, konnten nicht vorwärts kommen, obwohl die Straße eben war, und rutschten rückwärts, man konnte sie selbst mit unterlegten Steinen nicht aufhalten. Das Meer schien in sich selbst zurückgeworfen und durch das Erdbeben verjagt. Ganz gewiß war der Strand breiter geworden, denn viele Fische lagen im Trockenen auf dem Sand. Auf der anderen Seite züngelten aus einer schrecklichen schwarzen Wolke, die durch Feuerwirbel auseinandergerissen war, an den offenen Enden lange Flammen, ungeheuren Blitzen ähnlich.«

In Stabiae, wo er die Nacht bei seinem Freunde Pomponianus zugebracht hatte, war der Ältere Plinius gestorben. Man hatte dem Neffen berichtet:

»Er ruhte und tat wahrhaftig einen tiefen Schlaf. Doch der Hof, durch den man sein Zimmer betrat, fing an, sich derart mit Asche und Steinen zu füllen, daß er bei längerem Aufenthalt eingeschlossen gewesen wäre. Man weckte ihn. Er kommt heraus und gesellt sich zu Pomponianus, der mit den Seinen gewacht hatte und sie überlegen, ob man sich ins Haus einschließen oder in die Felder flüchten soll...«

Schließlich einigte man sich, ins Freie zu flüchten und lieber zu riskieren, vom Steinhagel erschlagen oder von Asche und Rauch erstickt, als unter den fallenden Trümmern der Häuser begraben zu werden; und dann folgt ein grausig-komisches Bild jener hohen römischen Beamten und ihres Gefolges, die »sich Kissen auf den Kopf banden; es war ihr einziger Schutz gegen den Steinfall ringsum.«

Sie liefen zum Strand, aber dort fanden sie Gegenwind und hohen Seegang.

»Dort ließ mein Onkel sich auf ein am Boden ausgebreitetes

Tuch nieder und verlangte kaltes Wasser. Er trank zweimal. Bald aber trieben die Flammen und ein Schwefelgeruch, der ihr Nahen ankündigte, alle zur Flucht und zwangen auch meinen Onkel aufzustehen. Er erhebt sich, auf zwei junge Sklaven gestützt, und bricht im selben Augenblick tot zusammen. Ich stelle mir vor, daß ihn die dicke Luft am Atmen hinderte und erstickte. Er hatte von Natur aus eine schwache Brust, war eng gebaut und litt an Asthma. Als es wieder hell wurde (drei Tage nach dem, der meinem Onkel als letzter geleuchtet hatte), fand man seinen Leib unberührt und ohne Wunden. Nichts war an seinem Gewand verdorben, und er lag da, als ob er schliefe, nicht als ob er tot wäre.«

Jenseits, in der Bucht, von welcher der ältere Plinius abgefahren war, beschwört seine Schwester ihren Sohn, sein Heil in eiliger Flucht zu suchen.

»Sie sagt, in meinem Alter sei die Flucht leicht, und was sie beträfe, mache sie das Alter schwach und schwerfällig, sie stürbe zufrieden, wenn sie nicht an meinem Tod Schuld trüge. Ich erklärte ihr, daß es für mich nur mit ihr zusammen ein Heil gäbe. Ich nehme sie bei der Hand und zwinge sie schneller zu gehen. Widerwillig gehorcht sie und klagt sich an, meine Flucht aufzuhalten. Wenn auch in kleinen Mengen, beginnt Asche auf uns niederzuregnen. Ich drehe mich um und sehe hinter uns einen dichten Rauch, der uns nachfolgt und sich wie ein Gießbach auf dem Boden verbreitet... Kaum waren wir zur Seite getreten, wurde es noch dunkler. Es herrschte nicht nur die Dunkelheit einer wolkigen Nacht, es kam mir wie in einem Zimmer vor, dessen sämtliche Lichter erloschen waren. Man hörte nur klagende Frauen, weinende Kinder, rufende Männer. Einer rief seinen Vater, der andere den Sohn, der dritte die Gattin. Man erkannte sich bloß an der Stimme, dieser war für sich selbst besorgt, jener für die Seinen. Ja, man sah, daß Todesfurcht den Tod selbst heraufbeschwor. Hier streckten sich Hände zum Himmel, dort hieß es, daß es keine Götter mehr gäbe und die letzte Nacht angebrochen sei, die ewige Nacht, die unsere Erde verschlingt.«

Plinius und seine Mutter wurden verschont. Aber die Tausende, die vom Rauch erstickt, von Asche erdrückt oder von fallenden Mauern erschlagen worden waren, müssen wohl geglaubt haben, es sei, wie der junge Römer sagte, die letzte, die ewige Nacht, die da hereingebrochen war.

An die Mauer eines pompejanischen Landhauses, das die Archäologen achtzehnhundert Jahre später ausgruben, hat eine unbekannte Hand geschrieben:

SODOM GOMORRHA

Die Zitate der Briefstellen dieses Kapitels stammen aus folgenden Quellen: Briefe des Dio Cassius, übersetzt von E. Cary, Loeb – Edition William Heinemann, 1925. Briefe des jüngeren Plinius, aus A. v. Gleichen-Russwurm, »Antikes Leben in Briefen«, Julius Bard, Berlin, 1922.

11. Die Auferstehung von Pompeji

»Dieses, Marcellus, ist die Sage, die ich am Strand von Chalkidike singe, während der Vesuv seine Wut in die Lüfte schleudert, mit Feuer, das mit den Flammen Trinacrias wetteifert. Erstaunlich, aber wahr! Werden künftige Geschlechter glauben, wenn wieder einmal hier geerntet, wenn die Flur sich wieder begrünt haben wird, daß Städte und Menschen unter ihr begraben ruhen, und daß ihre alte Heimat ein solches Schicksal hat erleiden müssen?«

So schrieb der römische Epiker Publius Papinius Statius, ein Zeitgenosse des jüngeren Plinius. Heute hat seine rethorische Frage ihre Antwort gefunden. Während der beiden letzten Jahrhunderte haben Ausgräber den größten Teil der vulkanischen Asche beseitigt, die Pompeji zugedeckt hat. Sie haben Straßen, Läden, Tavernen, Werkstätten, öffentliche Gebäude und Landhäuser freigelegt, aus denen vor mehr als achtzehnhundert Jahren die Menschen flohen oder zu fliehen trachteten. Sie haben auch den benachbarten Hafen von Herkulaneum teilweise wieder ausgegraben, eine viel schwerere Aufgabe, weil die Stadt mehr als 50 Fuß tief unter der vulkanischen Asche verschüttet lag, welche die Zeit in Tuff verwandelt hat, der hart wie Felsgestein ist.

Die ersten Ausgräber waren die Pompejaner selber, die in ihre Stadt zurückgekehrt waren, als die Eruptionen sich gestillt hatten. Sie gruben sich durch die Dächer ihrer verschütteten Häuser und bargen, was an Gütern und Hausrat in ihnen noch aufzufinden war. Die Tunnels, die sie in die verhärtete Asche gegraben hatten, sind zum Teil heute noch sichtbar. Dann aber kam eine Zeit, in der Pompeji und Herkulaneum in Vergessenheit gerieten. Das ganze Mittelalter hindurch blieben sie unberührt, und erst 1709 grub ein österreichischer Prinz einen Schacht in Herkulaneum und raubte durch unterirdische Kanäle Marmor und Statuen aus dem verschütteten Theater. Zwanzig Jahre später wurde dort mit systematischen Ausgrabungen begonnen, aber Karl III. von Neapel, auf dessen Befehl das Werk unternommen wurde, sah in der Stadt nicht mehr als eine Mine, aus der er archäologische Schätze für seine Sammlungen förderte. Wenige Jahre später führte ein zufälliger Fund in Pompeji dort zu Ausgrabungen, zuerst nur in Form von Schachtungen, später aber zu einer vollständigen Freilegung der Stadt.

Vom Ende des 18. Jahrhunderts bis zu unseren Tagen sind die Grabungen eigentlich ununterbrochen, wenn auch langsam und oft mit spärlichem Ergebnis, fortgesetzt worden. Vielleicht war dieses langsame Vorrücken der Arbeit nicht einmal ein Nachteil, weil es große, unberührte Teile beider Städte der modernen wissenschaftlichen Grabung übrig ließ. In den letzten fünfzig Jahren ist die archäologische Technik so weit fortgeschritten, daß eine einzige Fundstelle bedeutend mehr Aufschlüsse ergibt als unter den alten früheren Methoden.

Heute sind vier Fünftel von Pompeji, und ein wesentlicher, wenn auch kleinerer Abschnitt von Herkulaneum freigelegt. Es sind die bekannten und für den Laien erstaunlichsten europäischen Fundorte. Denn hier, und sonst nirgendwo auf der Erde, sind alte Städte, in denen das Leben nicht erloschen, sondern nur plötzlich zum Stillstand gekommen war. »Hinter diesen Mauern«, sagt ein Berichterstatter, »liegt eine alte römische Stadt, die nur für einen Augenblick zum Schweigen gebracht worden ist. Durch ihre Tore eintreten ist wie ein Schritt zweitausend Jahre zurück in die Vergangenheit[60].«

In den vorangegangenen Kapiteln habe ich die Methoden zu schildern versucht, durch welche die Archäologen sich schrittweise ein Bild der assyrischen, sumerischen, hethitischen und indischen Städte aus fragmentarischen Überbleibseln und entzifferten Inschriften vergessener Sprachen zusammenfügen konnten. In Pompeji und Herkulaneum lagen die Dinge ganz anders. Straßen, Häuser, Wirtschaften und Läden waren da und warteten auf ihre Entdeckung, das Eßzimmer mit seinen Möbeln, das Schlafzimmer mit Bett und Toilettentisch, die Küche noch mit ihrem Kochtopf, die Bäckerei mit Schrotmühle und Ofen, das Wirtshaus mit den weinseligen Kritzeleien seiner Gäste noch auf den Wänden, das Bordell mit seinen lustigen kleinen Kämmerchen für die Mädchen und der Kasse, an der die Kunden bezahlen mußten. Und die Inschriften – es wurden 1500 auf den Mauern der Stadt entdeckt –

gaben keine sprachlichen Rätsel auf. Die Wahlplakate, die Botschaften verliebter junger Leute, die kindlichen Schreibversuche und die Ankündigungen von Gladiatorenkämpfen – sie waren alle in lateinischer Sprache geschrieben. Und, um das Bild zu vervollständigen, an den Wänden besserer Häuser gab es Fresken, die in faszinierenden Einzelheiten vom täglichen Leben der Bewohner Pompejis vor 1880 Jahren berichteten.

Bevor wir nun diese Städte selber betrachten, wollen wir einen kurzen Rückblick auf ihre Geschichte tun. Es ist nämlich wichtig zu wissen, daß beide, Pompeji und Herkulaneum, schon sechs Jahrhunderte existierten, ehe die Römer sie in Besitz nahmen, und daß viele ihrer Bauten noch aus vorrömischer Zeit stammen. Als sich griechische Kolonisten im 7. Jahrhundert v. Chr. der Küste entlang niederließen, war das Land von einem der ältesten Völkerstämme Italiens, den Oskern, bewohnt. Später besetzten es, von Norden kommend, die Etrusker, die wiederum im Jahr 420 v. Chr. von den Samnitern abgelöst wurden, unter deren Einfluß die beiden Städte aufzublühen begannen. In mancher Hinsicht waren die Etrusker und Samniter höher zivilisiert als die Römer, die damals noch als unbedeutender Stamm, aber ständig mit ihren Nachbarn in Händel verwickelt, an den Ufern des Tiber lebten. Der bedeutendste kulturelle Einfluß in vorrömischer Zeit aber kam von den Griechen.

»Torre del Greco« (wie erinnerlich bestand dort das Hospital der RAF) bedeutet ja »Turm der Griechen«, wie auch der Name des nahegelegenen Herkulaneum auf den griechischen Heros Herkules zurückgeht. Griechische Kunst, Religion und Literatur waren es, die in die Völker Kampaniens eindrangen.

Als im Jahr 80 v. Chr. der römische Feldherr Sulla Pompeji eroberte und hier seine Veteranen ansiedelte, wurden die Römer Besitzer anziehender und blühender kleiner Provinzstädte mit einer Geschichte, die über sechs Jahrhunderte zurückreichte. Die Neuankömmlinge befanden sich im Vergleich zu den hellenistischen Samnitern noch auf einer vergleichsweise niederen Kulturstufe; aber als sie die griechische Welt niedergerungen und ihre Kultur in sich aufgenommen hatten, wurden auch sie hellenisiert. Mit der Zeit bauten sich wohlhabende Römer, vom Klima und der herrlichen Lage des Golfs von Neapel angezogen, ihre Landhäuser in der Nähe der Städte Pompeji, Herkulaneum, Bajä und Misenum als Sommersitz oder zum dauernden Aufenthalt, und hier begegnen wir denn auch Plinius und seinem Neffen, seinem Freunde Pomponianus und der Rectina.

Von beiden Städten, die uns beschäftigen, war Pompeji die weitaus größere. Ihre Bevölkerung wird wechselnd auf fünfzehn- und zwanzigtausend Einwohner geschätzt. Diese Schwankung in der Bevölkerungsziffer mag daher rühren, daß die wohlhabenden römischen Feriengäste meist ein Heer von Sklaven und Dienstpersonal mitbrachten, und daß sie zahlreiche Händler und Handwerker in die Stadt zogen. Das große Theater zu Pompeji, in dem die Gladiatorenkämpfe und Tierschauen stattfanden, faßte zwanzigtausend Personen; das läßt vermuten, daß die Spiele zahlreiche Zuschauer aus benachbarten Städten anlockten, auch erklärt es die große Anzahl von Herbergen und Wirtshäusern, die in Pompeji ausgegraben worden sind.

Pompeji war auf einem einzelstehenden Hügel gebaut, der in sehr früher Zeit von einem Vulkanausbruch gebildet worden war. Er befindet sich etwa 5 Meilen südöstlich des Vesuvs. Herkulaneum liegt in einiger Entfernung von ihm an der Küste. »Während Herkulaneum« schreibt Corti, »zunächst nur einen hübsch gelegenen Durchgangsort darstellte, ergab sich bald, daß Pompeji, etwas weiter landeinwärts auf einem Lavahügel und an der Mündung des schiffbaren Sarnus gelegen, mit seinen Möglichkeiten eines Hafens und als Knotenpunkt wichtiger Straßen durchaus geeignet war, eine bedeutende Handelsstadt zu werden. So wandten die Griechen diesem Platz ihr Interesse zu.«

Es ist hier nicht der Raum, diese beiden Städte, über die es zahlreiche Publikationen gibt, im einzelnen zu beschreiben. Dem Leser empfehle ich als einen der bestgeschriebenen und lesenswertesten Berichte das Buch von Egon Caesar Conte Corti »Untergang und Auferstehung von Pompeji und Herkulaneum«, das 1940 in Deutschland erschienen ist.

Eine Krähe hackt der andern kein Auge aus, und ich vermeide es, die Arbeiten von Kollegen zu kritisieren, die auf dem gleichen Felde ackern wie ich, besonders wenn sie von Fachleuten stammen, deren Kenntnisse den meinen überlegen sind. Aber allzuviele dieser Veröffentlichungen leiden doch meiner Ansicht nach darunter, daß sie gegenüber dem wirklichen Bild von Pompeji die Augen verschließen, das den unvoreingenommenen Betrachter fesselt: seiner kraftvollen Erotik und seiner geradezu vulgär anmutenden Vitalität. Von allen »toten« Städten ist Pompeji weitaus die lebendigste. Aber trotzdem haben manche Autoren diese unglückliche Stadt noch einmal mit Haufen von staubigem Tatsachenmaterial aus Bäckereien und Wäschereien zugedeckt, das mindestens so schwer auf ihr lastet, wie der Lavastaub, der sie das erstemal begrub. Wenn sie, sehr am Rande nur, die mehr irdischen Manifestationen pompejanischen Lebens zur Kenntnis nehmen, die ihnen aus jedem Fresko oder einem in die Mauer geritzten Phallus entgegenblicken, tun sie es entweder mit einer schamhaften Keuschheit oder einer Ziererei, die einen in Wut versetzen könnte, wenn sie nicht so albern wäre. So zum Beispiel Carrington in seiner BBC-Fernsehsendung vom 18. September 1956:

»Da gab es auch dunkle Gäßchen, in denen die Verworfenheit umherschlich, und am Ende einer dieser düsteren Straßen stand ein zweistöckiges Haus... wichtig für die Pompejaner als Unterkunft von Damen mit gefährdeter Sittlichkeit...«

Und dann hastet er, seine und unsere Blicke von diesem Bild abziehend, zu den Bädern weiter und sagt:

»Weniger zu tadeln dagegen ist die römische Liebe zur Körperpflege...«

Über die amüsanten Sgraffiti, die das Volk von Pompeji an jeder nur erreichbaren Stelle mit Kreide oder Griffel an die Mauern gekritzelt hat, schreibt Professor Mauch:

»Die kultivierten Männer und Frauen der alten Stadt hatten nicht die Gewohnheit, ihre Namen in den Mauerputz zu schreiben oder ihre Gedanken und Erinnerungen den Wänden anzuvertrauen – wir dürfen annehmen, daß diese Schreiber nicht zu den Stützen der Gesellschaft gehörten.«

Wir wollen es gerne annehmen. Aber die »kultivierten Männer und Frauen« hinterließen Aufzeichnungen, Briefe und Chroniken, die zu lesen uns freisteht. Unsere Kenntnis des einfachen Volkes aber verdanken wir solchen Inschriften – »Ausdrücke des Infantilismus« nennt sie ein anderer Wissenschaftler –, und sie sind dafür nicht so langweilig wie mancher wichtigtuerische römische Wälzer, dessen trübe Beobachtungen nun keusch zwischen die Deckel einer zeitgenössischen Publikation gebunden sind.

Ich habe ernstlich den Verdacht, daß einer der Gründe für diese akademische Enthaltsamkeit in der Mißbilligung zu suchen ist, die einige Gelehrte – wenn auch gottlob nicht alle! – den in den bewußten pompejanischen Sgraffiti zum Ausdruck kommenden menschlichen Lebensäußerungen entgegenbringen. Da steht zum

Beispiel, von Nachtschwärmern mit Kreide vor etlichen 1800 Jahren an die Wand einer Kneipe geschrieben:

»Sei gegrüßt! Wir sind tapfere Zecher! Wenn Du kommst, zahl' die Rechnung!«

Diese Inschrift erscheint gleich dreimal, und immer von demselben Eupor unterschrieben, der offenbar die Seele dieses Gelages war. Eine andere über ein Fresko geschrieben, das eine Kneipenszene schildert, sagt:

»Fluch über dich, Wirt! Wasser verkaufst du uns für Wein und säufst den ungemischten selber!«

Eine der interessantesten Monographien über diese Sgraffiti ist »Das Volk von Pompeji« der amerikanischen Wissenschaftlerin Helen H. Tanzer[61]. Aber es gibt noch einige andere, die ich im angehängten Quellennachweis aufgeführt habe. Sie alle enthalten wertvolle Informationen, besonders Carringtons »Pompeji«, aber nur Cortis Werk verbindet meiner Meinung nach Fachkenntnis und wissenschaftlichen Ernst mit einer flüssigen und überraschend lebendigen Schreibweise. Es gehört zu denen, die erfreulich frei von der Dünkelhaftigkeit einer vorgefaßten Meinung sind.

Der Besucher, welcher Pompeji von Süden her durch die Porta Marina betritt, muß eine steile, gepflasterte Straße hinaufsteigen, in die Wagenräder tiefe Spuren gegraben haben. Dann kommt er zum Forum, an dessen Ende die mächtigen Überreste des Saturntempels stehen. In der Nähe erhebt sich die Basilika, ein imposanter von Säulen getragener Bau, der zur Römerzeit als Gerichtsgebäude und Stadthaus diente. Hier wickelten sich alle öffentlichen Geschäfte der Stadt ab, und man kann sich die Pompejaner vorstellen, wie sie in ihre weißen Togen gehüllt unter den schattigen Kolonnaden lustwandelten, oder von den fliegenden Händlern, welche sich auf den öffentlichen Plätzen drängten, Süßigkeiten erhandelten. Eine Wandmalerei in einem der größeren Wohnhäuser zeigt eine solche Szene. Ein alter Mann ist neben seinem Tablett mit Naschwerk eingeschlafen. Ein junger Bursche, von einem Mann, vielleicht seinem Vater, begleitet, ist dabei, sich etwas auszusuchen, während ein anderer Bursche, wahrscheinlich der Sohn des Händlers, dessen Schulter berührt um ihn zu wecken.

Von dieser erhöhten Stelle aus geht der Blick des Besuchers über die rebenbedeckten Nordhänge des Vesuvs und in die ringsum lachende Campagna, die der sanften Krümmung des Golfes folgt. Die Sonne brennt, das Meer ist blau wie der Himmel, zwischen den blendend weißen Säulen lagern tiefe Schatten. Alles, was wir fühlen, wenn wir das Wort »mediterran« hören, ist in den Mauern dieser einst so regsamen kleinen Stadt eingefangen und ihre Bewohner, redend, lachend, disputierend, Handel treibend und klatschend scheinen uns unter diesem freundlichen Licht so viel näher als die langverstorbenen Menschen von Babylon oder Hattusa.

Vom Forum führt den Beschauer der Weg zu einer Kreuzung. Hier durchschneidet eine der bedeutendsten Straßen, die Strada di Nola, von Nordosten nach Südwesten den Stadtkern. Eine weitere, die »Straße des Überflusses«, läuft parallel zu ihr nach Südosten, und eine dritte, die Strada Stabiana, kreuzt sich mit beiden und verläuft in Nordwest-Südost-Richtung. Zwischen diesen Hauptverkehrsstraßen dann das Netzwerk der kleineren, einige von Läden, Wirtschaften und Handelshäusern, andere von Landhäusern unterschiedlicher Größe flankiert. Das Äußere dieser Privathäuser hat eher etwas Abstoßendes: hohe Mauern, von einem Eingang mit Pförtnerloge durchbrochen und wenige Fenster in der Front. Aber im Innern sieht der Besucher eine Flucht von Zimmern, um einen quadratischen Innenraum geordnet, dem eine Deckenöffnung Licht gibt und dem Regen gestattet, in ein im Mittelpunkt angebrachtes Becken zu fallen – das sogenannte Impluvium. Durch diesen Raum und eine weitere Türe gelangt er in das Peristyl, einen Hof, der mit Blumen und Ziersträuchern bepflanzt und von schattigen Säulenreihen umgeben ist, zwischen denen sich weitere Räume auftun. Noch weiter – falls es sich um eines der größeren Häuser handelt – kommt er in den Garten, in dem zwischen Blumenbeeten die Gestalten von Nymphen und Satyrn aufleuchten und bisweilen ein Springbrunnen plätschert.

Die Stadt war ursprünglich von einer Ringmauer eingefriedet, aber seit die Römer sich im Jahr 80 v. Chr. dort seßhaft gemacht hatten, war keine Verteidigung mehr nötig und Landhäuser wurden außerhalb der Stadtmauer gebaut, vornehmlich an der Südseite des Hügels, mit Blick auf das Meer.

Von den Toren der Stadt sind neun erhalten, wie das Seetor, durch das wir eingetreten sind, das Stabianer Tor am südöstlichen Ende der Strada Stabiana, das Vesuvtor, am gegenüberliegenden Ende der gleichen Straße, das Nolaner Tor am Nordausgang der Strada di Nola und andere. Innerhalb des Mauergürtels lag in der Nordostecke der Stadt das große Amphitheater, und dieser Bezirk scheint hauptsächlich von Leuten bewohnt gewesen zu sein, die bei den Spielen beschäftigt waren, so von Gladiatoren, die gemeinsam mit ihren Lehrern in geschlossenen Anstalten wohnten, und den Tierwärtern mit ihren Tieren.

Abgesehen davon, daß Pompeji der Wohnsitz begüterter Römer und in der Stadt reich gewordener Geschäftsleute war, stellte es einen bedeutenden Handelsplatz dar. Der berühmte Falerner Wein kam von den Rebgärten der Vesuvhänge, auch gab es geringere Sorten, die gleichfalls exportiert wurden. Dann waren da die ausgedehnten Olivenhaine – sie existieren heute noch –, und Olivenöl war eines der Haupterzeugnisse der Campagna. Vulkanische Asche gibt einen fruchtbaren Boden, und so gediehen hier Getreide, Früchte und Gemüse, und Pompeji besaß einen speziellen Gemüsemarkt. Vieh- und Geflügelzüchter sorgten für wohlbesetzte Tische der pompejanischen Feinschmecker. Der stärkste Eindruck, den man von Pompeji bekommt, ist der eines reichen, müßigen Schlemmerlebens unter brennender Sonne, mit einem Überfluß von Speisen, Weinen und andern sinnlichen Genüssen, die man unbefangen kostete.

Der nächste Eindruck ist der einer gewissen Gewöhnlichkeit. Die Fresken und Bildwerke, die Dekorationen pompejanischer Häuser sind von unterschiedlicher Qualität, aber selbst die besten erscheinen neben den Werken der Griechen ziemlich armselig und zweitrangig, und man darf annehmen, daß das griechische Pompeji in ästhetischer, wenn auch nicht in sanitärer Hinsicht dem der römischen Nachfolger weit überlegen gewesen ist. Hat die pompejanische Kunst auch etwas Neureiches an sich, so vermittelt sie doch ein sehr lebensvolles Bild vom römischen Provinzleben im ersten nachchristlichen Jahrhundert.

Das alte Babylon oder Ninive sich wieder bevölkert zu denken, erfordert viel Phantasie, besonders wenn man kein Archäologe ist. Pompeji und Herkulaneum dagegen bereiten hierin auch dem Laien keine Schwierigkeit. Die Mauern der Häuser waren in vielen Straßen noch beträchtlich gut erhalten, und wo die oberen Stockwerke durch den Ausbruch eingestürzt waren, haben italienische Archäologen sie sehr getreu wieder erstellen können. Noch geht man über dieselben Pflaster, die auch die Pompejaner betraten, steigt man über die gleichen Schrittsteine, die den Fußgänger die tiefen Radspuren vermeiden ließen und ihn bei schlechtem Wetter vor dem Straßenschmutz schützten. Die Läden, in denen der

Pompejaner seine Lebensmittel und Kleider kaufte, die Schnellgaststätten, in denen er vor dem Theater noch einen Imbiß zu sich nahm, die Restaurants und Weinhandlungen sind noch alle zu sehen. Die öffentlichen Bäder mit ihren Heiß- und Kalträumen, die Umkleidekabinen mit ihren Kleiderablagen, die Schwimmbecken und Trainingsgelände waren viel benutzte Einrichtungen. In den Gärten der Landhäuser blühen noch die gleichen Arten von Blumen, die einst der pompejanische Besitzer gepflanzt hatte. Das ließ sich nachweisen, da die Wurzeln der damaligen Pflanzen ihre Spuren in der vulkanischen Asche hinterlassen hatten und es den Botanikern ermöglichten, sie zu bestimmen. Die gleichen Sorten hat man dann später einfach nachgepflanzt.

Ein erster Besuch in Pompeji wird zu einem einmaligen, unheimlichen, ja alarmierenden Erlebnis. Nirgendwo sonst in der Welt, außer noch in Herkulaneum, bekommt man solch einen unmittelbaren Kontakt mit der vergangenen Zeit. In einem engen Gäßchen tritt man durch ein Tor und steht in einer Bäckerei. Man sieht die Kornmühle, zwei schwere Steine, von denen der untere konisch, der obere etwa wie ein Stundenglas geformt und in den unteren eingepaßt ist. Das Mahlgut wurde von oben her eingefüllt, und Esel, die auf einer kreisförmigen Plattform rundum liefen, setzten den oberen Stein in Bewegung. Nahebei ist der Stall für die Tiere, befinden sich der Knetraum, die Backöfen und ein Vorratsraum für die fertigen Brote. Es gab zwanzig solcher Bäckereien in Pompeji und man hat in einigen noch verkohlte Brotlaibe gefunden. Sie waren gewöhnlich rund und an der Oberseite kreuzweise eingekerbt wie große Semmeln. Man geht ein paar Schritte weiter und betritt eine Walkmühle, in der – es war obligatorisch – die pompejanischen Togen gewaschen und rohe Gewebe vom Stuhl weg zuerst in Kufen gewalkt, dann mit Walkererde behandelt und gespült und mit Schwefel gebleicht wurden, ehe sie in den Handel kamen. Die Kufen, die zu diesen verschiedenen Vorgängen benutzt wurden, sind die gleichen wie jene, die in einer römischen Villa zu Chedworth in England gefunden worden sind.

In mancher Hinsicht war das pompejanische Leben des ersten Jahrhunderts n. Chr. dem einer italienischen Provinzstadt von heute recht ähnlich. Man beachte zum Beispiel die große Zahl von Cafés, Gaststätten und Bars. Ich ziehe das Wort »Bar« der »Weinhandlung«, wie sie in den Reiseführern genannt werden, vor. Eine Bar ist ein Lokal, in dem Getränke zur Konsumation im Hause oder nach auswärts abgegeben wurden. So war die römische *Taberna* mit dem einzigen Unterschied, daß sie noch zusätzliche Räumlichkeiten hatte, in denen auf Verlangen Mahlzeiten gereicht wurden. Sie hatte die übliche Bartheke, und einige Wandbilder zeigen, wie die Gäste in einem solchen Lokal bedient worden sind. Eines von ihnen zeigt einen Soldaten mit seinem Speer und darüber stehen die Worte: ADDE CALICEM SETINUM, zu deutsch: Gib mir einen Becher Setinischen. Setinischer Wein war Importware, und so wollte sich denn offenbar der Kriegsmann nicht mit gewöhnlichem Landwein begnügen.

Wieder auf einem anderen Bild ist eine Kellnerin zu sehen, die den Gästen mit der Bemerkung einschenkt: Hier, diesen kannst Du für ein Ass (kleine Münze) trinken, aber wenn Du das Doppelte zahlst, bekommst Du eine bessere Sorte, und für das Vierfache kannst Du Falerner haben. Schließlich zeigt eines einen Wirt, der zwei Betrunkene mit den Worten aus dem Haus wirft: ITIS FORAS RIXATIS, die man etwa so übersetzen kann: Hinaus mit Euch, Ihr könnt Euch draußen prügeln!

Auch an ägyptischen Fundstellen entdeckte man ähnliche Darstellungen aus dem Alltag, aber in Pompeji befindet man sich unmittelbar im Milieu der Kaufleute, Soldaten, Gladiatoren und Tanzmädchen; Dresseure zechen nach der täglichen Arbeit, schließen Wetten auf ihre Lieblingstiere ab, foppen den Wirt, klopfen der Kellnerin auf den Rücken und werden sich langsam aber sicher betrinken. Und wenn dann der Mond über dem Vesuv heraufsteigt, grölen sie gewiß Lieder, die den Professor Mau in seiner Ansicht bestärken, daß sie »nicht zu den Stützen der Gesellschaft gehören«.

Vermutlich war es nach einer solchen Nacht in einer Taberna, als ein unbekannter Pompejaner an die nächstbeste Mauer schrieb: »Hier stand die Romula mit dem Staphyklus.« Ganz wie zu unserer Zeit schrieben die Verliebten ihre Namen an die Wände, und manchmal fügten sie noch recht schlechte Verse hinzu, die unseren heutigen Gassenhauern ähneln und sicher auch aus damaligen Schlagern stammten. Hier eine Probe:

> Eher verbietet dem Wind man das Wehen
> und bringt ein fließendes Wasser zum Stehen,
> als Verliebte dazu, die Liebe zu schmähen.

Nicht alle an die Mauern Pompejis gekritzelten Verse sind so banal wie dieser. Da gibt es Stellen aus Ovid, Lukretius, Propertius und Virgil, und oft sind sie falsch zitiert, wenn den Schreiber sein Gedächtnis im Stich ließ. Namen von Göttern und Göttinnen erscheinen, Erinnerungen an griechische Mythen und gelegentlich sententiöse Betrachtungen wie diese: »Ein kleineres Übel wächst, wenn man's mißachtet.« Schulkinder leisteten ihren Beitrag auf den niedrigeren Stellen der Mauern. Eines von ihnen hat in seiner unbeholfenen kindlichen Schrift sorgsam das Alphabet hingemalt, und ein anderes die Wochentage daneben geschrieben: SOLIS-LUNAE-MARTIS-JOVIS und so weiter. So kindisch uns diese vielen Kreidenotizen und Putzkritzeleien auch gelegentlich anmuten mögen, eines beweisen sie, nämlich, daß auch der geringste Bürger ein gewisses Maß von Bildung besaß. Helen Tanzer bemerkt: »Jeder konnte lesen und beinahe jeder schreiben, und schrieb.« Das erhellt eine Inschrift, die ein Witzbold an die Hauswand schrieb: »Jeder schreibt hier auf die Mauern – nur ich nicht!«

Auch zur Wahlpropaganda wurden die Mauern benutzt. Pompeji wurde von einem zivilen Rat regiert. Seine Mitglieder, sie hießen *Quinquennales,* wurden alle fünf Jahre neu gewählt. Offensichtlich war es gerade solch ein Wahljahr gewesen, als das Unheil über die Stadt hereinbrach, denn an den Mauern liest man noch die glühenden Anpreisungen der verschiedenen Kandidaten und Namen und Berufe derer, die ihre Wahl unterstützten. Diese Inschriften sind für uns besonders interessant, weil einige von den vielen Berufen und Gewerben darin auftauchten, die in Pompeji zu Hause waren. Da liest man von Farmern, Maultiertreibern, Gastwirten, Bäckern, Fischern, Schuhmachern, Färbern und Wäschereibesitzern, von Pförtnern, Soldaten und Gladiatoren.

Lebensmittelgeschäfte gab es in großer Zahl. In einem hat der Inhaber oder die Inhaberin ein Warenverzeichnis hinterlassen, in dem Öl, Wein, Käse, Gemüse und Brot aufgeführt sind. Es gab auch spezialisierte Händler, wie etwa die *Aliarii,* die Knoblauch verkauften, oder die *Galinarii,* die Geflügelhändler. Wie heutzutage wurden damals schon in Pompeji gesottene Eier zum Frühstück gegessen, und in einem vornehmen Haus fanden die Archäologen ein silbernes Frühstücksgeschirr mit silbernem Tablett und zwei Eierbechern.

Die Weinhändler lieferten ihre Ware nicht nur an die Wirtshäuser und Privathaushalte, sondern sie exportierten auch, besonders den *Vinum Vesuvinum*, der an den Hängen des Vesuv gedieh. Plinius meint zwar, der Pompejanische mache Kopfschmerzen. Andere Weine wurden aus Taormina und Sorrent importiert.

Die *Taberna* habe ich bereits erwähnt. Sie ist unserem heutigen Café zu vergleichen. Es gab aber auch andere Lokale, in denen der Pompejaner Essen, Unterkunft und Unterhaltung finden konnte. Man begegnet ihnen häufig in der wiedererstandenen Stadt, die *Hospitiae* oder Hotels mit Schlaf- und Speisezimmern, die *Thermopalia* oder Heißtrankschenken, deren Bartische Vertiefungen für die Suppenteller zeigen. Man konnte dort auf dem Weg ins Theater kurz einkehren, wenn die Zeit zu einem ordentlichen Abendessen im Restaurant nicht mehr reichte; man findet diese Bars nahe den Theatern in den Hauptverkehrsstraßen. Die billigsten Speisehäuser sind die *Papinae*, in denen Fleisch verabreicht wurde, das von Opferungen übrig geblieben war.

Wenn man nun einwenden möchte, ich übertriebe das gastronomische Element im pompejanischen Leben, so kann ich nur erwidern, daß alle gültigen archäologischen Beweise, die Mauerbilder, die Art der Baulichkeiten und die Gegenstände in ihnen von einem Leben erzählen, das ganz unbefangen den leiblichen Genüssen zugewandt ist. Aus diesem Material läßt sich schließen, daß der Pompejaner hauptsächlich zwei Dinge wichtig nahm, den Gewinn und das Vergnügen. »Willkommen, Gewinn« steht am Hause eines wohlhabenden Geschäftsmannes zu lesen, und die Inschrift an einem anderen begrüßt den Besucher mit den Worten: »Gewinn bringt Freude.« Und was das Vergnügen angeht, so gibt es in dem wundervollen Haus des Caius Jucundus, der am Stabianer Weg wohnte, ein Ovidzitat, das besagt: »Lang lebe der Liebende! Nieder mit dem, der die Liebe nicht kennt! Und Fluch dem, der uns das Lieben verwehrt!« Caius Jucundus war ein Freigelassener, der als Bankier ein großes Vermögen gemacht hatte, aber er war, wie Corti sagt: »bei all seinem scharfen Geschäftsgeist ein Lebenskünstler«.

Schließt man nur aus den archäologischen Beweisstücken, so scheinen die Quellen des Vergnügens in gutem Essen, gepflegten Weinen, hübschen Häusern, luxuriösen Häusern und – natürlich – der Liebe bestanden zu haben. Das trifft auf alle sozialen Schichten zu. Wer, um unten anzufangen, ein Staphyklus ohne eine Romula war oder zu arm, sich eine Geliebte zu leisten, für den gab es ein bequemes Lokal in der Nähe der Merkurstraße, das heute noch existiert. Es ist ein zweistöckiges, balkongeschmücktes Haus. Beim Eintritt bezahlte man an einem steinernen Kassentisch und durfte dann unter den gebotenen Attraktionen auswählen. Heute noch kann man die kleinen Schlafzimmer der Mädchen sehen, deren Namen über jeder Nische angeschrieben stehen. Auf den Rückwänden jedes Alkovens sind Bilder, welche die meisten Veröffentlichungen über Pompeji großzügig zensurieren oder ganz weglassen. Diese Bilder zeigen nämlich die verschiedenen Stelllungen, in denen das Liebesspiel genossen werden kann. Man hat sie pornographisch und obszön genannt. Ich finde, daß sie beides nicht sind. Wenn sie sich auf den Wänden öffentlicher Plätze oder in einem Gesellschaftsraum befänden, könnte man sie vielleicht so bezeichnen. Aber in einem Freudenhaus sind sie als eine Art funktioneller Dekoration durchaus am Platze. In ästhetischer Hinsicht sind sie freilich abscheulich, in moralischer aber ebensowenig anstößig wie die »Dortchen-Lakenreißer«-Szenen in Shakespeares Heinrich IV. Ich glaube, es ist höchste Zeit, diese heuchlerische Haltung aufzugeben.

Wer aber Geld besaß und es nicht nötig hatte, diese öffentlichen Häuser aufzusuchen, konnte sich in seiner Villa ein kleines Gelaß leisten (die Fremdenführer bezeichnen es als »kleinen Unzuchtraum«). Nach einem Gelage, zu dem auch Tanzmädchen erschienen waren, diente dies Zimmerchen dem Privatvergnügen des Hausherrn und seiner Gäste. Ein solches Zimmer ist in einer der luxuriösesten pompejanischen Villen zu sehen, dem sogenannten »Haus der Vettier«. Die Vettier waren Brüder, reichgewordene Freigelassene, die ein nobles Patrizierhaus erstanden und instandgesetzt hatten. »Die zwei Freigelassenen, die dort wohnten«, schreibt Corti, »waren Genießer ohne jede falsche Scham. Ein kleiner Raum diente zweifellos den Freuden der Venus, denn seine Wände waren mit Bildern bedeckt, die einen Verliebten zur größten Leistung anzuspornen geeignet sind«.

Das Geschlechtliche kehrt in überspitzter Gestalt in den Wandmalereien des »Hauses der Mysterien« wieder. Es ist eine weitläufige und reich ausgestattete Villa außerhalb der Mauern mit Aussicht auf das Meer. Die Geliebte des Hausherrn war eine Dionysospriesterin (oder war es wenigstens vorher gewesen), und die Wände des Hauptraumes sind mit Bildern geschmückt, die in zusammenhängenden Szenen die Stadien verschiedener Phasen der Einweihung einer Novizin schildert. »Vielleicht«, schreibt Corti,

»stellen sie die Einweihung der früheren Herrin dieses wundervollen Hauses dar, so daß sie es selber ist, die als Novizin die Hauptrolle in diesen Bildern spielt.«

In der ersten Szene liest ein nackter Knabe, vielleicht ein Hermaphrodit, von einer Papyrusrolle die Regeln der Mysterieneinweihung ab. Die nächste zeigt eine Priesterin, welche eine Schale mit Opfergaben einer Gruppe von drei Frauen anbietet, die im Begriff sind, irgendeinen symbolischen Ritus zu vollziehen. In der nächsten gießt eine Priesterin, dem Beschauer abgekehrt, reinigendes Wasser über einen unsichtbaren geweihten Gegenstand, ein nackter Silen spielt dazu die Lyra und ein Hirtenknabe bläst die Syrinx. In der folgenden Szene wendet sich die junge Novizin voll Entsetzen von der Gruppe ab und versucht sich in ihrem Schleier zu verhüllen. Dann sieht man das gleiche Mädchen, nackt nun, wie es den Kopf auf die Knie einer Priesterin legt; hinter ihm steht eine Gestalt mit erhobener Geißel. Während die Auspeitschung vollzogen wird, tanzt eine bereits eingeweihte Bacchantin vor der Novizin, wie um ihr die Freuden darzustellen, die sie nach bestandener Prüfung erwarten. Ihren Höhepunkt erreicht die Szenenfolge im nächsten Bild. Hier wird der geweihte Phallus, das Symbol der männlichen Zeugungskraft, enthüllt.

Die größten öffentlichen Veranstaltungen fanden im großen Amphitheater statt, das auf Kosten der wohlhabenderen pompejanischen Bürger erbaut worden ist. Hier waren die blutigen Gladiatorenkämpfe zu sehen, oder die Kämpfe von wilden Tieren, die gegeneinander oder auf Menschen gehetzt wurden.

Außer dieser Arena gab es aber auch noch zwei regelrechte Theater. Das größere der beiden faßte 5000, das kleinere 1500 Besucher. Es gibt Freskodarstellungen aus Szenen der Komödien, die im größeren Theater gespielt wurden, aber leider lassen sich weder diese Szenen noch die Stücke, aus denen sie stammen, einwandfrei feststellen. In einem dieser Bilder könnte man vielleicht eine Szene des »Miles Gloriosus« (der Prahlerische Soldat) des Plautus vermuten, denn ein maskentragender Schauspieler hält einen Speer in der Hand, und ein anderer, gleichfalls maskierter, nähert sich ihm. Zu beiden Seiten dieser Szene sitzen gelangweilt dreinschauende Gestalten, die Stöcke tragen. Helen Tanzer vermutet, daß sie »keine Mitglieder des Ensembles, sondern Polizisten sind, die in Proszeniumslogen vor den Zuschauern saßen«. Ein anderes Gemälde zeigt eine Tanzszene, in der vier Darsteller agieren, während ein weiterer das Tamburin schlägt, einer die Klappern bedient und wieder andere auf einfachen und Doppelflöten blasen.

Die Namen verschiedener pompejanischer Schauspieler erscheinen in den Inschriften. Der beliebteste hieß Paris, ein anderer Actius. Ein Abschiedswort an diesen lautet: »Actius, Liebling des Volkes, kehre bald zurück, und leb wohl!«

Noch größerer Beliebtheit scheinen sich aber die Gladiatoren erfreut zu haben. Da trägt einer zum Beispiel den Beinamen DOMINUS PUPARUM, also etwa »Gebieter der Schönen« und ein anderer wird SUSPIRIUM PUELLARUM genannt: »Mädchenseufzer«.

Ankündigungen bevorstehender Darbietungen im großen Amphitheater hatten etwa folgenden Wortlaut:

»Die Gladiatorentruppe des Suettius Centus gibt in Pompeji am 31. Mai eine Vorstellung.«

»Es findet eine Tierschau statt.«

»Es sind Sonnensegel gespannt.«

Der Spielplan des kleineren Theaters ist nicht bekannt, doch scheint er mehr auf die intellektuellen Kreise der Stadt abgestimmt gewesen zu sein, und die Kategorien der drei Bühnen dürften vielleicht eine Parallele in unseren heutigen Varietés, Schauspiel- und Kammerspielhäusern haben.

Herkulaneum hatte nur ein Sechstel vom Umfang Pompejis. Es war bedeutend schwerer auszugraben, da es, wie ich schon erwähnt habe, unter einer Tuffschicht von 20 Meter Tiefe verschüttet liegt. Sein einziger Erwerbszweig war die Fischerei. Angeln, Netze, Leinen und Schwimmer wurden in großer Anzahl gefunden. Die wirtschaftliche Bedeutung der Stadt war nicht groß, und so war vermutlich auch ihr politisches Leben nicht sehr rege, da, wie Carrington bemerkt, kein einziger Wahlaufruf entdeckt worden ist. Die Straßen waren enger, sie zeigten keine Räderspuren, und so war offenbar Herkulaneum ein recht stiller kleiner Ort.

Ein Theater war auch hier vorhanden. Es wurde bereits 1750 entdeckt. Es kann nur durch unterirdische Gänge erreicht werden und es ist heute elektrisch beleuchtet. In einem der Landhäuser, die ebenfalls im 18. Jahrhundert ausgegraben wurden, hat man gute hellenistische und griechische Bronzen gefunden, die nun im Museum zu Neapel stehen. Im gleichen Haus stießen die Ausgräber auf einen seltenen Fund: nahezu 2000 Papyrusfragmente. Nachdem man sie aufgerollt und entziffert hatte, zeigte sich, daß sie den größten Teil der epikuräischen Philosophie, hauptsächlich in griechischer Sprache, enthielten.

»Das Überwiegen der Werke des Philodemos in dieser Sammlung ließ bei einigen Fachleuten den Gedanken aufkommen, es habe sich um die eigene Bibliothek des Philosophen gehandelt, und daß das Haus seinem Gönner Calpurnius Caesonius, dem Schwiegervater Cäsars, gehört haben könnte[62].«

Seit 1927 hat man neue Ausgrabungen in Herkulaneum vorgenommen, bei denen mehrere Häuser und öffentliche Bäder freigelegt worden sind. Der vielleicht interessanteste Fund war der eines Mietshauses von 7 Meter Höhe. Es ist holzverschalt und um einen kleinen Innenhof gebaut. In seiner Front ist ein Portikus, der eine Altane trägt. Unter ihr befinden sich drei Eingänge. Einer davon führt zu einer schmalen Treppe, über die das Obergeschoß zu erreichen ist, der zweite zu den Zimmern des Erdgeschosses, und der dritte zu einem Laden, der mit den unteren Räumen in Verbindung steht. Es war also kein herrschaftliches, sondern ein gewöhnliches Mietshaus.

In einem Zimmer des Oberstockes traf man noch die ursprüngliche Möblierung an, ein hölzernes Bett, einen Tisch und einen Schrank. Dieser bescheiden eingerichtete Raum mag ein kombiniertes Wohn- und Schlafzimmer gewesen sein. Ein größeres, nach der Straße zu gelegenes Zimmer mit Ausgang auf die Altane kann vom Eigentümer selber bewohnt gewesen sein. Man fragt sich, was aus ihm und seinen Mietern geworden sein mag, nachdem sie diese »komfortabel eingerichteten Wohnungen« verlassen und all ihre Habe im Stich lassen mußten.

Die meisten Einwohner von Herkulaneum hatten sich noch retten können, während in Pompeji 2000 zugrunde gegangen sind, obgleich die meisten, deren Skelette man gefunden hat, noch Zeit gefunden hatten, sich irgendeine schützende Unterkunft zu suchen. Man hat sie in Kellern, unter den Säulenreihen, in den Toreinfahrten und in öffentlichen Unterkünften entdeckt.

Die Stadt ist nicht durch Lavaströme vernichtet worden, welche die Häuser vollkommen zerstört hätten, obschon Lava ausgeworfen wurde, als Plinius Feuer an den Hängen des Berges sah. Die Lava hat die Stadt offenbar nicht erreicht. Im Jahr 1944 habe ich die unteren Hänge des Vesuvs erstiegen und bin über ausgekühlte Lava geklettert, die wie Berge von Ofenschlacke aussah.

In Mexiko sah ich dagegen einen gut 15 Meter hohen Lavastrom, der mitten durch eine große Kirche geflossen war und nur die Türme an der einen und den Hochaltar an der anderen Seite verschont hatte. Ihre zentnerschweren, zackigen Klumpen ähnelten Eisen und gaben beim Zerschlagen einen metallischen Ton. Solch eine Masse würde das Parlamentsgebäude zusammengedrückt haben, geschweige denn die vergleichsweise leichten Bauten Pompejis.

Die Stadt war vielmehr von *Lapilli* begraben worden, kleinen Lavateilchen, die schon im Innern des Berges durch die gewaltige Reibung der Eruption zerkleinert und in die Luft geworfen worden sind. Ihre Größe wechselt zwischen der einer Walnuß und feinem Aschengrus. Sie haben die Stadt nicht in Brand gesetzt, sondern erstickt.

Die Beschreibung des Plinius ist schon entsetzlich genug, aber er war immerhin nicht in Pompeji als es geschah, sondern in einiger Entfernung in Misenum. Was die Pompejaner selber erlebt haben, kann man sich nur angesichts der gräßlichen Funde vergegenwärtigen, welche die Ausgräber in den verschütteten Straßen gemacht haben. Am besten zitiere ich aus Cortis großartigem Kapitel, welches das Unglück aus genauen Untersuchungen und zeitgenössischen Berichten rekonstruiert.

»Am 24. August geschah plötzlich ein furchtbarer Donnerschlag. Die ohrenbetäubende Detonation kam aus der Richtung des Vesuvs, dem sich die entsetzten Blicke Aller zuwandten. Mit einem Male spaltete sich die Spitze des Berges und zugleich mit dem Donner schien Feuer aus seinem Innern hervorzubrechen. Aber die Glut erlosch alsbald und eine ungeheure schwarze Rauchwolke stieg in den Himmel auf, in großer Schnelligkeit folgte eine Detonation der anderen, schwarze Steinsäulen zerbarsten hoch in der Luft und stürzten zu Haufen auf die Erde. Und plötzlich, keiner wußte woher, war überall rasender Regen aufgekommen, untermischt mit Steinen, Erdklumpen und kleinen Stükken von Bimsstein, und großen Brocken, die wie Bomben fielen, und dies alles zusammen so massenhaft und pausenlos, daß es die Sonne verfinsterte. Mit einem Schlag war es am hellen Mittag Nacht geworden, und nur zeitweilig erhellten Blitze die grauenvolle Szenerie. Tot oder betäubt stürzten die Vögel aus der Luft und die wütende See trieb tote Fische an das Land.«

Zuerst wurde Herkulaneum verschlungen, von »einer rollenden Mauer von Schutt, die eine Höhe von 10 bis 15 Meter erreichte und alles überflutete, Häuser und Tempel unter sich begrub und die Keller zuschüttete. Es gab nur eines: so schnell wie möglich zu fliehen... Wer Roß und Wagen besaß, schwang sich hinauf, peitschte die Pferde, versuchte mit hocherhobenen Fackeln den Weg aufzuhellen und floh. Fort, fort ans Meer oder nach Neapel«.

Dann war die Reihe an Pompeji, aber hier verlor man kostbare Zeit, weil die Katastrophe nicht so unmittelbar deutlich wurde. Viele, die mit Entsetzen die Konvulsionen des Berges beobachteten, hofften und beteten, daß die Aschenwolke, die wie eine gigantische Pinie geformt in den Himmel stieg, durch den Wind von ihnen abgetrieben würde. Diejenigen unter uns, welche im 2. Weltkrieg einen Luftangriff miterleben mußten, kennen das Bestreben, sich so lange es geht an Haus und Besitz zu klammern.

Aber der Nordwest trieb die todbringende Wolke auf die Stadt zu, und nun begannen die Einwohner erst, ihr Heil in der Flucht zu suchen.

»Die Lapilli türmten sich zu großen Haufen, die leichten kleinen Klumpen drangen überall ein, während zeitweilig der Wind zehnpfündige Blöcke über die Stadt trieb. In einem Augenblick war alles verschlungen, und viele Dächer stürzten unter dem Gewicht zusammen... Während sich die Flüchtlinge durch Lapillihaufen von drei und vier Meter Höhe hindurchkämpften, mischte sich die weiße Asche mit dem erbarmungslos niederprasselnden Regen und hinderte eine geordnete Flucht, und die ratlosen Pompejaner wurden selbst auf offener Straße von den schrecklichen Schwefeldämpfen erstickt. Die feuchte Asche klebte ihnen an Händen und Füßen, und wer nicht sogleich nach dem Ausbruch die Flucht ergriffen hatte, erlitt einen qualvollen Tod.«

In dieser wilden, entsetzenerfüllten Flucht wurde alles stehen und liegen gelassen. In einem Hause briet ein Spanferkel weiter in seiner Kasserolle, in einem anderen buk das Brot noch im Ofen. Quintus und Sextus, die beiden Söhne des reichen Bankiers Caecilius Jucundus, entschlossen sich, ihr schönes Haus zu verlassen und bei ihrem Freunde Vesonius Zuflucht zu suchen. Der aber war schon auf und davon, samt seiner Familie, und hatte in der Hast vergessen, den Wachhund zu befreien, der beim Eingang zum Atrium an der Kette lag.

»Die Steine regneten durch die Öffnung des Atriums herein, und das arme Tier sprang, so hoch es seine Kette zuließ, die mit einem Bronzering an seinem Hals befestigt war, und versuchte ins

Freie zu entkommen. Schließlich wurde er elend erwürgt und lag, alle Viere von sich gestreckt, in der Agonie.«

Schon waren die Straßen mit der hastenden Menge der Flüchtigen verstopft; die meisten strebten zum Herkulaner Tor im Westen der Stadt. Nur denen, die in dieser Gegend wohnten, so dem Caius Sallustus, der ein schönes Haus an der Ecke der Merkurstraße besaß, gelang es zu entkommen.

»Nur die Herrin des Hauses scheint zuviel Zeit damit verloren zu haben, ihre Wertsachen zusammenzuraffen, sie stürzte unweit des Hauses in die feuchte, klebrige Asche der Straße, um sie her lagen ihre Juwelen verstreut, ihr Geld und ihr silberner Spiegel, und in ihrer Nähe lagen ihre drei Dienerinnen.«

Aber Steine und Asche regneten weiter aus der Finsternis, und Schwefeldämpfe brannten in den Augen und drosselten die Kehlen, und die kämpfende Menge der Männer und Frauen wurde beim Tor zusammengepfercht, wo man die Leiber der Erstickten in wirr getürmten Haufen fand.

»Einer nach dem anderen versanken sie in dem Meer von Steinen und Asche, und mancher von ihnen ging, einen Sack voll Gold und Silber auf dem Rücken, in die Ewigkeit.«

Vielleicht die furchtbarste Szene von allen wurde in einem Haus in der Gräberstraße enthüllt. Hier hatte sich offenbar eine Gesellschaft zur Totenfeier eines gerade verstorbenen Familienmitglieds zusammengefunden. Der Tod hat die Leidtragenden so schnell ereilt, daß sie sich nicht einmal mehr von ihren Ruhebetten erheben konnten, auf die sie sich zum Totenschmaus gelagert hatten. So fanden sie die Ausgräber in ihrem bildergeschmückten Eßzimmer. »Sie feierten nicht nur die Bestattung ihres Verwandten, sondern zugleich ihre eigene.«

Ein letztes Bild noch, dann verlassen wir Pompeji. Die Szene ist jenes herrliche »Haus der Mysterien«, von dem schon die Rede war, das verschwenderische Heim eines reichen Römers, dessen Gattin einmal Dionysospriesterin gewesen war. Es stand vor dem Tor, nahe am Meer, und man könnte meinen, seine Bewohner hätten sich leichter in Sicherheit bringen können als die drinnen in der Stadt. Als die Ausgräber dieses Haus freilegten, fanden sie die wunderbar erhaltene Freskenreihe, welche die Einweihung der Novizin schildert. Sie fanden aber auch die Körper von drei Frauen, die in einem der unteren Räume angetroffen wurden.

»Sie konnten nicht fliehen«, schreibt Corti, »weil die Böden und das Dach bereits eingestürzt waren, und sie waren in das Erdgeschoß durchgebrochen. Da lagen sie nun mit ihrem lieblichen Juwelenschmuck, ihren Ringen und Ketten, die ihre gebrochenen Glieder zierten, und wurden vom Schwefeldampf vergiftet. Eine von ihnen, ein junges Mädchen, umklammerte noch krampfhaft einen kleinen Bronzespiegel. Ein anderes Mädchen hatte noch den Hauseingang erreichen können, ehe ihre Kräfte sie verließen. Ein Mann, der Pförtner vielleicht, war zuerst durch die vielen Räume des großen Hauses gegangen, dann hatte er Zuflucht in seinem kleinen Wacht-Raum gesucht, um dort im finstersten Winkel zu sterben. Noch im Tod starrte er wie verzaubert auf den kleinen Finger seiner linken Hand, an dem ein eiserner Ring stak. Der war mit Chalzedon verziert, in den eine winzige Frauengestalt eingraviert war.«

12. Der heilige Brunnen von Chichen Itza

Wenn wir den Atlantik überqueren, um einen Blick auf die verlorenen Städte Mittel- und Südamerikas zu tun, begeben wir uns etwa in die Lage der Forscher des 19. Jahrhunderts, deren Abenteuer in den früheren Kapiteln dieses Buches beschrieben sind. Denn obgleich die Städte der Azteken, der Maya und Inkas viel späteren Ursprungs sind als Ninive und Babylon, entsprach die Situation der Männer, die sie entdeckten, weit mehr der eines Claudius Rich oder Henry Layard, als, sagen wir, des Sir Leonard Woolley oder Sir Flinders Petrie.

Beim Lesen einiger ihrer Bücher begibt man sich wieder in die Welt des Abenteuers, der Mühseligkeiten und Gefahren und des weitäugigen Staunens. Es soll dies nicht heißen, daß sie notwendigerweise weniger sorgfältig und wissenschaftlich in ihren Beobachtungen gewesen seien, aber es ist etwas von der Aufgeregtheit eines Schuljungen um sie, etwas, das zugleich naiv und frisch anmutet. Zur Probe lasse ich die Beschreibung folgen, die T. A. Willard vom ersten Anblick von Chichen Itza gibt, der großen Mayastadt in den Dschungeln von Yukatan, wie er ihm von seinem alten Freund Edward Thompson geschildert worden ist, der einen großen Teil seines Lebens darangewendet hat, sie auszugraben.

»Ich war tagelang gereist, zuerst im Zug, dann im Volan, dieser Teufelserfindung, die einen von Kopf bis Fuß zermürbt, und zuletzt im Sattel, über dem Kopf eines schlafwandelnden Gauls dösend. Selbst das Zauberspiel des Mondlichts konnte Leib und Geist nicht länger wachhalten. Wir trotteten mühsam weiter, Stunde um Stunde. Die Mitternacht ging vorüber, und nach, ich weiß nicht wieviel Stunden, hörte ich vor mir einen Ausruf in der Sprache der Einheimischen – er kam von meinem Führer. Aus meinem Halbschlaf aufgescheucht setzte ich mich im Sattel zurecht. Mein Indianer deutete aufgeregt voraus. Ich hob die Augen und wurde wie unter einem elektrischen Schlag wach. In der Höhe, geisterhaft im schimmernden Mondlicht, wurden auf der Kuppe eines steilen Hügels die Konturen eines Tempels von gigantischem Ausmaß sichtbar. So ungeheuer erschienen mir diese Mauern im Dämmer des heraufkommenden Morgens, daß ich nur an eine uneinnehmbare Festung hoch über dem Meer auf einem felsigen, wellenumspülten Vorgebirge denken konnte. Je mehr die Mauern bei jedem Hufschlag meines trägen Rosses hervortraten, um so mehr schienen sie zu wachsen. Ich fühlte einen beinahe körperlichen Schmerz, als ob mein Herz ein paar Schläge lang ausgesetzt habe und nun losraste, um das Versäumte einzuholen...«

So etwas ist nur vorsichtig dosiert genießbar, aber schon nach wenigen Seiten fühlt der Leser das Bedürfnis, nach einem Buschmesser zu greifen und den allzu üppigen Wuchs von Herrn Willards Stil ein wenig zu säubern. Seine »Kniee zitterten«, als er »furchtsam über die Schulter äugte, und den schrecklich-majestätischen Zorn der Götter erwartete, deren Tempel hier profaniert worden war«. In seiner Einbildung erblickt er ein schönes Mayamädchen, das als Opfer für den Regengott in den Brunnen von Chichen Itza geworfen wurde.

»Und was bedeutet dieser schönverzierte Schrein, der so ehrfurchtsvoll von den stämmigen, sonnengebräunten dienenden Priestern herbeigetragen wird? Ist es eine Totenbahre, ein prächtiger Katafalk? Ist das unselige Opfer bereits tot? Ah, nein, sie lebt! Sie bewegt sich, schön, makellos, das schönste Mädchen des Landes... Schrecken ist in ihrem lieblichen Auge, eine lähmende, kalte Furcht vor dem Unbekannten... der dünne Flor ihres Gewandes läßt das zarte Fleisch und die unreifen Formen eines etwa zehnjährigen Mädchens erkennen... Ein letzter Schwung, und die Braut des Yum Chac stürzt in weitem Bogen in den Brunnen. Langsam in der Luft sich drehend, fällt der geschmeidige Körper tiefer und tiefer, bis er in 70 Fuß Tiefe die Fläche des dunklen Wassers erreicht. Ein widerhallendes Aufklatschen – und alles ist vorüber. Nur die Wellenringe verlieren sich allmählich. Die kindliche Braut hat Gnade gefunden vor den Augen des Herrn, des großen Gottes No-och Yum Chac.«

Das Bild ist genau, welches Willard gezeichnet hat, mag man auch über seine literarischen Auswüchse lächeln. Zweifellos hat sich diese Szene, die Thompson in seiner Einbildung sah und die Willard beschrieb, tatsächlich an dieser Stelle zugetragen – und nicht nur einmal, sondern viele Male. Thompson selber hat dafür einige Jahre später den Beweis erbracht, als er in einer Taucherausrüstung unter Lebensgefahr den mehr als zwanzig Meter tiefen Brunnen untersuchte. Zur Erklärung, warum und in welcher Weise dies vor sich gegangen ist, ist es nötig, zunächst von dem zu reden, was wir von der Geschichte des Mayavolkes und seiner Legenden wissen.

Die Maya, die Ureinwohner der Provinz Yukatan in Mexiko, waren das höchstentwickelte aller amerikanischen indianischen Völker. Sie besaßen ein hieroglyphisches Schriftsystem und haben Berichte auf Papier und Stein hinterlassen. Ihre Religion hatte viel Verwandtes mit der ihrer nördlichen Nachbarn, den Azteken. Sie beteten wie diese die Sonne und Elementargötter an, sie errichteten wie die Azteken große Tempel und Pyramiden und brachten Menschenopfer dar. Ihr kulturelles Niveau entsprach etwa dem der anderen großen Indianerstämme, deren Sprache der ihrigen verwandt ist. Auch ihre Waffen und Werkzeuge, aus Stein und Holz gefertigt, ähneln einander. Die Maya waren aber ursprünglich ein ackerbautreibendes Volk, während die Azteken kriegerisch waren.

Es ist sehr viel schwerer, der Geschichte dieser amerikanischen Indianer nachzuspüren als der Ägyptens oder Westindiens. Bis zur Ankunft des Columbus hatte in Europa noch kein Mensch etwas von ihnen gehört. Als ein Jahrhundert später die spanischen Conquistadores ins Land kamen, waren sie mehr darauf bedacht zu plündern als die Güter der alten Kultur zu behüten, die sie entdeckt und schnell zerstört hatten. So sehr man auch den Mut eines Cortez und seiner Abenteurer bewundern mag, ihr Weg ist so von Greueltaten und Grausamkeiten gekennzeichnet wie nur irgendeiner in der blutbefleckten Geschichte der Menschheit.

Man kann zu ihrer Entschuldigung sagen, daß auch die Maya grausam waren, und daß sie zum Beispiel Menschenopfer darbrachten. Von diesen heidnischen Gebräuchen entsetzt, bekehrten die spanischen Priester im Gefolge der Eroberer die Maya zur barmherzigen Religion des Christentums. Die Methoden, die sie dabei mitunter anwendeten, kennzeichnet der folgende Auszug aus einer Mayachronik.

»Damals begannen sie das Christentum zu predigen, das in unserem Land herrschen soll... damals begannen das Erhängen und das Verbrennen unserer Finger. Dann kamen die Fesseln und die Stricke in die Welt. Dann gerieten die Kinder unserer jüngeren Brüder unter die Härte der gesetzlichen Forderungen und Tribute.

Dann wurden die sieben Sakramente des Wortes Gottes aufgerichtet. Laßt uns unsere Gäste herzlich empfangen, unsere ältesten Brüder kommen![63]«

Andererseits taten die spanischen Geistlichen zweifellos vielfach ihr möglichstes, um die schlimmsten Ausschreitungen der Soldaten zu verhindern und die Indianer vor ihnen zu schützen. Unglücklicherweise aber zerstörten sie in ihrem bigotten Eifer das meiste von den alten Schriften der Indianer, die, wären sie uns erhalten geblieben, uns ebensoviel von den Ureinwohnern Amerikas gelehrt hätten wie wir von Ägypten und Babylon wissen. Ein verbannter »Thea« schrieb in hohem Alter eine Geschichte seines Volkes in spanischer Sprache und eine Reihe von spanischen Schriftstellern hat Sitten und Gebräuche des Volkes geschildert, welches sie unterwarfen.

So bleiben diese spanischen Berichte unsere wichtigste Quelle zum Studium der Ureinwohner von Mittel- und Südamerika, und diese sind von Arbeiten der Archäologen ergänzt worden, beginnend mit Pionieren wie Edward Thompson, Teobert Maler, Désiré Charney bis auf die Forscher neuerer Schule wie Vaillant, Swanton, Spinden und andere.

Die umfangreichen wie heute noch umstrittenen Probleme der Datierung früher amerikanischer Kulturen der Azteken, Tolteken und Maya stehen hier nicht zur Diskussion. So viel mag mit Vaillant gesagt sein, daß die ersten Menschen über die Behringstraße aus Asien nach Amerika gekommen sind. Die Zeit ihres Auftretens ist nicht bestimmbar. Aber 1947 fand Dr. Helmuth de Terra in der Nähe von Tepexpan in Mexiko die Überreste eines prähistorischen Jägers »wohlerhalten und in unmißverständlicher Nachbarschaft eines der ausgestorbenen Archidiskodon-Elefanten... Dieser Mann, der in Mexiko vor fünfzehntausend Jahren von der Elefantenjagd lebte, war den ›primitiven‹ Indianern des mexikanischen Hochlandes sehr ähnlich. Aber er war ein Zeitgenosse der europäischen Höhlenmaler des Paläolithikum.«

In Amerika wie in Ägypten, Mesopotamien und dem Industal entstand die erste Zivilisation in Gegenden, wo der Mensch Pflanzen anbauen und zugleich siedeln konnte. In der neuen Welt gab es zwei solcher Zentren, in Mittelamerika und in der Andenregion Südamerikas. In diesen Gebieten erreichten die Indianer den Höhepunkt ihrer sozialen und wirtschaftlichen Kultur. Dort erlernten sie den Anbau von Pflanzen, und Vaillant sagt darüber:

»Das Hochland von Peru brachte die weiße Kartoffel hervor, aber zur Zeit der Eroberung waren die hauptsächlichsten Nahrungsmittel, Getreide und Bohnen, bereits über das ganze Land verteilt. Ob sie zuerst in Peru oder Mittelamerika kultiviert wurden, ist noch strittig. Immerhin muß man sich vergegenwärtigen, daß *keine der Pflanzen, welche die Indianer Amerikas kultivierten, vor der Besiedlung des Landes durch die Weißen, in Europa oder Afrika bekannt gewesen ist. Ihre Einführung verdoppelte die Menge der verfügbaren Nahrungsmittel der älteren Länder.*«

Eine weitere Tatsache muß in Betracht gezogen werden, vor allem, wenn wir zur Beschreibung der monumentalen Architekturen der amerikanischen Indianer kommen, nämlich die, daß diese – die Peruaner ausgenommen – noch keine Tiere zum Ziehen und Tragen von Lasten benutzten, weder Pferde und Maulesel, noch Ochsen. Zwar züchteten die Andenvölker Lamas für den Transport und zur Wollgewinnung, aber das einzige Tier, das allenthalben gehalten wurde, war der Hund, der im Norden als Tragtier und in Mexiko als Schlachttier verwendet wurde. Kuh und Schaf waren unbekannt.

Dieses Fehlen von Transporttieren mag einer der Gründe gewesen sein, aus denen keine ausgedehnten Wanderungen stattfanden und ein Bevölkerungsdruck wie der, welcher oft in der alten Welt eine Folge der Kriegszüge war, vor der Ankunft der Weißen in Amerika nicht bestanden hat. Es würde auch teilweise erklären, warum so viele Einzelkulturen und Einzelsprachen sich unabhängig voneinander entwickeln konnten. Die Maya, die Olmeten, Zapoteken, Tolteken, Azteken und Inka stammten alle von den ersten asiatischen Einwanderern in den amerikanischen Kontinent ab. Ihre Sprachen waren verwandt, ihre sozialen Einrichtungen, ihre religiösen Bräuche, ihre Kunst, ihre Kleidung, Werkzeuge und Waffen einander sehr ähnlich. Sie waren bestrebt, zusammenzuhalten, und wenn sie auch untereinander Kriege führten, »war doch die Kriegstechnik in den indianischen Zivilisationen nur schwach entwickelt, und das Töten und die Plünderungen, die mit der weißen Kolonisation um sich gegriffen haben, entstammen nicht dem ursprünglichen Staatsverhalten der Indianer«.

Eine genaue Datierung ist unmöglich, obwohl die Maya ein sehr sorgfältiges und exaktes kalendrisches System besaßen; denn es konnte bisher mit der christlichen Zeitrechnung noch nicht in Einklang gebracht werden. Man hat nach archäologischen Übereinkünften das Jahr 400 unserer Zeitrechnung als das annähernd richtige Datum für den Beginn einer selbständigen Zivilisation in Amerika angenommen. Einige der noch erhaltenen Baudenkmäler dürften aber aus wesentlich späterer Zeit stammen, etwa zwischen 800 und 1400 n. Chr.[64]

Die früheste dieser eigenständigen Zivilisationen entstand etwa gegen Ende des römischen Kaiserreichs, die späteren gleichzeitig mit dem Spätmittelalter in Europa. Die bedeutendsten Bauten der Mayahauptstadt Chichen Itza sind zum Beispiel ungefähr gleichen Alters wie die Cathedrale zu Salisbury in England.

Ursprünglich waren die Mayastädte von Yukatan, ähnlich den Städten des alten Ceylon, religiöse Zentren. Ausgedehnte Reste bestehen an vielen Orten, in Holmul, Uaxaktun, Palenque und San José; die eindruckvollsten jedoch sind die von Chichen Itza. Hier streben gewaltige Baumassen aus dem Dschungel empor, sie sind aus mächtigen, schönbehauenen Steinblöcken gebaut. Edward Thompson sah sie vor einigen sechzig Jahren zum erstenmal.

»Chichen Itza besteht eigentlich aus zwei Städten. Der ältere Teil ist von einem dichten Wald überwuchert und seine Lage nur von dem stellenweise bewachsenen Hügel gekennzeichnet, aus dem große Bäume gewachsen sind, und dessen Hänge verwittertes, gemeißeltes Gestein bedeckt. Der neuere Teil ist durch die erhaltenen Baulichkeiten eindeutig bestimmt. Der ganze Komplex des alten und neuen Teils bedeckt ein Gebiet von 12 Quadratmeilen... Der Teil, den ich als Chichen Itza bezeichne, weist zwölf Gebäude auf, deren Zustand so vortrefflich ist, als seien sie vor zwanzig oder dreißig Jahren gebaut worden. Zehn davon besitzen noch ihre ursprünglichen, schweren Steindächer und sind durchaus bewohnbar... Die einzige ersichtliche Gesamtplanung dieser Gebäude, welche Tempel, Königspaläste und solche für weltliche und geistliche Würdenträger gewesen sein mögen, besteht in ihrer zentralen Anordnung. Unterhalb von ihnen erstrecken sich meilenweit Überreste kleiner rechteckiger Fundamente, sie sind offensichtlich alles, was von den Wohnhäusern der zahlreichen Bevölkerung der Stadt übrig geblieben ist.«

Thompson kam zuerst als amerikanischer Konsul nach Yukatan. Er war von der Gegend, dem Volk und besonders von seinen alten Städten so entzückt, daß er die Hazienda (Gut), auf der Chichen Itza stand, erwarb und dort dreißig Jahre seines Lebens zubrachte, indem er die Trümmer untersuchte und ausgrub. Seine

Pionierarbeit ist inzwischen durch die der Carnegiestiftung überholt, aber sein Buch »Volk der Schlange« und das seines Freundes Willard »Stadt des heiligen Brunnens« sind voll allgemein interessierender Berichte und mit flammender Begeisterung für den Gegenstand geschrieben. Wie Schliemann, der Entdecker von Troja und Mykenae, und wie Layard in Ninive, war Thompson ein Amateur der Archäologie, wörtlich übersetzt also: ein Verliebter.

Seine Zeitangaben sind überholt – sie sind meist viel zu früh angesetzt – und manche seiner Schlüsse haben sich als falsch herausgestellt. Aber seine leidenschaftliche Hingabe nicht nur an die Baudenkmäler, sondern auch an die Legenden und Überlieferungen des Maya-Volks, unter dem er gelebt und das er geliebt hatte, gleicht diese Fehler völlig aus. Die Berichte seiner dreißigjährigen Arbeit, die er größtenteils auf eigene Kosten unternommen hat, strömen jene Menschlichkeit und jenes bedingungslose Sicheinsetzen aus, das so häufig in den Schriften späterer Archäologen vermißt wird.

Unter den alten Maya-Geschichten, die ihn so faszinierten, waren es vor allem die, welche vom heiligen Brunnen zu Chichen Itza handelten. Einer der hohen Geistlichen, die mit den Conquistadores nach Mexiko kamen, war der Bischof Diego de Landa, der ein Buch mit dem Titel »Relacion de las Cosas de Yukatan« verfaßte. In ihm berichtet er:

»Von dem Platz vor diesen Theatern (in Chichen Itza) aus führte eine breite und bequeme Straße zum Brunnen, der etwa zwei Steinwürfe weit entfernt ist.«

»Sie hatten und haben heute noch die Gewohnheit, in diesen Brunnen lebende Menschen in Zeiten der Dürre als Opfer für ihre Götter zu werfen, und sie glaubten, daß sie nicht darin stürben, obschon sie diese nie wieder sahen. Sie warfen auch manches andere hinein, kostbare Steine und Dinge, die sie liebten, und wenn dieses Land je Gold besaß, so würde der Brunnen den größten Teil davon verschlungen haben, so groß ist die Verehrung, welche die Indianer ihm zollen.«

Es gab noch andere Legenden, welche erzählten, wie zu besonderen Gelegenheiten die schönste Jungfrau des Landes als Opfer für Yum Chac, den Regengott, dessen Palast auf der Höhe des Hügels gestanden haben soll, in diesen Brunnen geworfen worden ist. Mitunter wurden die Mädchen ungefesselt in das Wasser geschleudert, und, wenn sie am Leben blieben, nach Stunden mit Seilen wieder heraufgeholt und ausgefragt. Don Diego Sarmiento de Figueroa berichtet dies in einem Schreiben aus dem Jahr 1579 an seinen königlichen Herrn, Karl V. von Spanien.

»Die Fürsten und großen Herren des Landes pflegten nach sechzig Tagen der Enthaltsamkeit und des Fastens, wenn sie bei Tagesanbruch zur Öffnung des Cenote gekommen waren, indianische Frauen, die diesen Fürsten und großen Herren gehörten, in den Brunnen zu werfen, indem sie ihnen befahlen, für ihre Herren ein günstiges Jahr für ihre Bedürfnisse und Wünsche zu erbitten.«

»Die Frauen, welche ungefesselt hineingeworfen wurden, stürzten mit großer Gewalt und lautem Getöse in das Wasser. Am späten Nachmittag wurden zu denen, die noch lebten, Seile hinabgelassen. Wenn sie halbtot heraufkamen, wurden Feuer um sie herum entzündet und Weihrauch vor ihnen verbrannt. Wenn sie dann ihre Besinnung zurückerlangt hatten, erzählten sie, drunten seien viele Leute ihres Landes, Männer und Weiber, und hätten sie empfangen. Sie scheinen, wenn sie mit den Köpfen unter die Wasserfläche gekommen waren, vielerlei Tiefen und Höhlungen gesehen zu haben, und jene, das Volk nämlich, antworteten ihnen auf ihre Fragen nach einem guten oder schlimmen Jahr, das für ihre Herren kommen sollte.«

Es gibt in Chichen Itza drei große natürliche Brunnen (Canotes) und verschiedene kleinere. In der Sprache der Maya bedeutet »Chi« = Öffnung und »Chen« = Brunnen. Die Lage der Stadt muß wohl wegen ihres Überflusses an Wasser gewählt worden sein. Der heilige Brunnen ist eine enorme Felsenhöhlung, ihr Durchmesser beträgt an der breitesten Stelle 20 Meter – ein kleiner See. Vom Rand dieser großen Höhle fällt der Felsen etwa 25 Meter tief steil ab zum Wasser, das eine Tiefe von etwa 20 Meter hat. Seine Farbe ist jadegrün, und es ist meist mit einer feinen Schicht von Kalkstaub bedeckt.

Als Thompson sich Chichen Itza zum erstenmal auf dem heiligen Weg näherte, war diese gepflasterte Straße in schlechtem Zustand, ihr Verlauf war von Baumwurzeln unterbrochen, war aber noch bis zum Rand der Quelle zu verfolgen. In ihrer Nähe, in unmittelbarer Nachbarschaft einer der beiden gewaltigen Maya-Bauten, stand ein kleines zerstörtes Gebäude, in dem offenbar die letzten Riten vollzogen wurden, ehe die Opfer in die Tiefe geworfen wurden.

Thompson entschloß sich den Brunnen zu untersuchen, um

festzustellen, ob die Überlieferungen der Maya auf Tatsachen beruhten. Er hatte sich damit eine heikle Aufgabe gestellt. Von allem Anfang an scheint er entschlossen gewesen zu sein, zu tauchen. Er hielt es für die einzig mögliche Methode, die kleinen Dinge sicherzustellen, die am Grund des Brunnens liegen sollten. Aber dazu war es nötig, erst einmal die Zusammensetzung des jahrhundertealten Schlammes festzustellen, und dazu brauche er eine Baggervorrichtung. Derweilen diese beschafft wurde, ging er nach Boston und nahm dort erst einmal bei einem Kapitän namens Ephraim Nickerson aus Long Wharf Unterricht im Tiefseetauchen.

»Unter seiner kundigen und geduldigen Anleitung«, schreibt er, »wurde ich bald ein hinlänglich brauchbarer, aber noch lange kein perfekter Taucher, wie ich später feststellen mußte. Meine nächste Aufgabe war nun, für mein Unternehmen einen ›Orangenschalenbagger‹ mit allem Zubehör, Winde, Flaschenzüge und Seile, sowie einen 30 Fuß weit schwingenden Auslader zu besorgen.«

Als schließlich die ganze Ausrüstung zu Schiff in den nächstgelegenen Hafen und auf Dschungelpfaden nach Chichen Itza gebracht worden war, montierte Thompson sie am Rand des Brunnens. Nun galt es sich zu entscheiden, an welcher Stelle er seinen Bagger arbeiten lassen sollte, denn der Umfang der Quelle betrug ja etwa 3 auf 20 Meter und es schien unmöglich, diese ganze Fläche zu untersuchen. Um den Punkt zu finden, der mit einiger Sicherheit Funde versprach, machte er ein etwas makabres Experiment. In seinen eigenen Worten:

»Ich stellte fest, was ich die ›fruchtbare Zone‹ nannte, indem ich auf Menschengestalt zubehauene Holzklötze vom Gewicht eines Eingeborenen durchschnittlicher Größe ins Wasser warf. Indem ich nun das Seil maß, nachdem diese ›Mannequins‹ vom Rand geschleudert worden waren, erhielt ich so als Resultat die äußerste Wurfweite der rituellen Opfer. Auf diese Weise fixierte ich die Stelle, wo menschliche Überreste zu finden sein mußten.[65]«

Zunächst war der Erfolg enttäuschend. Tag um Tag verschwand der Bagger unter dem Wasserspiegel und wurde, nachdem seine auseinanderstehenden Zähne Grund gefaßt hatten, wieder heraufgeholt, aber nur um eine übelriechende Masse von Moder und Schlamm, verfaulten Pflanzenteilen und Baumstümpfe zu entleeren. Jede dieser unappetitlichen Ladungen wurde sorgfältig untersucht, ob sie irgend einen antiken Gegenstand enthielt. Aber abgesehen von ein paar kleinen Scherben, wie sie Buben aller Epochen hineingeworfen haben konnten, war nichts zu finden. Thompsons indianische Arbeiter hielten ihren Herrn natürlich für verrückt, aber weil sie für die Arbeit bezahlt wurden, beklagten sie sich nicht und fuhren den langen heißen Tag über damit fort, während die blanken Perlenaugen von Fröschen und Eidechsen sie aus ihren Schlupfwinkeln der Brunnenmauerung beobachteten.

»Mehrmals brachten wir Skelette von Rotwild und wilden Hunden herauf, ein andermal waren es die eines Jaguars und einer Kuh, stumme Zeugen einer lang vergangenen Waldtragödie... Lange Zeit noch folgten Funde, die nicht bedeutender waren. Rein gar nichts kam zum Vorschein als Schlamm und Blätter und gelegentlich einige Steine. Meine hochgespannten Erwartungen schwanden und wurden zunichte. Die Arbeit war unbeschreiblich ekelhaft.[66]«

Bis eines dunstigen, regenfeuchten Tages, als alle Dinge nur noch trüber aussahen, der Bagger etwas heraufbrachte, das »zuerst wie zwei Straußeneier aussah und sich cremefarbig und oval von dem schwarzen Schlamm abhob, in den es gebettet lag«. Thompson untersuchte den Fund und stellte fest, daß es Stücke von aromatischem Kopalharz waren. Er schabte etwas davon ab, trocknete und entzündete es. Es verbrannte mit angenehmem Duft. Und er erinnerte sich, daß Don Diego in seinem Bericht an den König von Spanien geschrieben hatte: »Wenn die Frauen halbtot heraufkamen, wurden Feuer um sie herum entfacht und Weihrauch vor ihnen verbrannt.«

Von diesem Augenblick an kamen mehr und mehr dieser Harzbälle im Bagger herauf, manche von ihnen zeigten noch den Abdruck des Korbes, in dem sie gelegen hatten, dann erschienen dreifüßige Schalen voll Kopal und Gummiweihrauch, hölzerne Bruchstücke unbekannter Gegenstände, und schließlich fand Thompson eines Tages wohlerhaltene Geräte, die wie unsere Gärtnermesser oder Hippen geformt waren.

»Kein Schwert und keine Damaszenerklinge«, schreibt Willard in seinem bekannten Enthusiasmus, »konnte sich an historischem Wert mit diesen einfachen hölzernen Werkzeugen messen.« Es waren die ersten Funde von Hul-Che oder Wurfhölzern der alten Maya, die schon häufig in Reliefdarstellungen gesehen, bisher aber noch niemals gefunden worden waren. Das Wasser hatte sie jahrhundertelang konserviert. Diese Waffen wurden von den Maya und andern Indianerstämmen als Wurfspeere benutzt.

Schon bald nachdem sie der Luft ausgesetzt waren, begannen die Wurfhölzer sich zu zersetzen, aber Thompson hatte Konservierungsmittel bei sich und konnte die wertvollen Funde retten. Dann erschienen mit größeren Mengen von Harzbällen solche von Gummiweihrauch und Gummigegenständen. Torquemada hat von den Maya gesagt, »sie entzündeten das Feuer in Schalen, die Kopalharz für ihre religiösen Zeremonien enthielten, mit Gummi.« Manche der Kopalkugeln, die Thompson fand, hatten in der Oberfläche Knoten von Gummi und verschiedentlich auch Holzsplitter, die aus den Gummieinschüssen hervorragten. Er nahm an, daß sie zur Entzündung des Harzes dienten. Kurz nach diesen Entdeckungen kam ein dunkler Gegenstand im Bagger zum Vorschein, der unter den indianischen Arbeitern beträchtliche Aufregung verursachte.

»Einer der Arbeiter hatte wie gewöhnlich die Arme bis an die Ellenbogen in die schlammige Masse gesteckt, als er mit einem Schreckensschrei zurückfuhr... Er deutete auf den Kopf einer kleinen dunkelfarbigen Schlange mit weiß geringeltem Hals, die sich drohend aus dem Dreck aufrichtete. Sie hatte genau die Größe, die Gestalt und die Farbe einer jener kleinen und hochgiftigen Vipern, die in Yukatan vorkommen.

Aber es war kein Grund zur Aufregung. Die Schlange bestand aus Gummi.

Eine Bestätigung der schrecklichen Wahrheit der alten Überlieferungen erfuhr Thompson, als »der Bagger einen unbeschädigten menschlichen Schädel heraufbrachte, der weiß gebleicht und wie poliert aussah. Später kamen noch mehrere solcher Schädel, menschliche Knochen und Bruchstücke von solchen zum Vorschein. Die meisten dieser Skelette stammten von jungen Mädchen, aber hin und wieder wurde eines gehoben, dessen Schädelgröße und Schulterbreite die schwere Gestalt eines kräftigen Mannes verrieten – zweifellos eines starken Kriegers, der in seiner Jugendblüte geopfert wurde, um den Regengott günstig zu stimmen.[67]«

Als Thompson diese Schädel mit anderen verglich, die in den Friedhöfen der heutigen Maya gefunden wurden, konnte er keinen Unterschied feststellen. Die Frauenschädel aus dem Brunnen stammten von jungen Mädchen im Alter von vierzehn bis zwanzig Jahren.

Monatelang brachte nun der stählerne Greifer ununterbrochen

menschliche Überreste und archäologische Kostbarkeiten ans Licht. Die Kopalkugeln erschienen in solcher Menge, daß es schon eintönig wurde, obgleich sie die Zahl der Opfer und Weihgaben bewiesen, die im Lauf der Jahrhunderte dargebracht worden waren. Einer von Thompsons Maya-Freunden, ein H'Men oder Weiser, erzählte ihm: »In alter Zeit verbrannten unsere Väter das heilige Harz Pom und durch den wohlduftenden Rauch wurden ihre Bitten zu den Göttern getragen, die ihr Heim in der Sonne hatten.« Aber im Greifer erschienen auch andere archäologische Schätze: Tempelgefäße, Weihrauchgefäße, Lanzenspitzen, Pfeilspitzen und Äxte und Steinbeile aus Flint und Kalzit, Kupfermeißel und getriebene Kupferplatten, von denen einige mit Gestalten der alten Maya-Götter bossiert waren.

Auch Gegenstände aus Gold fand man, besonders eine Menge kleiner goldener Glocken, die aber absichtlich mit einem Schlegel zusammengeschlagen worden waren, ehe man sie ins Wasser versenkte. Reizender Jadeschmuck war zum Vorschein gekommen, auch dieser war vorsätzlich zerbrochen, und zwar nicht in kleine Splitter, sondern von einer geschickten Hand entzweigebrochen, so daß es nicht schwer war, die Teile wieder zusammenzusetzen.

Thompson nimmt an, daß diese Gegenstände rituell »getötet« worden sind, wie man es mit den Menschenopfern tat, damit ihre Geister zum Regengott Yum Chac wandern konnten. Er zitierte als moderne Parallele ein Maya-Begräbnis, an dem er teilgenommen hatte. Bei dieser Gelegenheit zerriß man Kleider und Schuhe der Toten, ehe sie begraben wurden. Wenn auch Thompson es nicht erwähnt – wahrscheinlich hat er es nicht gewußt –, die alten Ägypter der frühen Dynastien haben einen ähnlichen Gebrauch gepflogen. Ich habe selber Gefäße gesehen, die unter der Pyramide des Königs Choser (2800 v. Chr.) in Sakhara begraben lagen. Auch sie waren absichtlich zerbrochen worden, ehe man sie in die Vorratskammern unter der Pyramide des Königs barg.

Schließlich brachten die Klauen des Greifers nach monatelanger Arbeit Felssplitter zu Tag und zeigten damit an, daß die dicke Schlammschicht bis auf den Felsgrund abgetragen war. Nun kam der zweite und abenteuerlichste Teil der Unternehmung. Thompson vermutete, daß der Grund der Quelle uneben war und daß sich möglicherweise in seinen Vertiefungen noch Gegenstände befanden, die der Greifer nicht zu fassen bekam. Die einzige Möglichkeit, sie zu finden, bestand für ihn darin, im Taucheranzug hinunterzusteigen und mit der bloßen Hand nach ihnen zu tasten. Er unternahm dies mit einem griechischen Berufstaucher, einem der beiden, die er sich für sein Unternehmen verpflichtet hatte.

Ein Floß wurde auf die Wasserfläche gesetzt, auf dem Thompson eine Luftpumpe installiert hatte. Die Griechen hatten zwei indianische Arbeiter in ihrer Bedienung unterwiesen.

»Als sie glaubten, daß die beiden hinlänglich instruiert seien«, schreibt Thompson, »waren wir bereit zu tauchen... Wir ließen uns in der Baggerschaufel auf das Floß übersetzen, und während der Assistent bei den Männern an der Pumpe blieb, um sie zu dirigieren, legten wir unsere Taucherkleidung aus wasserdichtem Zeug und unsere Kupferhelme an, die mehr als dreißig Pfund wogen und mit gläsernen Glotzaugen und Luftventilen bei den Ohren versehen waren.«

Damit nahm die ungewöhnliche Unterwasser-Archäologie vor Cousteau ihren Anfang. Thompsons Bagger hatte ein gewaltiges Loch in die Schlammlager am Grund gebissen, bis er auf den Fels gekommen war. In dieses Loch ließen sich nun Thompson und sein griechischer Helfer hinunter.

»Während wir die ersten 10 Fuß tief sanken, wechselte das Licht von Gelb nach Grün und dann zu einem rötlichen Schwarz. Dann stand ich in vollkommenem Dunkel. Sobald ich schluckte und die Luftventile im Helm öffnete, gab es an jedem Ohr einen pfeifenden Ton, und der Schmerz ging vorüber. Ich mußte dies mehrmals wiederholen, bis ich den Boden erreichte... Ich fühlte einen seltsamen Schauder bei dem Gedanken, daß ich der einzige war, der diese Stelle lebend erreichte und der erwarten durfte, sie auch wieder lebend zu verlassen. Dann kam der griechische Taucher an meine Seite und wir schüttelten uns die Hand.«

In dieser Tiefe waren die elektrischen Fackeln, mit denen sich die Taucher versehen hatten, nutzlos, aber Thompson stellte fest, als er mit den Händen herumtastete, daß er von steilen Wänden gepreßten Schlamms umgeben war. Der Bagger hatte eine große Höhlung in den Schlick gerissen, sie war etwa 30 Fuß tief, und die unteren Schichten waen so zusammengedrückt, daß sie Felsbrokken, gestürzte Säulen und Baumwurzeln festhielten. Er sagt, sie seien so fest in den Wänden des ausgebaggerten Schachtes gesteckt wie »Rosinen in einem Plumpudding«. Hin und wieder löste sich einer der Felsbrocken und fiel zu Thompson und seinem Begleiter hinunter, als sie in der Dunkelheit herumtasteten.

»Als sich die Felsstücke lösten und fielen«, schreibt er, »erreichte uns der Wasserdruck, den sie verursachten, schneller als sie selber. Er stieß uns an wie ein weiches übergroßes Kissen und schleuderte uns herum, mitunter kopfunter und die Beine aufwärts, schwankend und zitternd wie Eiweiß in einem Glas voll Wasser, bis die Erschütterung sich gelegt hatte und wir wieder auf die Füße kamen.«

Auf dem Grund des Wassers stieß der Archäologe auf große glatte Steine, von denen einige, wie er durch Betasten feststellte, gemeißelt sein mußten. Er befestigte sie an Ketten und ließ sie hinaufziehen. In einen dieser Steine war die sitzende Gestalt eines Priesters oder Gottes gemeißelt. Nachdem diese schweren Hindernisse beseitigt waren, konnte Thompson die Höhlen und Spalten des Bodens untersuchen. Seine suchenden Finger berührten kleine Gegenstände aus Stein und Metall. Er steckte sie in eine Tasche, die er an der Seite trug. Als er diese später ausleerte, glänzten ihm Gold und der grüne Schimmer von Jade entgegen. Es waren Jadeperlen, schön ziselierte goldene Ringe und Dutzende von kleinen, gleichfalls goldenen Glocken. Es waren zweihundert Proben der Handwerksarbeit der Maya, welche er an einem einzigen Tag gehoben hatte. Darunter befanden sich zwei Tiaren, welche gefiederte Schlangen darstellten, symbolische Gestalten und etwas, das goldene Spitzen von Kommandostäben zu sein schienen. Dann waren da auch noch vielerlei Gegenstände aus Kupfer und Kupfer-Goldlegierung, Kupferringe und Kupfermeißel.

Als ich Thompsons Bericht las, wurde ich an D. G. Hogarths Entdeckung des Höhlenheiligtums des kretischen Zeus erinnert[68].

Dort hatten nämlich die Ausgräber Hunderte von kleinen Votivgaben entdeckt, welche die Gläubigen vor zwei- oder dreitausend Jahren in die Ritzen der Stalaktiten gesteckt hatten. Natürlich besteht zwischen den beiden Funden kein anderer Zusammenhang als die uralte Gewohnheit des Menschen, seinen Göttern Gaben darzubringen.

In Anbetracht des wirklichen Wertes dieser Funde aus dem heiligen Brunnen ist der Widerspruch zwischen Willards Berichten und denen des Entdeckers in seinem eigenen Buch »Volk der Schlange« auffallend. Willard zum Beispiel erwähnt »eine goldene Schale von 23 cm Durchmesser und verschiedene kleinere von etwa 7,5 cm Durchmesser … viele goldene Figuren von Tieren und Insekten … zwölf flache Scheiben aus Gold, die ich für Werkstücke halte, die ein Goldschmied für die Verzierung durch einen Kunsthandwerker vorgesehen hat, Flintsteinmesser mit goldenen Griffen und Dutzende kleiner Glocken, deren Klöppel wie sie selber aus reinem Gold bestanden.«

Auch zeigt er einige dieser entzückenden Dinge in Illustrationen und beschreibt sie als »massivgoldene Schalen und Becher« und »goldbossierte Scheiben mit verschiedenen Dekorationen«. Und er legt Thompson die Worte in den Mund:

»Wenn die goldenen Gegenstände, die heraufgebracht worden sind, einfach in den Schmelztiegel eines Goldschmieds geworfen worden wären, hätten sie mehrere hunderttausend Dollar in Goldbarren ergeben. Das wäre, wenn man so niedrig denken wollte, ein Gewinn, der meinen Einsatz an Zeit, Kraft und Geld in dieser Unternehmung rechtfertigte.«

In seinem Buch »Volk und Schlange« schreibt Thompson: »Es wurden Gegenstände aus annähernd massivem Gold gefunden, sowohl gegossen als auch getrieben und graviert, aber sie waren nicht sehr zahlreich und relativ unbedeutend. Die meisten der sogenannten Goldarbeiten bestanden aus einer geringen Legierung von höherem Kupfer- als Goldgehalt. Ihr hauptsächlicher Wert bestand in den aufgeschmolzenen oder eingravierten symbolischen und anderen Figuren... Der Geldwert der Gegenstände, welche aus dem heiligen Brunnen mit solchem Aufwand von Mühe und Kosten heraufgeholt worden sind, ist völlig unbedeutend...«.[69]

Wenn ich so lange bei dem heiligen Brunnen verweilt habe, statt bei den großen Gebäuden, die ihn umgeben, dann war es nicht nur darum, weil Thompsons Unternehmung in der Archäologie einzig dasteht, sondern weil der Brunnen mit den schauerlichen Zeremonien, die an seinem Rande stattgefunden haben, den religiösen Wesenszug dieser Gebäude unterstreicht. Wie andere alte Völker, also etwa die Sumerer und Ägypter, waren die Maya ein ackerbautreibendes Volk, dessen Leben von seinen Ernten abhing. Sie wußten sehr wohl, daß die Fruchtbarkeit ihres Bodens eine Sache der Gnade von Elementarkräften war, die sich ihrem Verstehen und ihrer Kontrolle entzog. Eine lang andauernde Trockenheit, eine Reihe von schlechten Ernten konnten Hungersnöte zur Folge haben, die wiederum eine Auswanderung großen Stils notwendig machen konnten und es auch tatsächlich getan haben. Die Maya-Chroniken, welche die Spanier verschont haben, berichten, daß

Chichen Itza mehr als einmal aufgegeben und wieder besiedelt worden ist, und die Archäologie hat die Wahrheit dieser Überlieferungen bestätigt.

Verschiedene Male war die Bevölkerung ohne einen für sie verständlichen Grund von Seuchen heimgesucht worden, die Tausenden das Leben gekostet hatten. Wer konnte anders dafür verantwortlich sein als ein Gott, der mit Geschenken versöhnt werden mußte? Da gab es einen Kriegsgott, der half, die Feinde zu besiegen. Da waren die Wind- und Regengötter, die Götter des Feuers und die Zeugungs- und Todesgötter.

Wie bekannt, verehrten die Maya und andere indianische Rassen, die Azteken und Nahuatl an erster Stelle eine Hauptgottheit, eine Gottheit der Zivilisation, des Unterrichts und der Priesterschaft, die bei den Azteken Quetzalcoatl, bei den Maya Kukulkan hieß. Sie wird meist als gefiederte Schlange dargestellt. In Chichen Itza zeigt jede Ecke der großen Stufenpyramide, des »Castillo«, eine solche Schlange, die sich vom Fundament des Gebäudes zur Plattform hinaufwindet, auf welcher der Tempel steht. An jeder Seite dieser Pyramide, die sich in neun Terrassen aufbaut, führt eine breite Treppe von etwa 35 Meter Länge und einer Breite von etwa 9 Meter in 104 Stufen hinauf. Wir wissen aus den Schriften des Cortez und anderer Spanier, daß in der aztekischen Hauptstadt Tenochtilan Gefangene über diese Treppen hinaufgeschleift und droben in einer außergewöhnlich barbarischen Weise hingeopfert worden sind: den noch lebenden Opfern wurde das Herz aus dem Leib gerissen. Zeremonien dieser Art sind in der Aztekenkunst höchst lebendig dargestellt, und sie fanden sehr wahrscheinlich auch in Chichen Itza statt.

In baulicher Hinsicht ist diese Pyramide erstaunlich, eine großartige Mischung von mexikanischen und Maya-Elementen. Die mächtigen Quader sind sorgfältig behauen und zusammengefügt. Wie bei den ägyptischen Pyramiden waren auch diese ausschließlich von Menschenkraft heraufgeschafft worden. Die Maya hatten noch keinerlei Transporttiere, nicht einmal Esel. Das Gebäude erhebt sich auf einem künstlich geschaffenen etwa 3 Meter hohen Fundamenthügel, der sich auf gleichem Niveau etwa 270 Meter nordwärts bis zur heiligen Quelle hinzieht. Westlich des Castillo liegt ein ausgedehnter Zeremonienhof zwischen zwei parallelen Steinwällen, von denen jeder rund 90 Meter Länge, 13 Meter Dicke und 8 Meter Höhe hat. In diesem Raum fanden die rituellen Spiele statt, die offenbar darin bestanden, einen Gummiball durch Steinringe zu werfen, die in das Mauerwerk eingelassen waren. Diese Ringe sind noch in Chichen Itza und anderen Maya- und Aztekenstädten zu sehen. Es gibt heute noch in Lateinamerika ähnliche Spiele. Als ich vor einigen Jahren den Norden Mexikos bereiste, stellte ich fest, daß auch das kleinste Dorf seinen Ballspielplatz besitzt, in dem ein Pfosten einen eisernen Ring trägt. Groteskerweise entstammt das unschuldige Netzballspiel, das in England beinahe ausschließlich von Schulmädchen gespielt wird, diesen rituellen Spielen, die einst zu Ehren der grausamen indianischen Gottheiten veranstaltet worden sind.

Einige der Gebäude in Chichen Itza sind reich skulpturiert, andere tragen die Spuren einstiger Wandmalerei. Es gibt da den sogenannten »Tiger-Tempel«, auf dessen Fries die Darstellung von Jaguaren mit Ornamenten und Plaketten abwechselt. Im Innern dieses Tempels zeigt eine Wandmalerei eine Kampfszene, in der speerbewaffnete Maya-Krieger, ihre Wurfhölzer schleudernd, eine Stadt angreifen. Die Schwerter waren aus Holz mit Flintsteinschneiden und die Speere mit Flintsteinspitzen versehen. Metall wurde für Waffen nicht verwendet, und das ist wohl einer der Gründe, warum die Spanier, die mit Armbrüsten, Stahlschwertern und Feuerwaffen ausgerüstet waren, Mexiko mit solch geringem Aufwand an Streitkräften erobern konnten. Andere Gründe dafür waren erstens das Fehlen von Pferden, welche die Indianer nie vorher gesehen hatten, und zweitens, daß die Indianerstämme untereinander uneinig waren, und daß sogar einige von ihnen sich auf die Seite der Spanier schlugen, weil sie hofften, mit Hilfe der überlegenen europäischen Waffen ihre Landsleute schlagen zu können. Indem die Spanier nun einen Stamm gegen den andern ausspielten, konnten sie schließlich das ganze Land unter ihre Herrschaft zwingen.

Ein seltsamer Bau mit einer Wendeltreppe und ringförmig angeordneten Räumen wird von den Archäologen für eine Sternwarte gehalten. Die Maya besaßen einen Kalender von solcher Genauigkeit, daß Humboldt ihn nicht für einheimischen Ursprungs hielt. Wieder ein anderes, imposantes Bauwerk, das aus der Entfernung wie eine Festung wirkt, ist das einzige mehrstöckige, das in Chichen Itza erhalten ist. Es heißt »La Casa del Monjas« oder »Nonnenkloster«. Bei einer Grundfläche von etwa 36 Meter erhebt es sich in drei sich verjüngenden Geschossen zu einer Höhe von 30 Metern. Es trägt die Merkmale verschiedener Rekonstruktionen. Zum zweiten Stock, dessen Boden mehr als 10 Meter über dem Fundament liegt, gelangt man über eine massive Steintreppe von etwa 7 Meter Breite, darüber steigt das dritte Stockwerk an, und auch dieses ist mit dem unteren durch eine Treppe verbunden.

Das Hauptmassiv des Gebäudes hat fünf Eingänge, aber wie alle andern Gebäude von Chichen Itza keinerlei Fenster. Im Innern sind kleine Gelasse mit Verbindungstüren. In diesen befindet sich eine große Anzahl flacher Nischen, welche vermutlich zur Aufbewahrung der heiligen Schriften gedient haben – vielleicht eben denen, welche der fanatische Bischof von Landa auf dem Markt von Pueblo de Mani verbrennen ließ, wobei, wie ein spanischer Chronist naiv anmerkt, »das Volk ein großes Wehgeschrei erhob«. Thompson kommentiert die Stelle dieses Buches mit den Worten: »Ist dies verwunderlich? Sie sahen nicht nur die heiligen Dinge in der Glut zu Asche werden, sondern mit ihnen die schriftliche Kunde, das gesammelte Wissen von ihrer Rasse in Rauch und Flammen aufgehen.«

Die wirkliche Bestimmung dieses eigenartigen Hauses bleibt geheimnisvoll, aber wahrscheinlich bewahrt sein ortsüblicher Name eine getreue Überlieferung. Man weiß nämlich, daß von einigen Indianerstämmen, zum Beispiel den Azteken, Frauen und Mädchen in gemeinsamer Absonderung gehalten wurden und an gewissen Ritualen teilnahmen. Der hochgradig rituelle Charakter der Maya-Religion mit ihren genau festgelegten Zeremonien erforderte ein bedeutendes Maß von Schulung. Es wäre denkbar, daß dieses Gebäude von Priesterinnen bewohnt worden ist.

Eine der interessantesten Entdeckungen, die Thompson in Chichen Itza gemacht hat, war eine Reihe von Grabkammern, eine unter der andern im Herzen einer kleineren Pyramide östlich des »Nonnenklosters«. Als er die Stelle zum erstenmal untersuchte, bot sich ihm das Bild eines formlosen, von Gestrüpp und Bäumen bestandenen Hügels, auf dessen Kuppe sich ein Miniaturtempel erhob, zu dem an jeder Seite die bekannten Treppenaufgänge führten. Sie waren weitgehend zerstört, aber ihre Geländer zeigten noch die Leiber der steinernen Schlangen. Er sondierte den Fußboden des Tempels mit einer Stahlstange und bemerkte, daß eine Stelle hohl klang. Als er die Steine aufbrach, fand er unter ihnen einen quadratischen Schacht, der derartig von einem Gewirr von Wurzelfasern verstopft war, daß es mit der Axt fortgehauen und das Ungeziefer vertrieben werden mußte, das sich dort angesiedelt hatte. Am Grund des Schachtes lagen die von Ratten zernagten Reste eines menschlichen Skeletts und einige irdene Schalen. Nachdem er diese entfernt hatte und auch diesen Boden abklopfte, vernahm er wieder den hohlen Ton, der verriet, daß eine zweite solche Kammer unter der ersten lag. Auch hier wurde der Boden geöffnet und, wie zu erwarten war, eine dritte Grube gefunden, die diesmal ein besser erhaltenes Skelett, Opfergefäße und kleine Schmuckstücke enthielt.

Thompson befand sich nun in einer gewissen Höhe über dem Fundament im Innern der Pyramide und da er annahm, daß unter den bereits entdeckten noch weitere Grabkammern in der Tiefe lägen, fuhr er fort, sich hinunterzuarbeiten. Jede Kammer, die er aufbrach, enthielt ein menschliches Skelett. Es waren insgesamt fünf, die so eine unter der anderen lag, und in einigen fand Thompson Kupferglocken, Kügelchen aus poliertem Bergkristall und andere Gegenstände.

Der Boden der letzten Kammer lag nun auf dem gleichen Niveau mit dem Fundament der Pyramide und Thompson vermutete natürlich, daß keine weiteren vorhanden seien. Aber nein, die Stahlsonde gab wieder den bereits vertrauten hohlen Ton von sich, der Boden wurde aufgebrochen, und was diesmal zum Vorschein kam, war kein Schacht, sondern eine Reihe von Stufen, die aus dem gewachsenen Fels gehauen waren. Die Stufen und die Kammer, die darunterlag, waren hoch mit Holzasche angefüllt, die mit vieler Mühe entfernt werden mußte. »Die einzige Möglichkeit, in die Kammer zu dringen«, schreibt Thompson, »war, daß ich mich flach auf den Rücken legte und mich mit den Beinen voran durch die Asche in die Kammer arbeitete, was ich denn auch tat.«

Als diese Kammer schließlich ausgeräumt war, fand er darin polierte Jadeglocken, von denen einige durch große Hitzeeinwirkung halb zerschmolzen waren, und eine Anzahl von Scherben. Thompson nahm an, daß es ein Aufbewahrungsraum für Kultgegenstände aus früheren Begräbnissen war. Der Raum besaß trichterförmige Gestalt, er war beim Eingang weiter als an seinem Ende, und er schloß mit einer Felswand ab. Nun war der Archäologe überzeugt, daß das Ende seiner Unternehmung erreicht war.

»Die Woche neigte sich ihrem Ende zu und mit ihr anscheinend die Aufgabe, die wir uns gestellt hatten. Die Arbeit in den tiefen, schlecht gelüfteten Schächten war keine erfreuliche. Die Luft war stickig, die Hitze schrecklich und die großen Wachskerzen machten, trüb und qualmig, wie sie waren, den Aufenthalt nicht angenehmer.«

»Wir drei, Manuel, Pedro und ich, waren nackt bis auf den Gürtel und sahen eher Kaminkehrern ähnlich als Leuten, die hinter einer wissenschaftlichen Entdeckung her sind. Die Arbeit schien fast getan, und so fuhren wir unverdrossen fort, die Burschen schaufelten und sondierten, während ich häufig innehielt, um meine Notizen zu machen. Spät am Tage schien alles mit Ausnahme weniger vereinzelter Aschenhaufen und eines großen flachen Steins untersucht, der am Ende der Wand lehnte.«

Ehe er ging, entschloß sich Thompson, den Stein zu entfernen und die Asche hinter ihm zu untersuchen, ob sich darin vielleicht noch einige Perlen oder kleine Gegenstände entdecken ließen.

»Ich packte den Stein mit beiden Händen und zog ihn zu mir her. Er gab so plötzlich nach, daß ich rücklings mit ihm hinfiel. Auch meine Begleiter fuhren zurück, denn statt des erwarteten Aschenhaufens erblickten wir eine große, kreisrunde Höhlung, aus der ein langer, heulender, feuchtkalter Windstoß fuhr. Unsere Kerzen erloschen alle zugleich und ließen uns in pechschwarzer Finsternis... Die beiden Eingeborenen waren vor Schreck wie an ihre Plätze festgenagelt.«

»Pedro fand als erster die Sprache wieder. ›Das ist der Höllenrachen‹, sagte er, und ich hörte, wie beim Sprechen seine Zähne gegeneinanderschlugen. Die alte Mayahölle, die sie Mennal nennen, war nämlich kein Schwefel- und Feuerschlund, sondern ein eisigfeuchter Ort, wo die verdammten Seelen ewig in dickem, dunklem Schlamm zappeln müssen.«

Als Thompson ein Bandmaß, an dem er eine Laterne befestigt hatte, hinunterließ, fand er, daß die Höhle ungefähr 18 Meter tief war. Er hat nichts darüber gesagt, ob sie aus dem Felsen gehauen oder natürlich war. Ich vermute das letztere. Ich vermute auch, daß sie sich den »heulenden Windstoß« in ihrer verzeihlichen Aufregung nur einbildeten, da die Höhle keinen zweiten Ausgang hatte.

Am nächsten Tag ließ sich der Forscher in die Höhle hinunter, bewaffnet, wie er sagt, »mit einem scharfen Jagdmesser zwischen den Zähnen, um die Hände für alle Fälle frei zu haben«.

Er fand unter anderem ein wundervolles Alabastergefäß, das Jadeperlen und ein Ohrgehänge enthielt. Neben diesem Gefäß, das zertrümmert war, lag vielerlei anderes: meterhohe Votivurnen aus

Terrakotta, Weihrauchgefäße und eine große Plakette mit eingravierten, herkömmlich behandelten menschlichen Figuren, eine polierte Jadekugel, gravierter Ohrschmuck und Perlmutter, das »seiner Form nach offenbar dazu bestimmt war, als Augen in irgendwelchen Figuren eingesetzt zu werden«.

Er fand ferner ovale Perlen, die offenbar zu einem Halsschmuck gehört hatten, aber sie waren teils durch die dauernde Berührung mit Erde verdorben, teils durch verbrannten Weihrauch kalziniert. Thompson hatte es nicht nötig, von einem Messer Gebrauch zu machen, aber er erwähnt, daß die Ritzen der Höhle von »Unmassen der Tzeentumspinnen bevölkert waren, deren Biß ein schwer zu überstehendes Fieber verursachen kann«. Diese großen, flachen und krabbenartigen Spinnen sind schwer zu fangen und zu töten, da sie ungewöhnlich flink sind.

Thompson vermutete, daß es sich bei diesem Grab um das einer hohen Priesterpersönlichkeit handelte und daß die oberen Gräber »für Altardiener oder Gehilfen dieses Priesters bestimmt gewesen waren, weil ihre Überreste so beigesetzt waren, als ob sie noch im Tode dieser hohen und heiligen Person wie einst im Leben dienten«. Weder er noch Willard haben allerdings in der Grube unter der Pyramide irgendwelche menschlichen Überreste entdeckt, obgleich doch jede der darüberliegenden Kammern ein Skelett enthalten hatte. Damit ist also diese Frage noch nicht schlüssig beantwortet.

Thompsons letzten Jahre in Chichen Itza waren von Unglück und Enttäuschung verdüstert. Einmal brannten Aufständische ihm sein Haus nieder und vernichteten wertvollste Dokumente und Altertümer, dann, als er es wiederhergestellt hatte, ergaben sich Schwierigkeiten mit der mexikanischen Regierung.

»Es waren übertriebene Gerüchte über den Wert meiner Funde beim heiligen Brunnen in Umlauf gesetzt worden. Einige enthusiastische Freunde hatten den Wert der Goldfunde auf fünfhunderttausend Dollar geschätzt, und die offiziellen Stellen horchten auf, als sie davon erfuhren.«

Die Plantage wurde »von der mexikanischen Regierung für eine Million dreihunderttausend Pesos beschlagnahmt« und zum Gegenstand eines Prozesses, über dessen Ausgang ich leider nichts habe erfahren können.

Aber das Werk des zähen alten Neu-Engländers hat sich gelohnt, und sei es auch nur darum, daß es amerikanische Archäologen dazu brachte, die Studien der alten Zivilisationen ihres eigenen Kontinents sorgfältiger zu betreiben. Sein Werk wurde zum Teil vom Peabody-Museum von Harvard und vom Field-Columbian-Museum von Chicago erhalten und später durch die Carnegie-Stiftung weitergeführt, die Thompsons Hazienda als Hauptquartier einrichtete. Archäologen haben nun mit moderneren und wissenschaftlich besser fundierten Methoden und Hilfsquellen, als sie Thompson zu Gebote standen, die Ausgrabungs- und Forschungsarbeiten an dieser hochbedeutsamen Fundstelle fortgesetzt. Heute ist Chichen Itza zur Sehenswürdigkeit für Touristen geworden. Der moderne Besucher, der sich der Stadt auf gutgebauten Straßen im Wagen nähert, sieht die grauen Tempel und Pyramiden von der wuchernden Vegetation befreit, ausgebessert und wieder aufgebaut. Sie erheben sich prächtig aus den meilenweiten Dschungelgebieten, durch die sich die früheren Forscher auf ungeebneten Pfaden mühsam hindurchkämpfen mußten.

Trotz der Verbreiterung unseres Wissens ist es hinsichtlich der amerikanischen Indianer viel lückenhafter geblieben als in bezug auf die älteren Kulturen Ägyptens und Mesopotamiens. Die amerikanischen Archäologen haben ihm zwar ständig neue Ergebnisse hinzugefügt, aber die Zerstörung der meisten schriftlichen Berichte durch die spanischen Eindringlinge bleibt ein nie wieder gutzumachender Verlust. So bleiben die Maya, Inka, Azteken und die übrigen indianischen Völker für uns in weiterer Ferne als die viel früheren Völker von Babylon, Hattusa und Ur in Chaldäa, obgleich uns nur wenige Jahrhunderte von ihnen trennen. Immerhin sind uns Zeugnisse ihres Lebens erhalten geblieben: Jederzeit essen wir Kartoffeln, Mais und Tomaten, werfen Gummibälle, nehmen Chinin und rauchen Tabak, und wir sind, wenn auch kaum spürbar, mit dem Volk verbunden, das den Gottheiten des Regens, der Winde und des Feuers opferte und das solche Städte erbaute wie Chichen Itza.

13. Die Tragödie der Inka

Die Geschichte verschollener, in unzugänglichen Tälern oder in undurchdringlicher Wildnis begrabener Städte ist stets ein dankbarer Gegenstand für romantisch gefärbte Erdichtung. Die »Stadt, die nie ein Weißer betrat«, reizt den stets hungrigen Sinn für das Wunderbare, der in dem gleichen Maße schwindet, als sich die Erde der Forschung erschließt. Für die großen Seefahrer des sechzehnten und siebzehnten Jahrhunderts trifft das noch nicht zu. Für sie war die »Neue Welt« wirklich neu. Aber der ständige Fortschritt der Verbindungsmöglichkeiten der letzten hundert Jahre, die ihren Höhepunkt im Luftverkehr gefunden haben, bedeutet, daß wir mit Ausnahme der arktischen und antarktischen Gebiete und einigen wenigen in Asien und Südamerika das meiste unseres Planeten erforschen und in unsere Karten einzeichnen konnten.

Mitunter haben sich freilich die Kartographen geirrt. Dank einem solchen Irrtum und der gebirgigen, unwegsamen Natur des Landes konnte dem weißen Mann eine der verschollenen Städte bis zum Jahre 1911 völlig unbekannt bleiben. Das Datum ist bezeichnend: es liegt kurz vor der Einrichtung des Flugverkehrs. Die Inkastadt Macchu Picchu – es ist dies nicht ihr ursprünglicher Name – liegt auf einer steilen Felskuppe in den Anden Perus. Der Mann, der sie entdeckte, war Hiram Bingham, ehemaliger Leiter der Peru-Expedition der Yale-Universität und der National Geographic Society, Mitglied des Amerikanischen Alpenvereins, Professor der lateinamerikanischen Geschichte an der Yale-Universität. Diese Titel kennzeichnen die Persönlichkeit, denn Bingham vereinigt in sich den wissenschaftlichen Geist, die Abenteuerlust des Forschers und den Mut des erfahrenen Alpinisten. Wenn er auch die Erfolge seiner Arbeit mit seiner Equipe aus Topographen, Naturwissenschaftlern, Archäologen und Ärzten teilt, so gebührt ihm doch das Hauptverdienst an dem außerordentlichen Werk, und es gibt keinen gleichwertigen Ersatz für seine persönliche Leistung, die er in seinem Buch »Die verlorene Stadt der Inka« niedergelegt hat.

Bei einer leidlichen Kenntnis der einschlägigen Literatur und einem nicht unbeträchtlichen Ergebnis eigener Weltreisen kenne ich bis jetzt noch keine ähnlich packende und fesselnde Darstellung einer Entdeckung, die zugleich so absolut zuverlässig ist. Ich zitiere deshalb in großem Umfang aus Binghams Büchern und besonders dem oben erwähnten[70] und sage dem Autor und seinen Verlegern meinen Dank für die freundliche Genehmigung dazu. Dieses Kapitel wird nun natürlich nur einen Auszug aus diesen Berichten enthalten, und ich muß auf viele fesselnde Einzelheiten verzichten, die der Leser in Binghams Werk nachlesen sollte.

Zunächst ist es wichtig, etwas von den alten Chroniken zu erfahren, welche Bingham die ersten Hinweise für seine spätere Entdeckung gaben. Als Francisco Pizarro im Jahr 1531 nach Peru kam, war das Land von den alten Königsgeschlechtern der Inka beherrscht. Obgleich der Name »Inka« im Lauf der Zeit auf das ganze Volk angewendet wurde, ist seine ursprüngliche Bedeutung »König« oder »Herrscher«. So sprachen die alten Peruaner von dem »Inka Tupac Amaru« wie wir etwa von dem »König Charles II.« sprechen. Der erste Inka war Manco Capac, der um das Jahr 1000 unserer Zeitrechnung regierte. Der letzte war Tupac Amaru – er und seine Familie wurden 1572 von den Spaniern umgebracht. Unsere Kenntnis der Inkageschichte und vor allem die der vier letzten Inka, stützt sich im wesentlichen auf die spanischen Autoren des 16. und 17. Jahrhunderts, die mit der Periode der Eroberung oder kurz nach ihr in das Land gekommen sind. Die Inka selber hatten kein Schriftsystem, doch einer von ihnen, Titu Cusi, diktierte seinem Sekretär, einem Mestizen, die Geschichte vom Leben und Sterben seines Vaters Manco. Dieser Mestize schrieb seinen Bericht in ungelenkem Spanisch nieder, das später von einem Augustinermönch namens Marcos Garcia revidiert worden ist.

Ferner war da ein gewisser Carcilasso Inca de la Vega, ein Inka-Abkömmling, der Peru mit zehn Jahren verließ und sein Leben in Spanien zubrachte. In späteren Jahren schrieb er die »Königlichen Kommentare«, in denen er seine Kenntnis von der Geschichte seines Volkes niederlegte. Prescotts klassisches Werk über die Eroberung Perus stützt sich teilweise auf diesen Bericht. Weitere Autoren sind: Pedro Sancho, einer der Sekretäre Pizarros, Fernando Montesinos, der im Jahr 1629 als Berater des Vizekönigs nach Peru gekommen war und mehrere Werke, darunter eine Geschichte der Inka, verfaßt hat, und schließlich ein ziemlich langweiliger Geistlicher mit Namen Vater Calancha, aus dessen Feder die langatmige »Moralisierende Chronik der Tätigkeit des Augustinerordens in Peru« stammt. Neun Zehntel von seinem Buch sind völlig ungenießbar, aber im Rest steckt historischer Wert, weil er darin ausführlich die Abenteuer und Mißgeschicke zweier Augustinermönche schildert, eines Bruders Diego und eines Bruders Marco, welche den Inka Titu Cusi in seiner Bergzuflucht aufgesucht hatten, in die er vor den Spaniern geflohen war.

Dann besitzen wir noch den Bericht des Don Diego Rodriguez di Figueroa, der im Jahr 1565 versucht hatte, den Inka Titu Cusi zum Christentum zu bekehren, ferner einen Bericht über die Bestattung des Titu Cusi, und schließlich hat uns noch der tapfere Kapitän Balthasar de Ocampo eine lebendige Beschreibung der Verfolgung und Gefangennahme des letzten Inka, Tupuc Amaru, hinterlassen. Aus diesen und anderen Dokumenten ist es möglich, in großen Zügen die Geschichte der letzten vier Inka und ihrer verzweifelten Versuche, die Reste der zerfallenden Reiche zu retten, ehe die Eindringlinge von allem Besitz ergriffen hatten, zu rekonstruieren.

Das heutige Peru liegt an der pazifischen Küste Südamerikas und ist im Norden von Ecuador und Columbien, von Brasilien im Osten, Bolivien im Südosten und Chile im Süden begrenzt. Von der Küste her steigt das Land zu Hochplateaus von 2000 bis 4000 Meter an, wo die Inka Kartoffeln und Mais anbauten. Sie verwendeten Guano, der von den der Küste vorgelagerten Vogelinseln stammte, als Dünger und betrachteten ihn als so wertvoll, daß das Töten eines solchen Vogels als Verbrechen galt. In den Talgebieten, welche die Wüste zwischen Ecuador und Chile durchschneiden, verstanden es diese tüchtigen Landwirte, Flüsse abzuleiten und Bewässerungsgräben zu bauen, die sie mit Schmelzwasser des Andenschnees speisten.

Sie entdeckten auch den medizinischen Wert des Chinins (das sie aus der Rinde des Chinchonabaumes gewannen, welcher der Droge ihren Namen gab), und des Kokains, das sie aus den Blättern der Cocapflanze auszogen.

In der Tierzucht waren sie weitaus erfolgreicher als die Indianer Zentral- und Nordamerikas. Sie züchteten das Meerschweinchen zur Nahrung, und aus dem amerikanischen Kamel, dem Guanaco, das Lama und das Alpaka, die sie als Lasttiere benutzten. Wenn wir heute ein Kleidungsstück aus Alpakawolle verlangen, benutzen wir ein Inkawort. Seinerzeit wurden Kleider aus der feinen, weichen Wolle dieser Tiere hergestellt, aber heutzutage wird der Name nicht mehr für das ursprüngliche Produkt gebraucht, seit, wie Bingham sagt, »gerissene Kleiderfabrikanten schon lange diesen Namen für ein viel schlechteres Material mißbrauchen, das aus Schafwolle gemacht ist«.

Tausende von Meilen gut gebauter Straßen verbanden die Städte des Inkareiches miteinander, das einstmals nicht auf Peru beschränkt war, sondern sich über Bolivien und Ecuador erstreckte. Sein Einfluß war sogar in den Wäldern des Gran Chaco in Brasilien spürbar. Da die Inka keine Fahrzeuge mit Rädern benutzten, brauchten diese Straßen nicht eben zu sein; ihre Steigungen sind daher häufig sehr steil. Tunnels und Brücken waren eben breit genug, um einen Menschen oder ein Lama durchzulassen. Die Brükken, die sich über die reißenden Flüsse und tiefen Canyons schwingen, waren gefährliche Konstruktionen; sie hingen an Stricken, die aus Lianen, den seilartigen Schlingpflanzen des peruanischen Dschungels, geflochten waren. Einige dieser Brücken waren über hundert Meter lang, sie hingen nach der Mitte durch und schaukelten im Wind, so daß fremde Reisende oft auf Händen und Knieen über sie krochen. Sie flößten den Spaniern Entsetzen ein – was man gerne vermerkt –, und wenn die Inka ebenso tüchtig als Strategen wie als Landwirte gewesen wären, hätten sie diese Seilbrücken zerschnitten und so vielleicht die endgültige Eroberung ihres Landes verzögert oder gar unmöglich gemacht.

Über dieses Straßennetz bewegten sich langsame Lamakarawanen, und flinke Läufer brachten ihre Botschaften von Stadt zu Stadt. Diese Botschaften waren nicht geschrieben, denn die Inka besaßen, wie schon gesagt, kein Schriftsystem, sondern benutzten die sogenannten Quipus, Knotenstricke, deren Anordnung der Knoten die gewünschte Auskunft gab. Mitunter schafften die Kuriere Leckerbissen für die königliche Tafel herbei. Eine alte Chronik weiß zu berichten, daß Fische aus dem Pazifik von diesen Kurieren über die Berge gebracht und in noch genießbarem Zustand in der Inkahauptstadt Cuzco abgeliefert worden sind.

Wie alle hochzivilisierten Völker, etwa die alten Ägypter oder Sumerer, nahmen die Inka Drogen ein, die das Bewußtsein verändern und die Härten und Unbilden des Lebens leichter tragbar machten. Der Alkohol spielte dabei eine große Rolle. Sie verstanden, ein sehr starkes alkoholisches Getränk, Chicha, zu brauen, mit dem sie sich oft tagelang berauschten. Rodriguez gibt einen komisch-entsetzten Bericht darüber, nachdem er in Titu Cusis Hauptquartier den Versuch unternommen hatte, diesen zum Christentum zu bekehren. Die Vorliebe der Inka für alkoholische Getränke zeigt sich in den zahlreichen Benennungen, welche ihre Sprache für die verschiedenen Stadien der Trunkenheit kennt.

Das Regierungssystem der Inka war ein wohlwollender Despotismus. Keiner hungerte, keiner war obdachlos. Das Land war Allgemeinbesitz und jeder seiner Bewohner hatte seinen zugewiesenen Anteil zu bebauen. Wenn er heiratete und Kinder bekam, wurde dieser Anteil entsprechend vergrößert. Die Nahrungsmittel wurden gerecht verteilt. Ein derartiges System erforderte eine hochentwickelte Organisation. Verordnungen aller Art regelten genau jede menschliche Beziehung und sogar das Verhalten des einzelnen. Faulheit wurde bestraft. Aber im ganzen gesehen scheint der Untertan anständig und gerecht behandelt worden zu sein. Wenn die Inka einen fremden Stamm besiegten, machten sie, im Gegensatz zu den Indianern Zentralamerikas, diese nicht zu Sklaven, sondern brachten sie dazu, sich ihrer eigenen Lebensform anzupassen. In dieser Hinsicht waren sie den Römern nicht unähnlich.

Ihre Religion beruhte zur Hauptsache auf der Anbetung der Sonne. Man kann in der Hauptstadt Cuzco und in anderen Städten noch Sonnentempel sehen; zur Zeit der spanischen Invasion hatten sie allerdings schon auf Menschenopfer verzichtet, sie scheinen nur noch unter den Küstenstämmen, über die sie herrschten, im Schwange gewesen zu sein.

Neben Sonne und Mond verehrten sie einen »unbekannten Gott«, einen alles durchdringenden Geist, den in Cuzco eine große flache Goldscheibe symbolisiert. Die Sonnenanbetung schien jedoch allgemein vorzuherrschen. Wie die Maya hatten auch die Inka ihre Konvente oder Internate, für Frauen und Mädchen aus adligen Familien, die »Sonnenjungfrauen« genannt wurden. Die Inkapriester übten einen Zauberbrauch des sogenannten »Sonnenanbindens«, der zur Zeit der Wintersonnwende vollzogen wurde. In verschiedenen Inkatempeln, zum Beispiel in Macchu Picchu, sind steinerne Pfosten zu sehen, die zu diesem Zauber gedient haben. Im Herbst und Winter sahen die Inka die Sonne, von der ihre Existenz abhing, weiter und weiter nordwärts verschwinden. Wenn man ihr nun gestattete, ihre Wanderung nach Norden fortzusetzen, bestand die Gefahr, daß sie nicht wieder zurückkehren könnte und damit die Ernte der Inka vernichtete. Die Priester, gute Astronomen, kannten das Datum der Wintersonnwende und veranstalteten zu diesem Zeitpunkt Zeremonien, in welchen die Sonne rituell an einen Pfahl »gebunden« wurde, wie man ein Tier anpflöckt. Und wenn dann die große Scheibe auf ihrem Weg innezuhalten und zurückzuwandern schien, wurde das Ansehen der Priesterschaft in den Augen des begeisterten Volkes vermehrt. Wahrscheinlich bestand ein ähnliches Ritual auch für die Zeit der Sommersonnenwende.

So also war die Zivilisation Perus beschaffen, als die ersten spanischen Schiffe mit ihren Frachten stahlgepanzerter Krieger, ihren Pferden, Offizieren und Priestern die Küste erreichten, voll Eifer, die Heiden zu einem Gott zu bekehren, der über die halbe Erde hinweg in Westasien zur Welt gekommen war. Diese tragischen Ereignisse, die man in ihren Einzelheiten auf den Seiten Prescotts und der spanischen Chroniken nachlesen sollte, können hier nur summarisch gehandelt werden. Als 1533 Pizarro die Inkahauptstadt Cuzco einnahm, wählte er unter den Inka einen jungen Adligen namens Manco und setzte ihn als König ein. Manco war zuerst in dieser Rolle glücklich, aber als er entdeckte, daß man in ihm nur eine Puppe in der Hand der Machthaber sehen wollte, zettelte er eine Verschwörung an, in der Hoffnung, daß eine indianische Übermacht die Eindringlinge aus dem Land jagen könnte. Aber Speere, Bogen und Schlingen waren den spanischen Feuerwaffen nicht gewachsen, besonders weil die Eroberer von mißvergnügten Indianerstämmen unterstützt wurden, die den Inka ihre Treuepflicht verweigerten.

Mancos Streitkräfte wurden geschlagen, und mit Weib, Familie und seinen Anhängern floh er aus der großen Stadt mit ihren Festungen, Palästen und Tempeln und zog in das Tal von Urubamba. Mit ihm waren seine drei Söhne, einer von ihnen war der damals sechsjährige Titu Cusi. Er war es, der später die Lebensgeschichte seines Vaters diktierte.

Das stille Tal des großen Urubambastroms war Mancos erste Rückzugslinie, aber die Spanier verfolgten ihn bald dahin. Nach heftigen Gefechten zog er sich nach Ollantaytambo, der letzten bedeutenden Inkastadt im Tal am Fuß der Berge zurück. Hier betranken sich unseligerweise einige seiner Soldaten bei einem Fest, das er den Einwohnern der Stadt gegeben hatte, und wurden von einer kleinen Abteilung der Spanier überrascht und in die Flucht geschlagen. Den Eindringlingen fielen unter anderem die Mumien seiner Inka-Ahnen, die Manco mit sich geführt hatte, nebst vielem Geschmeide und Wertgegenständen in die Hände. Mancos Weib wurde mit dem Knaben Titu Cusi und mehreren Mitgliedern des Königshauses gefangengenommen. Manco selber konnte sich in Sicherheit bringen und floh ins Hochgebirge, wo er eine uneinnehmbare Stellung bezog.

»Jedem ist es bekannt«, schreibt Bingham, »welches Wagnis es für Hannibal und Napoleon bedeutete, ihre Truppen über die vergleichsweise niedrigen Alpenpässe nach Italien zu führen. Es kann daher nicht überraschen, daß Pizarro es für unmöglich ansah, den Inka Manco über Pässe zu verfolgen, die höher als der Gipfel des Mont Blanc waren. Nirgends sonst in den Anden von Peru gibt es solch herrliche Schneegipfel. Veronica (6447 m), Salcantay (6850 m), Soray (6478 m) und Soiroccocha (6056 m) bestimmen die Kontur der Landschaft. Einige von diesen Gipfeln sind schon auf Hunderte von Meilen sichtbar, und keiner von ihnen ist bisher, soweit bekannt, erstiegen worden.«[71]

Die alten Chroniken berichten, daß Manco sich dort in einer Festung auf der Höhe des Gebirges verschanzt hatte. Sie wird unterschiedlich als »Vitcos«, »Uiticos« und »Pitcos« bezeichnet. Auch erzählen die zeitgenössischen Berichte von einer zweiten Festung mit Namen »Vilcabamba«. Manco und seine Leute befanden sich nun in einer trockenen aber gut bewässerten Bergregion. Es gab dort Kartoffeln und Mais, und der Inka und seine Anhänger hatten zu leben. Titu Cusi, der Nachfolger des Manco, erzählt, daß sein Vater Raubzüge zu machen liebte, um die spanischen Kaufleute auf der Straße zwischen Cuzco und Lima zu überfallen und auszuplündern. Dazu mußte er einen großen Fluß, den Apurimac (Apurimac bedeutet: großer Redner) mit einem Floß überqueren und sich in der Nähe der Straße in den Hinterhalt legen. Diese Überfälle waren trotz der Überlegenheit der spanischen Waffen erfolgreich. Die Inkakrieger benutzten ihre Speere, Wurfhölzer und starken Schlingen, die ein Pferd töten und ein Stahlschwert auf fünfzig Schritt Abstand entzweibrechen konnten. Sie wußten auch sehr geschickt mit den »Bolas« umzugehen, einer Waffe, die aus drei Steinen bestand, die an einen Strick gebunden waren[72].

Wenn man diese Stricke schleuderte, wickelten sie sich um die Beine der Pferde oder fesselten die Arme eines Menschen an seine Seite. Nach jedem dieser Raubüberfälle kehrten Manco und seine Leute in ihre Gipfelfestung Vitcos zurück.

Erbittert darüber entsandte Gonzalez Pizarro, der Bruder des Francisco, eine Truppe, um Manco zu fangen. Erschöpft, wie sie von der langen Kletterei in den Bergen waren, und von der Bergkrankheit befallen, die sich in Höhen über 5000 Meter einstellt, wurden diese Truppen aus dem Hinterhalt überfallen und niedergemetzelt. Nur eine Handvoll konnte entkommen.

Nach dieser Niederlage ließen die Spanier Manco eine Weile in Ruhe. Dann wurde Pizarro im Jahr 1542 von Anhängern seines Genossen Almagro ermordet. In dem Bürgerkrieg, der nun folgte, wurden die »Almagrites« besiegt und einige von ihnen flohen nach Vitcos zu Manco, der sie freundlich aufnahm. Die Führer dieser spanischen Rebellen waren Gomez Perez und Diego Mendez, von denen Vater Calancha sagt, »sie waren Schufte und der Gunst eines Manco unwürdig«. Schufte waren sie gewiß, aber daß sie der Gunst des Manco unwert waren, beweist das schreckliche Ereignis, das sich später zutrug. Zuerst ging alles gut. Die Überläufer lehrten Manco den Gebrauch der Feuerwaffen und die Kunst des Reitens. Als König Karl V. von Spanien 1544 einen neuen Vizekönig mit den strikten Anweisungen einsetzte, die Indianer besser zu behandeln, überredeten Gomez und Mendez den Inka, einen Brief an den neuen Vizekönig zu schreiben mit der Bitte, vor ihm erscheinen zu dürfen. Zugleich bat er darin um Gnade für die spanischen Rebellen, die bei ihm Zuflucht gesucht hatten. Gomez ging mit Mancos Brief nach Cuzco, wurde begnadigt und kehrte mit guten Nachrichten nach Vitcos zurück. Manco entschloß sich darauf, mit seinen Leuten nach Cuzco zu gehen und würde es zweifellos getan haben, wenn nicht ein Umstand eingetreten wäre, der beweist, wie ein Akt menschlicher Dummheit imstande ist, den Lauf der Geschichte zu ändern.

Wir haben verschiedene Lesearten des Hergangs dieser Geschichte. Die überzeugendsten sind die von Garcilasso Inca de la Vega (obgleich sein Bericht erst fünfzig Jahre nach dem Ereignis verfaßt worden ist) und von Titu Cusi, dem zweiten Sohn des Manco, der, nachdem er den Spaniern entkommen war, bei ihm in Vitcos lebte. Garcilasso sagt, daß die Überläufer den Inka verschiedene Spiele gelehrt hätten, Kugelstoßen, Scheibenwerfen und Schach. Sie nahmen diese Spiele sehr wichtig, und es gab – vielleicht vom »Chicha« befeuert – ständig Streitereien zwischen ihnen. Eines Tages, es war nach der Rückkehr des Gomez aus Cuzso, spielte dieser mit Manco Kugelstoßen und es gab Meinungsverschiedenheiten über die Weite eines Wurfes. »Dies«, schreibt Garcilasso, »kam häufig zwischen ihnen vor. Darum wollte Perez, ein heißblütiger Mensch ohne Verstand und Urteilskraft, diese dümmste Gelegenheit von der Welt benutzen, um sich einzumischen und den Inka herauszufordern.«

»Nicht länger gewillt, seine Grobheiten zu dulden, stieß der Inka ihn vor die Brust und forderte ihn auf, zu bedenken, mit wem er spräche. Perez, der in seiner Hitze und Leidenschaft weder an seine eigene noch an die Sicherheit seiner Gefährten dachte, hob die Hand und schlug den Inka mit der Kugel so heftig auf den Kopf, daß dieser zusammenbrach.«

Dies ist Garcilassos Darstellung. Der damals fünfzehnjährige Titu stellt den Vorgang anders dar.

Er sagt, daß bei einem Scheibenwerfen, als Manco gerade die Scheibe zum Wurf gepackt hatte, sich mehrere Spanier mit gezückten Schwertern auf ihn stürzten und ihn töteten, und daß sie, als Titu herzusprang, um seinen Vater zu schützen, eine Lanze gegen ihn schleuderten, die ihn knapp verfehlte. Er floh entsetzt ins Dickicht. Die Spanier suchten nach ihm, konnten ihn aber nicht mehr entdecken.

Eine dritte Version sagt, daß der Streit über eine Schachpartie zwischen dem Inka und Diego Mendez entbrannt sei, wobei der Spanier die Fassung verlor und den Inka einen Hund nannte. Empört über diese Beleidigung versetzte Manco dem Diego Mendez einen Fausthieb, worauf dieser ihn niederstach.

Die Spanier suchten zu entkommen, aber sie wurden – es tut gut, dies zu wissen – überwältigt, von ihren Rossen gezerrt und auf eine sehr unangenehme Weise umgebracht. Manco selber starb drei Tage später und ließ drei Söhne zurück, Sayri Tupac, Titu Cusi und Tupac Amaru. Es waren die drei letzten Inka, und ihre Geschichte wirft ein interessantes Licht auf ihre Charaktere. Titu Cusi war bei weitem der kräftigste und ansehnlichste von den dreien. Als Augenzeuge beim Tod seines Vaters war er von begreiflichem Haß gegen die Spanier erfüllt. Seine beiden Brüder dagegen vertrauten ihnen und gingen daran zugrunde.

Nach einer gewissen Zeit ließ Sayri Tupac, der offenbar ein sanftmütiges Geschöpf war, sich überreden, nach Cuzco zurückzukehren, wo er Christ wurde und eine Inkaprinzessin zur Frau nahm. Er starb schon nach zwei Jahren – an einer Krankheit, sagen die spanischen Berichte – an Gift, wie die Inka meinen. Titu Cusi, der inzwischen dreißig Jahre alt geworden war, floh, als er vom Tod seines Bruders erfuhr, in das unwegsame Cordillerental Vilcabamba und nahm dort den Thron in Besitz. Die alten Chroniken sagen, daß er seinen jüngeren Bruder Tupac Amaru in das »Haus der Sonne zu den erwählten Jungfrauen und ihren Matronen« gebracht habe. Dieses Heiligtum befand sich nicht in Vitcos, sondern in Vilcabamba, einem Ort, der, wie Bingham bemerkt, »den Spaniern unbekannt und daher die bevorzugte Residenz des Titu Cusi war«.

Einige wenige spanische Emissäre erreichten Vitcos und wurden dort mit verständlichem Mißtrauen empfangen. Es ist aber nicht überliefert, ob sie auch nach Vilcabamba gekommen sind, obgleich zwei Klosterbrüder die Erlaubnis erhalten hatten, sich in die Nähe zu begeben. Einer der interessantesten spanischen Berichte ist von Don Diego Rodriguez de Figueroa geschrieben, der den vergeblichen Versuch unternommen hatte, Titu Cusi zum Christentum zu bekehren. Er enthält eine fesselnde Beschreibung des Inka, des letzten seines Geschlechts in seinem Staatsornat, umgeben von seinem Hof und seinen Kriegern.

»Die dreihundert lanzenbewehrten Indianer und andere seiner Umgebung hatten für den Inka einen großen Schauplatz aus rotem Lehm hergerichtet. Dort erwarteten sie seine Ankunft und forderten mich auf, ihm dort zu begegnen... Viele Lanzen wurden auf einem Hügel zusammengestellt und Boten kamen und verkündigten die Ankunft des Inka... Der Inka erschien vor ihnen allen, mit einem Kopfschmuck aus vielfarbigen Federn, eine Silberplatte auf der Brust, in der einen Hand einen goldenen Schild und eine Lanze ganz aus Gold. Er trug Strumpfbänder aus Federn, an denen kleine hölzerne Glocken befestigt waren. Auf seinem Haupt saß ein Diadem und ein anderes lag um seinen Nacken. In der einen Hand hielt er einen vergoldeten Dolch, und er erschien in einer vielfarbigen Maske.«

So beschreibt (in einer Übersetzung von Sir Clements Markham) Rodriguez die Staatskleidung des Kaisers von Peru, wie sie in den Tagen der Inkamacht und -größe getragen wurde, als sie über ein Reich herrschten, das von den Urwäldern des Amazonas bis zur pazifischen Küste reichte.

Ich habe gesagt, daß der Charakter der drei Inka sich deutlich in ihren Schicksalen spiegelt. Titu Cusi, diese starke Persönlichkeit, muß ein verbitterter und rachsüchtiger Mann gewesen sein und ein hochintelligenter dazu. Sein Benehmen gegenüber Rodriguez und den unglücklichen Klerikern, die ihm später folgten, kann aus dieser Annahme leicht erklärt werden. Wahrscheinlich dachte er, daß er niemals hoffen durfte, die Spanier zu besiegen, und so begnügte er sich einstweilen damit, sie zu quälen und lächerlich zu machen. Es ist ihm zweifellos gelungen, und mit Vergnügen liest man die verwirrten Berichte der humorlosen Spanier, die offenbar die Possen nicht vorausgesehen hatten, die der einfallsreiche König ihnen spielte.

Zuerst lud der Inka den hochgeehrten Rodriguez in seine Residenz ein.

»Sein Aussehen«, schreibt dieser, »war durchaus ernst und männlich. Er trug ein Hemd aus blauem Damast und einen Mantel aus sehr feinem Gewebe. Es wurde ihm auf Silber serviert, und zwanzig oder dreißig gut aussehende Frauen hielten sich hinter ihm. Er lud mich zum Essen dorthin ein, wo er mit seinem Weib und seinem Statthalter war.«

Nachdem er den spanischen Emissär gefragt hatte, »ob er schon die Bekanntschaft mit seinen Häuptlingen gemacht habe, entfernte sich der Inka in der gleichen Weise, wie er gekommen war, unter den Klängen silberner Flöten und Trompeten. In dieser Nacht waren Wachen von hundert Indianern gestellt, die in einzelne Posten eingeteilt waren, und Flöten und Trommeln wurden gespielt, um jeden Posten aufzurufen«.

Am nächsten Morgen berief der König Rodriguez zu sich, um seine Truppen zu besichtigen, die offenbar ausgiebig getrunken hatten und dazu von dem Inka ermuntert worden waren. Von einer Anhöhe aus besichtigte der Spanier die »Festlichkeit, die der König veranstaltet hatte, und hörte die Gesänge. Die Tänze waren Kriegstänze, sie hielten Speere in den Händen und warfen sie einander zu. Ich glaube, daß sie diese Dinge unter dem Einfluß der großen Menge von Chicha taten, den sie getrunken hatten«.

Er hatte recht. Ein Teil der Darbietungen, die Titu Cusi für seine Gäste vorbereitet hatte, war eine Schaustellung von sechshundert Anti-Indianern, wilden Kriegern aus den Dschungeln des Amazonas, die sich reichlich mit Chicha gestärkt hatten.

Sie kamen in guter Ordnung näher, erwiesen der Sonne und dem Inka ihre Reverenz und nahmen ihre Plätze ein. Dann begann der Inka wieder seine Lanze zu schwingen und sagte, er könne alle Indianer in Peru aufwiegeln, er brauche nur den Befehl zu geben... Dann boten ihm die Anti an, wenn er es befehle, würden sie mich roh auffressen. Sie sagten zu ihm: »Was willst du mit dem kleinen Bärtigen da machen, der dich betrügen will? Es ist besser, wir fressen ihn sofort.«

»Dann kamen zwei der abtrünnigen Orejones gerade auf mich zu, mit ihren Speeren in den Händen, schwangen ihre Waffen und sagten: Diese Bärtigen! Unsere Feinde![73]. Ich lachte dazu, aber im gleichen Augenblick empfahl ich Gott meine Seele. Ich bat den Inka um Schutz, und er versteckte mich bis zum Morgen.«

Offenbar war der Inka doch vom Mut und dem Takt der Gäste so beeindruckt, daß er gegen den Willen seiner Indianer die Aufrichtung einiger Kreuze gestattete. Es scheint, daß er sich mit der Absicht trug, Vitcos zu verlassen und nach Yukay im unteren Tal zurückzukehren, wo Sayri Tupac gelebt hatte. Als aber die Spanier, vom Erfolg ihres Gesandten ermutigt, einen neuen Emissär mit dreißig Soldaten über die Straße zur Festung des Inka entsandten, ließ Titu Cusi klugerweise die Brücke zerstören, und sie mußten umkehren. Rodriguez wurde nach Cuzco zurückgeschickt, aber der Inka behielt einen spanisch sprechenden Sekretär in seinen Diensten, der dann Titu Cusis Lebensbericht niederschrieb.

Später kamen die beiden unglückseligen Augustinermönche, Bruder Diego und Bruder Marcos, deren Geschichte etwas Tragikomisches hat. Es war im Jahr 1565, als der bigotte König Philipp II. sich entschlossen hatte, den christlichen Glauben in seinem ganzen Reich durchzusetzen. Zunächst schien Titu Cusi geneigt, die neue Lehre anzunehmen, und gestattete einem der beiden Fratres, eine Kirche an einem Ort mit Namen Puquira, »der Ort, wo der Inka hofhielt und seine Truppen hatte«, zu bauen. Puquira war in der Nähe von Vitcos, und sein Name ist wichtig, weil er Bingham einen der Fingerzeige gab, die ihn zur Entdeckung der verlorenen Inka-Städte führten. Hinsichtlich der Geschichte der beiden Augustiner haben wir uns auf den moralisierenden Vater Calancha zu verlassen, der natürlich voller Vorurteile steckte. Aus seinem Bericht entnehmen wir soviel, daß Bruder Diego ein freundliches, höfliches Gemüt war und von den Indianern geliebt wurde, weil

Drei große Statuen hethitischer Gottheiten aus Tell Halaf, Syrien. Angetan mit den bekannten hohen konischen Kopfbedeckungen der Hethiter stehen die drei mächtigen Gestalten auf quadratischen Steinsockeln auf dem Rücken von Fabeltieren.

Ceylon, Polunnaruwa. Ein stehender Buddha bewacht einen ruhenden, der zu seinen Füßen liegt.

Pompeji, Triumphbogen und Macellum.

Chichen-Itza. Der Chichanchob oder »rotes Haus«, das besterhaltene Beispiel noch vorhandener Maya-Architektur.

Sargon II. von Assur, 720 v. Chr. Der König mit neuassyrischer Königsmütze und sorgfältig ausgeführter Haar- und Barttracht. Kalkstein, Museum Turin.

Bronzene Votivgabe aus Luristan, Persien. Sie zeigt stilisierte Tiere, Steinböcke und Raubkatzen. Funde aus den Steingräbern aus Luristan sind unbekannter Herkunft, zeigen jedoch mesopotamischen Einfluß.

Syrisch, etwa 1500 bis 1200 v. Chr. Stilisierte Gottheit mit Speer und Schlange. Britisches Museum.

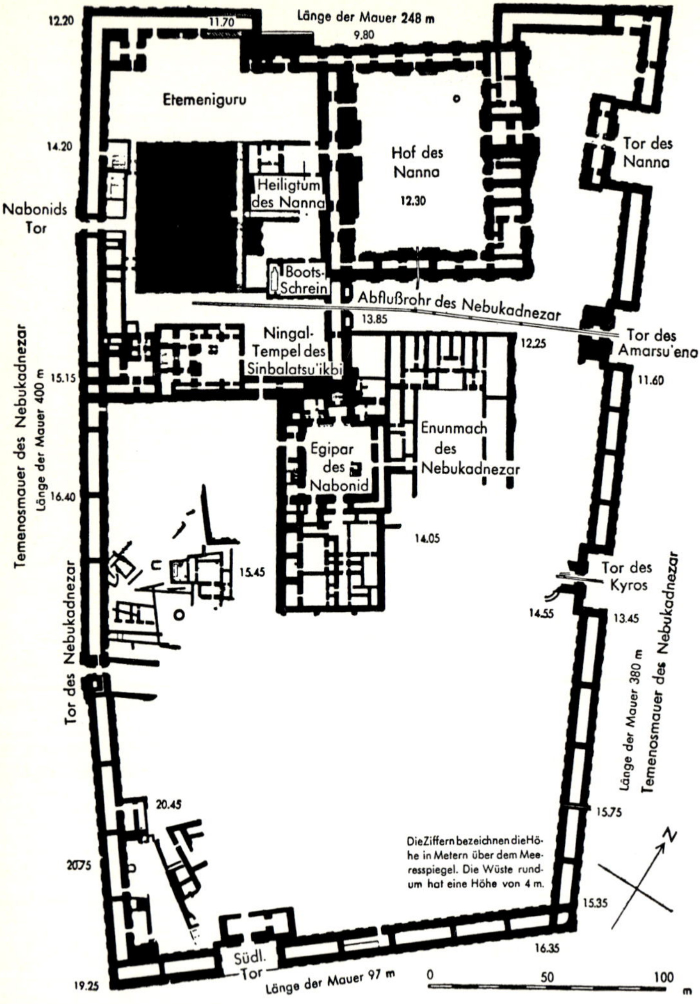

Temenosmauer des Nebukadnezar in Babylon.

er Kranke kurierte, während Bruder Marcos ein intoleranter Frömmler gewesen sein muß, der gegen die Vorliebe der Indianer für Chicha wetterte, welches, nach Calanchas Worten, »zu Blutschande, Sodomie und Totschlag treibt«. Der Gipfel seiner Unklugheit war – wenn auch ein gewisser Mut dazu gehörte – die Entweihung des Sonnentempels bei Vitcos, von dem Calancha sagt, daß er »in einem Dorf namens Chuquipalpa lag« und *»einen weißen Felsen über einer Quelle enthielt«*[74].

Diese knappe Beschreibung gab Bingham einen weiteren Hinweis.

Es spricht sehr für die Duldsamkeit des Inka, daß er nicht unverzüglich den Befehl gab, die beiden Brüder hinzurichten; vielleicht band ihm die Beliebtheit, die Bruder Diego unter den Armen genoß, die Hände.

Aber er unterzog die beiden heiligen Männer einer schweren Prüfung. Ein genaues Studium der Berichte Calanchas läßt mich vermuten, daß Titu Cusi zweifellos gelernt hat, die beiden vornehmsten christlichen Tugenden seien Mut und Keuschheit und daß er diese durch ein praktisches Experiment erproben wollte. Calancha sagt dies natürlich nicht ausdrücklich, aber der Inka war ein intelligenter Mann, und die lächerlichen Situationen, in die er die beiden Brüder brachte, erscheinen mir als die Launen eines Zynikers mit einem Geschmack an handgreiflichem Schabernack.

Die beiden Augustiner hatten wiederholt darum gebeten, Titu Cusis Hauptsitz, Vilcabamba, besuchen zu dürfen, den bisher noch kein Spanier gesehen hatte, und wo sich, nach Calanchas Worten, eine »Universität der Götzenverehrung« befand, in welcher die erwählten Sonnenjungfrauen lebten. Schließlich willigte Titu Cusi ein. »Kommt mit mir«, sagte er, »ich will Euch unterhalten.« Es war, wie die Missionare berichteten, eine lange und beschwerliche Reise von drei Tagen von Puquira, dem Hauptquartier der Inka-Armee, bis zu dem großen Heiligtum in den Bergen. Es war in der Regenzeit, und die Brüder hatten eine kalte und schlechte Reise zu überstehen. Als sie »einen Ort, Ungacacha genannt«, erreichten, fanden sie die Straßen überschwemmt.

»Kurz nach Tagesanbruch«, sagt Calancha, »glaubten die Mönche, als sie in die Ebene hinabstiegen, an einen See gekommen zu sein. Der Inka sagte zu ihnen: ›Wir alle müssen durch das Wasser hindurch.‹ O grausamer Apostat![75] Er selber reiste in einer Sänfte und die beiden Priester gingen barfuß! Die beiden Geistlichen gingen in das Wasser und schritten freudig voran, weil sie wußten, daß sie diese Qualen und Unbilden auf sich nahmen, des Hasses wegen, den der Inka ihren Gebeten entgegenbrachte... Kalt und mit Schlamm bedeckt kamen sie aufs Trockene, und dort mußten sie von dem Inka hören, daß er diesen beschwerlichen Weg nur gewählt habe, weil er dachte, er würde ihnen ihr Unternehmen so verleiden, daß sie lieber von da nach Cuzco gehen würden.«

Vater Cahacha sagte, daß die Indianer »die Straßen mit Wasser überflutet und das Land überschwemmt hätten, indem sie den Fluß aus seinem Bett leiteten, weil die Brüder so oft gebeten und so manchmal versucht hätten, nach Vilcabamba zum Predigen zu kommen, weil es die Hauptstadt und eine war, in der sich die Universität des Götzendienstes und die Lehrer der Zauberei und der Greuel befanden.«

Keiner der Priester bekam jemals die große Stadt zu Gesicht. »Der Inka«, schreibt Calancha, »wollte nicht, daß die Brüder in der Stadt lebten, und befahl, ihnen Unterkünfte außerhalb zu geben, so daß sie die Andachten, Zeremonien und Riten nicht sehen konnten, welche der Inka und seine Häuptlinge alltäglich mit ihren Zauberern veranstalteten.« Hier mußten sie bleiben und gegen den Götzendienst predigen, und hier unterzog sie Titu Cusi einer zweiten Probe, die diesmal ihrer Keuschheit galt. Calanchas Bericht ist eines der köstlichsten Beispiele unfreiwilligen Humors, denen ich je begegnet bin, doppelt belustigend durch die feierliche Form, in der er vorgetragen ist.

Offenbar hatte der Inka sorgfältig einige der schönsten der Erwählten Sonnenfrauen ausgesucht, hauptsächlich solche, die aus den heißen, feuchten Tälern nahe der Küste stammten, wo »Sittsamkeit und Keuschheit unbekannt waren«. Es waren die schönsten und anmutigsten dieser Gegend, die schönstgeschmückten und zweifellos die verführerischsten. »Diese Frauen machten Gebrauch von allem, was der Teufel sie lehren konnte, und sie wandten alle Künste der Sinnlichkeit und die gefährlichsten Gaben der Verführung an. Aber die apostolischen Männer verteidigten sich so tapfer, daß die Frauen umkehrten, besiegt und beschämt...«

Aber der Inka war noch keineswegs besiegt. Und er schaffte Reserven zur Stelle. In tiefer Nacht wurden schöne Frauen, als Mönche verkleidet, zu den Priestern geschickt, und »da weder die indianischen Häuser noch ihre Tavernen Schlösser und Türen hatten, konnten diese Frauen bis zu den Betten der Brüder vordringen... Diese Angriffe der Frauen dauerten Tag und Nacht fort, die Kleider wurden getauscht und immer wieder neue Indianerinnen ausgesandt. Als die Mönche ihre Häuser verließen und ins Land flohen, spürten sie sie auf. Die Angreifer ließen nicht ab, immer neue Listen zu erfinden und schreckliche Versuchungen zu erproben.«

Nach dieser Prüfung, aus der die Brüder offenbar siegreich hervorgegangen waren, scheint Titu Cusi toleranter geworden zu sein; er gestattete ihnen, nach Puquira zurückzukehren und ihr geistliches Amt fortzusetzen. Aber zu dieser Zeit versuchten sie, den Sonnentempel »mit dem weißen Felsen über der Quelle« zu entweihen. Bruder Marcos wurde mit Steinwürfen aus dem Land gejagt, aber Bruder Diego durfte bleiben. Sein Ende war tragisch. Nach einem Vorkommnis, das Bingham als »feuchte Gesellschaft« bezeichnet, zog Titu Cusi sich eine doppelseitige Lungenentzündung zu. Bruder Diego versuchte, ihn mit seinen einfachen Medizinen zu heilen, oder wenigstens seinen Glauben zu stärken und ihm die Absolution zu erteilen. Aber Titu Cusi starb und eine seiner Frauen klagte den Priester an, den Tod des Inka verschuldet zu haben. Bruder Diego wurde »mit großer Grausamkeit« umgebracht, und Vater Calancha widmet den Einzelheiten seines Todes viele Seiten.

Das Ende des letzten Inka, Tupu Amaru, folgte bald danach. Der junge Mann wurde aus dem Haus der Erwählten Frauen, in das ihn Titu Cusi gebracht hatte, geholt und als König eingesetzt. Aber ihm fehlte entweder der Mut seines Vaters oder die Verschlagenheit seines Bruders. In Regierungs- und Kriegsgeschäften schlecht unterwiesen, war er den Spaniern nicht gewachsen. Sein Sturz wurde durch eine unglückliche Verkettung von Umständen beschleunigt. Zunächst hatte der Vizekönig ihn eingeladen, nach Cuzco zurückzukehren, aber der Gesandte, der die Einladung überbringen sollte, wurde auf dem Weg zu der Inka-Festung ermordet. Erzürnt entsandte der Vizekönig eine Strafexpedition unter einem gewissen Kapitän Garcia, mit dem Befehl, den Inka gefangen zu nehmen. Und während Titu Cusi oder Manco nun die Brücken zerstört und die Verteidigungsstellungen gegen die Spanier alarmiert hätte, ließ Tupac Amaru die Brücken offen und die Forts unbemannt. Garcia stürmte die »junge Festung« – wahrscheinlich Vitcos – und nahm sie ein. Den Inka und die wenigen Getreuen, die ihm geblieben waren, verfolgte er durch das Tal des

Pampaconas bis tief in die Dschungeln des Amazonas. Es war eine unbarmherzige Jagd, bei der die Spanier großen Mut zeigten. Garcia und seine Leute durchwateten halbverhungert und barfuß die Stromschnellen, errichteten Flöße, hackten sich ihren Weg durch Dschungelpfade, bis, nach Garcias eigenem Bericht, der Inka es vorzog, sich den Spaniern in die Hände zu liefern, als »vor Hunger umzukommen«.

Das Ende war unvermeidlich. Der letzte Inka wurde im Triumph nach Cuzco gebracht und nach einem Scheinverhör samt seinem Weib und seinem Gefolge »mit teuflischer Grausamkeit« umgebracht.

Wenn der »Götzendiener« Titu Cusi noch am Leben gewesen wäre, hätte er seinen Bruder davor warnen können, was er von den Soldaten des Kreuzes zu erwarten hatte.

14. Die Entdeckung von Vilcabamba

Die wichtigsten Anhaltspunkte, welche Bingham zur Entdeckung der verlorenen Inka-Städte geführt hatten, sind im vorangegangenen Bericht erwähnt. Sie und die mündlichen lokalen Überliefe-rungen waren alles, woran er sich zu halten hatte, als er im Jahr 1911 seine Expedition nach Peru unternahm. Ein kühner Alpinist, hatte er bereits im Alter von vier Jahren die ersten Bergbesteigungen mit seinem Vater unternommen. Und schon als junger Mann, so erzählt er uns, »war ich begierig, mich über die Geschichte Südamerikas zu unterrichten und ein Buch über den großen General Simon Bolivar zu schreiben, dessen Weg ich über die Anden von Venezuela bis Columbia verfolgte«. Als Delegierter des ersten panamerikanischen wissenschaftlichen Kongresses machte er im Jahr 1908 eine Reise in die Anden und folgte der alten spanischen Handelsstraße von Buenos Aires nach Lima. Von Cuzco aus drang er auf einem Maultier reitend in die Anden ein und kam zum erstenmal in Berührung mit dem Land der Inka. Ihre Geschichte und das großartige, unerforschte Bergland fesselten ihn derart, daß er beschloß, mit einer gut ausgerüsteten Expedition wieder dahin zurückzukehren, »in der Hoffnung«, so sagt er, »den höchsten Berg Amerikas (den Corupa, über 7000 Meter) zu bezwingen, eine Menge geologischen und biologischen Materials zu sammeln und darüber hinaus die verlorene Hauptstadt der Inka zu entdecken«. Er war zu jener Zeit noch nicht Archäologe.

Er war begleitet von Professor Isaiah Bowman, dem Geologen und Geographen der Expedition, Professor Harry W. Foote, einem Naturwissenschaftler, Dr. William G. Erwing, einem Arzt, dem Topographen Kay Hendrikson, dem Ingenieur H. L. Tucker und einem Assistenten, Paul B. Lanius.

Er war natürlich nicht der erste Forscher, der dieses Gebiet aufgesucht hatte; Castelnau, Marcou, Wiener, Squier und andere waren schon dort gewesen. 1834 hatte der Graf de Sartiges schon eine lange abenteuerliche Reise in die Anden gemacht, ebenso Raimondi 1865. Beide haben ausführliche Berichte geschrieben, und Raimondi hatte eine Karte gezeichnet, die Bingham zusammen mit neuerem Kartenmaterial für seine Reise benutzte. Von Cuzco aus mit seinen prächtigen Inka-Tempeln und Palästen bewegte sich die Expedition entlang dem Urubambatal, ließ Ollantaytambo zurück und erreichte Torontoy, das Ende des milden bebauten Tales und den Anfang des großen Canyon des Urabamba.

Gegen Ende der neunziger Jahre, etwa zwölf oder fünfzehn Jahre vor Binghams Expedition, war eine Straße in den Hang des Canyons gesprengt worden, die dem Flußlauf folgte. Vorher war es unmöglich gewesen, entlang dem Grund des Canyon zu reisen.

»Der Urubamba, der sich seinen Weg durch die Granitfelsen gesucht hatte, bildete hier Stromschnellen, die zu überqueren viel zu gefährlich war, und Schluchten, die, wenn überhaupt, nur mit äußerster Anstrengung und Lebensgefahr zu überwinden waren. Es hat hier wahrscheinlich einmal ein Fußpfad bestanden, der sich dem Fluß entlang wand, über den die Indianer teils über die Klippen kletternd und teils sich an Lianenstricken über die Tiefen schwingend, zu den Alluvial-Terrassen des Tals gelangt waren.«

Bevor die Flußstraße gebaut worden war, gab es nur zwei Zugangsmöglichkeiten von Cuzco zum unteren Urubambatal. Die eine führte im Norden über den Panticallapaß, die andere über die Paßhöhe zwischen dem Salcantay und dem Soray. In beiden Fällen erreichten die Pässe Höhen von mehr als 4000 Metern und waren häufig unbegehbar, so vor allem im Winter. Das Bergmassiv zwischen den beiden verschiedenen Zugangsstraßen war bis zum Bau der Talstraße praktisch noch unerforscht. Es war vierhundert Jahre lang unzugänglich geblieben.

Es gibt mehrere Inka-Städte in Peru, einige davon in abgelegenen Gebieten, und einige hat man für die vermutliche Lage der verlorenen Städte Vitcos und Vilcabamba gehalten. Bingham hat einige davon untersucht, so die Bergfestung Choqquequirau, die das obere Tal des Apurimac, des »großen Redners«, beherrschte. Um Choqquequirau zu erreichen, mußte Bingham eine 90 Meter lange Hängebrücke benutzen, die, nur einen Meter breit und höchst unstabil gebaut, über Stromschnellen von solcher Wildheit und Lautstärke führte, daß einem die Sprache versagte. »Kein Mensch wird je in die Verlegenheit kommen, in den Anden schwimmen zu lernen«, kommentiert er.

Aber der Forscher war nicht sicher, daß Choqquequirau tatsächlich eine der Inka-Städte war, von denen die Chroniken des sechzehnten Jahrhunderts berichten, und Don Carlos Romero, ein peruanischer Gelehrter, stimmt ihm bei, wenn er sagt, daß »die Chroniken genügend Beweise enthalten, daß Choqquequirau nicht die letzte Inka-Hauptstadt gewesen sei, und daß diese möglicherweise unerreichbar in einem Gebiet gelegen hat, dessen Schneegipfel ich erblickt habe«.

Dank der neuen Straße konnten nun Bingham und seine Gefährten ihren Weg entlang dem Urubamba nehmen und nach einem »großen weißen Felsen über einer Quelle« Ausschau halten.

»Die Straße führt durch ein Gebiet von unvergleichlichem Zauber. Es vereinigt die majestätische Größe der kanadischen Rockies mit der erstaunlichen Schönheit des Nuuanu Pali bei Honolulu und den reizenden Anblicken des Koolau-Ditch-Trail auf Maui, wo ich geboren bin[76]. Ich kenne keinen Flecken Erde, der an Vielfalt der Reize und Großartigkeit seines Zaubers mit diesem verglichen werden kann. Es sind nicht nur die gewaltigen Schneegipfel, die mehr als zwei Meilen hoch über den Wolken aufglänzen, und die gigantischen Schluchten, die Hunderte von Metern steil über den schäumenden, glitzernden und heulenden Stromschnellen emporwachsen, sondern in bestrickendem Gegensatz dazu auch die ungewöhnliche Schönheit einer üppigen Vegetation von Orchideen und Baumfarnen und der ganze geheimnisvolle Zauber des Dschungels. Unwiderstehlich wird man von immer neuen, wechselnden Überraschungen durch die tiefe Schlucht gelockt, die sich an überhängenden Klippen von unglaublicher Höhe vorbeiwindet und dreht.«

Hier und da trafen die Forscher auf alte Fußpfade, und später dann, als sie die untere Mündung der Schlucht erreicht hatten, auf wundervoll angelegte Terrassen, welche die Inkas an den Talwänden hinaufgeführt hatten. Sie begegneten auch mehreren Inka-Städten und Festungen, aber keine von ihnen paßte auf die Beschreibung von Vitcos. Einmal allerdings fand Bingham eine Bergfestung von einer Größe und Schönheit, die ihn in Erstaunen setzte, aber da er ihre Bedeutung nicht gleich erkannte, folge ich seinem Beispiel und hebe die Beschreibung für das Ende dieses Kapitels auf.

Bingham und seine Gefährten zogen also flußabwärts und machten in Dörfern und einzelstehenden Gehöften Halt, um die

Bewohner nach Inka-Spuren auszufragen. Bingham führte Auszüge aus den alten Chroniken mit sich, die er seinen indianischen Gastfreunden zeigte, oder aus denen er ihnen vorlas. Gewöhnlich zog er eine Niete; da gab es Inka-Ruinen hier, oder dort, oder über den Bergen, aber wenn er die Angaben nachprüfte, paßten sie auf keine seiner Beschreibungen. In einem Ort machte ihm ein Mestize, der das Wort »Yurak Rumi« (weißer Stein) gehört hatte, neue Hoffnungen, indem er versicherte, es gäbe in der Nachbarschaft eine Stelle dieses Namens. Man mußte sich einen Weg durch die Wildnis bahnen, um dahin zu gelangen. Aber als sie schließlich die Stelle erreicht hatten, fanden die erschöpften Reisenden nichts als ein primitives Inka-Haus ohne jede Bedeutung.

In der Stadt Santa Ana trafen sie am Ende einer Kanureise auf dem Urubamba einen Columbianer, Don Pedro Duque, der schon lange Jahre in Peru lebte. Er zeigte sich höchst interessiert an der Unternehmung, aber er wußte von keinem Platz im ganzen Gebiet, dessen Name auch nur entfernt an Vitcos erinnert hätte. Don Pedro lud alle seine Freunde und Nachbarn in sein Pflanzerhaus ein und stellte ihnen die Frage. Und wieder kein Ergebnis. Das war alles sehr entmutigend. Bingham entschloß sich nun, das Vilcabambatal zu erforschen und dazu die Karten zu benutzen, die der ausgezeichnete Kartograph Raimondi aufgenommen hatte, als er vor mehr als siebzig Jahren die Gegend besichtigt hatte. Bingham hatte das Gefühl, daß nach den zeitgenössischen Berichten des Balthasar de Opampo und Kapitän Garcia doch vielleicht das Vilcabambatal das »Tal von Vitcos« sein könnte, durch das der letzte Inka, Tupac Amaru, zu fliehen versucht hatte. Aber Raimondi hatte keinerlei Inka-Ruinen in diesem Gebiet erwähnt, und so »blieb es bei einem Gefühl beträchtlicher Unsicherheit, mit dem wir an unsere Aufgabe gingen«. Sie erreichten schließlich das Tal, das von hohen, dschungelbedeckten und sehr steilen Bergen eingefaßt ist. In dem Dorf Lucma trafen sie den »Gobernador« Mogrovejo, einen örtlichen Beamten, der die Gegend sehr genau kannte. Bingham bot dem Manne einen peruanischen Silberdollar für jede Ruine, zu der er sie führen könnte. Der alte Mann erklärte sich nach einigem Zögern bereit, ihnen zu helfen, obgleich auch er nie etwas von einem Ort Vitcos gehört hatte und keine der andern Örtlichkeiten kannte, die in Vater Calanchas' vierhundertjähriger Chronik genannt waren. Im übrigen machte der Gobernador keinen Hehl aus seiner Verachtung dem ganzen

Unternehmen gegenüber.

Am nächsten Tag verließen sie Lucma, wateten durch den Fluß und sahen jenseits »einen abgeflachten Hügel an 300 Meter hoch, dessen Kuppe stellenweise mit Gebüsch und Baumwerk bestanden war und dessen Wände steil und felsig waren«. Mogrovejo sagte, auf der Höhe des Hügels stände eine Ruine, und daß der Hügel Rosapata genannt werde. Rosapata ist ein Wortbastard. Pata ist das indianische Wort für Hügel und Rosas das spanische für Rose. Bingham interessierte das zuerst nur mäßig, bis jemand nebenbei erwähnte, daß das Dorf am Fuß des Hügels Puquiura hieß.

Puquiura... das war doch der Name des Ortes, an dem Titu Cusi den Rodriguez in Audienz empfangen hatte, der Ort, in dem die beiden Augustinermönche eine Kirche errichtet hatten. Sollte es sich um das gleiche Puquiura handeln? War dem so, dann konnte Vitcos nicht weit sein, denn waren nicht Bruder Marcos und Bruder Diego zu Fuß von Puquiura nach dem »Haus der Sonne« gegangen, von dem Calancha sagte, es sei »nahe bei Vitcos«? Als aber die Forscher das Dorf erreicht hatten, gab es ihnen keinerlei Anhaltspunkte. Keines seiner Gebäude war von historischem Alter.

Nachdem sie den Vilcabamba und seinen Nebenfluß, den Tincochaca, überquert hatten, folgten Bingham und seine Begleiter ihrem Führer Mogrovejo auf die Hänge des Rosapata. Sie stießen zunächst auf eine alte und sehr zerfallene Ruine in einem Sattel des Hügels an seiner Südseite. Es war offenbar ein Inkabau, vielleicht eine kleine Festung, aber es war nicht Vitcos. Als sie weiter hinaufkletterten, entsann sich Bingham der Beschreibung, die Kapitän Garcia gegeben hatte, »auf einer beträchtlichen Anhöhe, umgeben von zackigen Felsspitzen und Dschungel, sehr gefährlich zu ersteigen und beinahe unerreichbar«.

Als sie schließlich die Höhe erreicht hatten, fanden sie, daß es tatsächlich »eine beträchtliche Anhöhe und von zackigen Felsspitzen umgeben« war. An der Seite, die noch am leichtesten zugänglich schien, trafen sie auf eine lange Mauer, die so sorgfältig gebaut war, daß ein Belagerer dort keine Möglichkeit gehabt hätte, Fuß zu fassen. Und auf der höchsten Höhe des Hügels sahen sie Ruinen von Gebäuden, die einen Hof von etwa 50 mal 60 Metern umgaben. Rund herum standen dreizehn oder vierzehn Gebäude ungefähr im Quadrat, mit einem großen und mehreren kleineren Höfen. Auch diese waren ersichtlich von den Inka gebaut, aber sie waren von Schatzsuchern so verwüstet, daß Bingham ihre ursprünglichen Maße nicht mehr feststellen konnte. Aber was ihn am stärksten fesselte, war ein mächtiges Bauwerk von ungefähr 80 Meter Länge und 15 Meter Breite mit dreißig Eingängen, fünfzehn auf jeder Längsseite, aber keinerlei Fenstern. Von der Front zur Rückseite führten drei Durchgänge, zwischen denen sich große Räume befanden. Die Eingänge zu diesen Korridoren bestanden aus sorgfältig behauenem Granit, auch die drei Meter langen Türstürze bestanden aus Blöcken von weißem Granit. »Es war«, schreibt der Forscher, »in der Tat eine Residenz für einen Inka-König, der von Cuzco verbannt war.« Und ihm kam die Beschreibung in den Sinn, die der spanische Chronist Ocampo von Vitcos gegeben hatte:

»Da ist eine ausgedehnte Fläche mit einem prächtigen und majestätischen Gebäude, das mit großem Geschick und viel Kunst errichtet ist. Seine Torstürze, die der Haupt- wie auch der gewöhnlichen Eingänge, sind aufs schönste behauen.«

Mit dem Wort »behauen« mochte Ocampo nicht gemeint haben, »mit Steinmetzarbeiten geschmückt«, sondern »gut behauen«. Die Baulichkeiten auf der Höhe des Hügels von Rosapata schienen wirklich auf Ocampos Beschreibung der »Festung von Vitcos« zu passen, aber noch immer war Bingham nicht völlig überzeugt. Wo war der Yurak Raimi, der »große weiße Felsen über einer Quelle«, der in der Nähe sein sollte? Aber am gleichen Abend sagte in Tincochaca ein indianischer Freund des Mogrovejo ganz nebenher als Antwort auf die so oft gestellte Frage: »O ja, da *ist* ein großer weißer Felsen über einer Quelle. Es ist nicht weit von hier in einem Tal. Ich werde es euch morgen zeigen.«

Aber noch einmal gab es eine Enttäuschung. Der Führer brachte die Forscher zu einem großen weißen Felsbrocken, in dessen Seite ein Sitz eingehauen war. Nahe dabei war ein Grab, das vielleicht einmal Inka-Mumien enthalten hatte. Aber da war keine Quelle, die zu Calanchas Beschreibung gestimmt hätte, und wenn es auch ein Inka-Monument war, so konnte es doch nicht als »Tempel der Sonne« beschrieben worden sein. Jetzt mögen Bingham und seine Begleiter begonnen haben, den mürrischen Pessimismus ihres Führers zu teilen, dessen einziges Interesse an den Inka-Ruinen sich auf den Silberdollar beschränkte, den er für jeden Fund einheimste, und der das ganze für sinn- und zwecklos hielt. Schließlich hatte er doch die meiste Zeit seines Lebens hier verbracht, und wenn er nichts von einem solchen Platz wußte, warum sollte dann diese Gruppe von Amerikanern erwarten dürfen, ihn zu finden?

Vielleicht wurde Bingham selber jetzt schwankend, aber er ließ sich nichts anmerken. Doch am gleichen Nachmittag, als sie einem kleinen Rinnsal durch dichten Wald nachgegangen waren und an einen offenen Platz kamen, sahen sie etwas in der Abendsonne leuchten. Es war ein großer weißer Felsen, und unter Bäumen versteckt die Reste eines Inka-Tempels, der »einen riesigen Granitfelsen umgab und stellenweise einschloß, der sich über einen kleinen Tümpel rinnenden Wassers neigte«. Es war am späten Nachmittag des 9. August 1911.

»Ringsum war keine menschliche Behausung zu sehen und kaum ein Ton zu hören; es war ein idealer Platz zur Ausübung der mystischen Zeremonien des alten Kults. Der bedeutende Anblick des großen Steines und das dunkle Wasser in seinem Schatten hatten die Stelle zu einem Ort der Anbetung werden lassen. Es war zweifellos der bedeutendste ›Mochadero‹ dieser bewaldeten Berge und er wird heute noch von den Indianern der Umgegend verehrt. Wir hatten endlich die Stelle gefunden, an der in den Tagen des Titu Cusi die Inka-Priester ihr Gesicht nach Osten wandten und die aufgehende Sonne grüßten, indem sie ›die Hände zu ihr erhoben und ihr Küsse zusandten‹... Wir können uns diese Sonnenpriester in ihren köstlichen Zeremoniengewändern vorstellen, wie sie auf der Spitze des Felsens an seinem steilsten Abhang stehen, die Gesichter erhellt vom rosigen Licht des frühen Tages, und den Augenblick erwarten, in dem die große Gottheit über den östlichen Hügeln erscheinen und ihre Anbetung entgegennehmen würde. Und wenn sie dann erscheint, sehen wir die Priester sie begrüßen und hören sie ausrufen: ›O Sonne! Die du in Frieden und Unverletzbarkeit bist, leuchte uns, bewahre uns vor Krankheit und schenke uns Gesundheit und Sicherheit. O Sonne! Du, von der es heißt, du habest gesagt, lasset hier Cuzco und Tampu entstehen, gewähre uns, daß deine Kinder, die Inka, alle andern Völker besiegen. Wir flehen dich an, daß die Inka allzeit siegreich sein mögen, weil du sie erschaffen hast.‹[77]«

So war also Rosapata wirklich Vitcos. Und Puquiura war Puquiura. Und dies war der Sonnentempel, den die Mönche entweiht hatten. Aber noch war Vilcabamba nicht gefunden, die bevorzugte Residenz des Titu Cusi mit ihrem Haus der erwählten Frauen und andern Denkmalen der Götzenverehrung, welche die beiden tapferen Priester nicht zu sehen bekommen hatten, und die, soweit wir wissen, auch kein Spanier je erblickt hat. Wo war Vilcabamba? Calancha hatte gesagt, daß es drei Tagesreisen von Vitcos entfernt läge. Aber in welcher Richtung?

Bevor er seine Reise fortsetzte, untersuchte Bingham Vitcos gründlich. An der dem Inka-Palast gegenüberliegenden Seite des Hofes fand er eine Reihe von roh gebauten Häusern. Er nahm an, daß sie errichtet worden seien, um die spanischen Überläufer zu beherbergen, die bei Manco Schutz gesucht hatten und die ihn schließlich verrieten. In diesen Häusern fand er »Gegenstände europäischen Ursprungs«, ganz verrostete Hufeisennägel, eine Schnalle, Zügel- und Sattelzierat und drei Maultrommeln[78]. Zunächst dachte Bingham, diese Dinge wären von neuzeitlichen Indianern zurückgelassen worden, die einmal auf dem Hügel gewohnt haben könnten. Doch er verwarf den Gedanken wieder angesichts der Unmöglichkeit, Wasser auf diesen Steilhang zu bringen. Handelte es sich vielleicht um Überreste von Waren, die Manco von spanischen Kaufleuten auf der Straße von Cuzco nach Lima erbeutet hatte? Oder waren sie Eigentum der Spanier gewesen, Gomez, Mendez und der andern? Rodriguez de Figueroa erwähnt zwei Scheren, die er dem Inka zum Präsent gemacht hatte. In den Ruinen von Vitcos las Bingham eine verrostete Schere auf.

Dies ist möglicherweise keine wissenschaftliche Archäologie, und es läßt dem Skeptiker Gelegenheit zu zweifeln. Aber man beneidet Hiram Bingham und seine Gefährten um das Erlebnis, in dem weiten Hof vor dem zerstörten Palast des Inka Manco gestanden und darüber nachgesonnen zu haben, daß sich hier mit großer Wahrscheinlichkeit jener tragische Streit abgespielt hat, in dessen Verlauf der betrunkene Gomez seinen königlichen Gastgeber tötete.

In ihrer Suche nach Vilcabamba wanderten die Forscher das feuchte Tal von Pampaconas hinab und drangen in das Dschungelgebiet, in dem wilde, nackte Indianer lebten, Nachkommen jener fleischessenden Anti, die gedroht hatten, Rodriguez de Figueroa, den »Kleinen Bärtigen« aufzufressen. Hier im Waldgebiet des oberen Amazonas, weit fort von seiner Bergheimat, unterlag schließlich der unglückliche Tupac Amaru, der letzte der Inka, dem erbarmungslosen Kapitän Garcia, der ihn zurück nach Cuzco und in seinen Tod führte. Garcia sagt, der Inka habe es vorgezogen, sich den Spaniern anzuvertrauen, anstatt Hungers zu sterben.

Das mag seinen Grund darin gehabt haben, daß die Anti vom Fleisch der hier zahlreich vorkommenden Affen lebten. Wahrscheinlich konnte sich Tupac Amaru, der so sorgsam im »Haus der erwählten Frauen« ernährt worden war, nicht zu dieser Diät der Wilden bequemen. Vielleicht hatte er sich auch vor den Anti selber gefürchtet. Aber Bingham meint »es ist zweifelhaft, ob seine indianischen Verbündeten jemals dem Kapitän Garcia erlaubt hätten, den Inka gefangen zu nehmen, wenn sie imstande gewesen wären, ihn mit der Nahrung zu versorgen, an die er gewöhnt war«.

Berichte über eine Inkastadt mit Namen Espiritu Pampa (Pampa der Geister) veranlaßten Bingham, das Tal des Pampaconas zu untersuchen. Mit Hilfe eines freundlichen Pflanzers, Saavedra, konnte die Expedition schließlich Inkabauten in den Uferdschungeln eines Nebenflusses des Pampaconas feststellen. »Aber«, sagt Bingham, »der Gedanke schien mir unvernünftig, daß die Priester und Sonnenjungfrauen, die mit Manco aus dem kalten Cuzco geflohen und von ihm in irgendeiner der Festungen von Vilcabamba untergebracht worden waren, ausgerechnet in diesem heißen Tal hätten wohnen sollen. Der Unterschied im Klima ist nämlich so groß wie der zwischen Schottland und Ägypten. Sie würden in Espiritu Pampa auch die Nahrung nicht gefunden haben, die sie liebten. Darüber hinaus hätten sie die Abgeschiedenheit und Geborgenheit, die sie verlangten, genauso gut in anderen Teilen des Landes finden können und obendrein ein kühles, erfrischendes Klima und Nahrung, die derjenigen, an die sie gewöhnt waren, besser angepaßt war.«

Tatsächlich hatte Bingham, obgleich er das damals noch nicht wußte, Vilcabamba bereits gefunden. Er fand es im Juli 1911, als er, wie schon in diesem Kapitel beschrieben, durch den großen Canyon des Urubamba an der Inkafestung von Salapunco in der Nähe von Torontoy vorbeigezogen war. Nachdem sie den Ort Maquina passiert hatten, kamen sie an eine »kleine offene Ebene, die Mandor Pampa genannt wurde. Mit Ausnahme der Stellen, wo die Strudel tosten, war sie von allen Seiten durch gigantische Steilhänge eingeschlossen«.

Hier traf Bingham einen Mann mit Namen Melchor Arteaga, mit dem er ins Gespräch kam und der ihm sagte, daß in der Nachbarschaft einige guterhaltene Ruinen seien – tatsächlich standen sie auf der Höhe des gegenüberliegenden Berges. Es war dies, wie ich schon gesagt habe, in jenem Gebiet, welches erst durch die Uferstraße im Canyon erschlossen worden war. Frühere Forscher, einschließlich der Spanier, hatten sich nur über die hohen Bergpässe der Stelle nähern können. Die Ruinen waren daher unbekannt geblieben, nur die Indianer wußten von ihnen. Am Morgen des 24. Juli machte sich Bingham auf den Weg, nur von Arteaga und einem peruanischen Soldaten, dem Sergeanten Carrasco, begleitet. Die übrigen Mitglieder der Expedition zeigten sich der steilen Kletterei abgeneigt. Der Naturwissenschaftler meinte, daß es am Fluß mehr Schmetterlinge gäbe, und der Arzt hatte dringend Kleider zu waschen. So blieb für Bingham allein die Ehre, höchstwahrscheinlich der erste Weiße zu sein, der diese Bergfestung der Inka sehen durfte.

Zuerst führte Arteaga ihn über eine primitive »Brücke«, die aus nichts weiter bestand als einem halben Dutzend Balken, die mit Lianenstricken aneinandergebunden waren. Und dann begann der Aufstieg.

»Einen guten Teil des Aufstiegs machten wir alle drei zusammen, stellenweise mußten wir uns mit den Fingernägeln Halt suchen. Hier und da gab es schmale Leitern, die aus flüchtig zusammengeknoteten dünnen Baumstämmen bestanden und über sonst völlig unbegehbare Stellen im Fels führten. An anderen Stellen wieder war die Wand mit schlüpfrigem Gras bedeckt, in dem Hand und Fuß kaum Halt fanden. Arteaga stöhnte, es gäbe eine Menge Schlangen hier. Der Sergeant sagte nichts, aber er freute sich, daß er seine derben Militärstiefel anhatte. Die Feuchtigkeit war groß. Wir befanden uns in der Zone der maximalen Niederschläge in Ostperu. Die Hitze war ungeheuer und ich war nicht im Training.«

Gegen Mittag kam Bingham völlig erschöpft zu einer kleinen Hütte in etwa 700 Meter über dem Fluß. Hier stellte ihn Arteaga zwei Indianern, Alvarez und Richarte, vor, die aus zunächst unerfindlichen Gründen in diesem abgelegenen Winkel hausten. Der Grund wurde Bingham aber bald klar, als die Indianer die Reisenden höher am Berg hinauf zu einer Reihe schöner, breiter Terrassen brachten, die voll fruchtbarer Erde waren. Es waren Inka-Terrassen. Als Richarte und Alvarez sie entdeckt hatten, waren sie dick mit Bäumen überwachsen, aber viele von diesen waren nun umgehauen und die beiden hatten sich darangemacht, Mais, süße weiße Kartoffeln, Zuckerrohr, Bohnen, Tomaten und Stachelbeeren anzubauen.

»Sie sagten, es gäbe zwei Wege zur Außenwelt. Von dem einen haben wir bereits eine schwache Vorstellung bekommen; der zweite war noch schwieriger: ein höchst gefährlicher Pfad den Felsen hinunter auf der anderen Seite des Grates. Er war für die beiden die einzige Abstiegsmöglichkeit während der Regenzeit, wenn die primitive Brücke, über die wir gekommen waren, nicht benutzt werden konnte. Es hat mich nicht in Erstaunen gesetzt, als sie mir sagten, sie verließen ihre Hütte nur einmal im Monat.«

Aber noch gab es hier nichts Außergewöhnliches an diesen Inka-Terrassen, wenn auch die Aussicht die Mühe des Aufstiegs lohnte.

»Ungeheure grüne Steilwände fielen zu den weißen Strudeln des Urubamba hinunter. Genau uns gegenüber an der Nordseite des Tals ragte eine riesige nackte Granitklippe etwa 700 Meter hoch auf... darüber hinaus stiegen wolkenbemützte, schneebedeckte Berge Tausende von Metern empor.«

Ermüdet vom langen Klettern lag Bingham regungslos lange in tiefer Bewunderung da. Dann machte er sich auf und folgte den Indianern zum Gipfel. Sie kletterten über gestürzte Bäume und kämpften sich durch Bambusdickicht. Und dann fand er sich plötzlich unter Gebäuden von sauber behauenen Steinen. Zuerst sah er ein halbkreisförmiges Bauwerk, dessen Außenmauer in anmutiger Schräge und sacht gekurvt eine erstaunliche Ähnlichkeit mit dem berühmten Sonnentempel von Cuzco aufwies. »...Es folgte der natürlichen Krümmung des Felsens und war durch eine der vorbildlichsten Maurerarbeiten, die ich je gesehen habe, an ihn geschlossen. Außerdem war es mit einer weiteren prächtigen Mauer verbunden, die aus sorgfältig ausgewählten genau passenden Bruchsteinen aus weißem, besonders feinkörnigem Granit bestand. Die fließenden Linien und die symetrische Anordnung der Steine machten eine wunderbare Wirkung... Dieses Gebäude übertraf die schönsten Mauerungen von Cuzco, welche jahrhundertelang jeden Besucher entzückt hatten. Es war atemberaubend. Was bedeutete dieser Bau? Warum hatte bisher kein Mensch etwas von ihm gewußt?«

Es war das erste einer Reihe von Wundern. Als die Indianer in Bingham drangen, höher zu steigen, kam er zu einer großen Toreinfahrt aus Granit, die zu zwei Gebäuden aus weißem Stein, dessen Mauern aus kyklopischen Blöcken gefügt waren; jeder von ihnen war mehr als mannshoch. Es waren Tempel, die nur drei

Außenmauern besaßen, während die vierte Seite offen war. Der größere hatte Mauern von etwa 4 Meter Höhe, in welche Nischen eingefügt waren. Wahrscheinlich waren sie zur Aufnahme der Mumien toter Inka bestimmt. Es gab kein Anzeichen dafür, daß diese Gebäude einmal bedacht gewesen waren. »Die oberste Reihe der wunderbar geglätteten Blöcke war offengeblieben, so daß die Sonne begrüßt werden konnte... Ich untersuchte die größeren Blöcke der unteren Reihe und schätzte, daß jeder von ihnen zehn bis fünfzehn Tonnen wog.«

Südlich des Haupttempels befand sich ein offener Hof, der an der Ostseite von einem noch erstaunlicheren Bau abgeschlossen wurde. Es schien wieder ein Tempel zu sein. »Er hatte drei weite Fenster, die sich über den Canyon zur aufgehenden Sonne öffneten. Ähnliches an Planung und Ausführung existierte nirgendwo... Es war offenbar ein Zeremonialgebäude von hervorragender Bedeutung.«

Bingham entsann sich, daß Salcamayhua, ein peruanischer Chronist, der 1620 die Altertümer seiner Heimat beschrieb, gesagt hatte, daß Manco I., der erste Inka, befohlen hatte, »an seinem Geburtsort Bauten zu errichten, die aus Mauerwerk mit drei Fenstern bestanden«. Manco I. hatte etwa um das Jahr 1000 n. Chr. gelebt, ehe Manco II. den Spaniern Widerstand leistete. Bingham sagte, daß er zunächst vermutete, er habe die Stadt des ersten Inka entdeckt, aber bald war er davon überzeugt, daß es auch der Palast des letzteren sein konnte.

Im folgenden Jahr, 1912, kehrte Bingham als Leiter einer Expedition zurück, welche die Ruinen auf den Höhen über dem Urubamba-Canyon untersuchen und ausgraben sollte. Diese Höhen trugen den Namen Macchu Picchu, und dies wurde der gebräuchliche Name für diese Stadt; es ist aber kaum zu bezweifeln, daß es sich um Vilcabamba handelte, den Hauptsitz der letzten Inkakönige und ihren letzten Zufluchtsort, den sogar die Spanier niemals ausfindig machen konnten. Die Arbeit der Ausgräber war mühsam, sie mußten sich durch eine Hartholzwaldung hindurcharbeiten, welche die Stadt überwuchert hatte. Die Pracht der Gebäude, die olympische Großartigkeit ihrer Lage und ihre abenteuerlichen Erinnerungen weckten in den Entdeckern das Gefühl einer weihevollen Aufgabe. Sie hatten eines der Weltwunder gefunden, das um so ehrfürchtiger stimmte, als es sein Geheimnis bis ins zwanzigste Jahrhundert hatte bewahren können.

Die Ruinen bedeckten einen schmalen Rücken oder Sattel unter der Spitze des Macchu Picchu. Die Stadt ist von drei Seiten durch die Stromschnellen des Urubamba geschützt, die in einer Tiefe von rund 700 Metern durch den Canyon brausen. Die vierte Seite des Bergmassivs ist nur über einen messerscharfen Grat zu erreichen. Die Ostseite des Rückens ist unbegehbar, und auf der Westseite windet sich ein schmaler Fußpfad einer Horizontalfalte des Berges entlang. Eine Handvoll Männer könnte diesen Platz gegen eine ganze Armee verteidigen. Zumal die Ost- und Westseite des Felsens Überhänge von 500 Meter Höhe aufweist, von denen auf etwaige Angreifer Felsbrocken herabgerollt werden konnten.

Wo das Felsmassiv Spalten zeigte, waren Mauern angebaut, um Eindringlingen jede Aufstiegsmöglichkeit zu nehmen. Ein kleines aber starkes Fort bewacht den Bergrücken. Bingham sagt: »Es ist ein regelrechtes Thermopylae. Niemand konnte gegen den Willen des Inka diesen heiligen Boden betreten. Bruder Marcos und Bruder Diego hatten diese Erfahrung machen müssen.«

Auf dem Macchu Picchu und den benachbarten Gipfeln fanden die Forscher Reste von Signalstationen der Inka, mit denen Botschaften über die Berge weg empfangen und weitergegeben werden konnten.

Vilcabamba war auf steil planierten Hängen gebaut. Es führten über hundert Treppen in die Stadt und verbanden diese Terrassen, auf denen die Einwohner ihre Äcker bestellten. Ihr Wasser erhielten sie aus Quellen, die innerhalb eines Umkreises von eineinhalb Kilometer bei der Stadt entsprangen. Es wurde durch Steinkanäle unter der Stadtmauer hindurchgeleitet und in einer Anzahl von Steinbassins gespeichert. Aus dem letzten dieser Bassins läuft das Wasser in den Stadtgraben. Bingham erwähnt nichts von Quellen innerhalb der Stadt und er vermutet, daß einer der Gründe zur Aufgabe der Stadt im Wassermangel zu suchen ist.

Es gab mehrere Gartengrundstücke, zum Teil in Verbindung mit kleinen Häusern. Andere Häuser standen in Gruppen zusammen und die Ausgräber fanden darin einige Steinmörser zum Mahlen von Getreide.

Die schönsten Gebäude liegen auf der Westseite der Stadt. Wenn man eine Reihe von steilen Terrassen erstiegen hat, kommt man auf die Kuppe eines Hügels, auf dem sich ein kleiner Tempel und ein schöner »Intihuatana« – »Platz, wo die Sonne angebunden wird« erheben. In der Nähe stehen »die Ruinen von zwei besonders schönen Häusern, die wie die übrigen aus weißen Granitblökken gebaut sind. Diese Blöcke sind so sorgfältig behauen, wie es den Handwerkern ohne Präzisionswerkzeuge, die sie noch nicht besaßen, möglich war. Sie sind ohne Mörtel aufeinandergesetzt und verbunden.« Südlich der Hügelkuppe öffnet sich auf einer tiefergelegenen Fläche ein Platz, den Bingham die »heilige Plaza« nennt. Er ist an zwei Seiten von den größten Tempeln begrenzt. Die Granitblöcke, aus denen sie gebaut sind, haben eine enorme Größe, einige davon wiegen mehr als 15 Tonnen. Auch sie sind ungewöhnlich gut bearbeitet und mit äußerster Präzision ohne Mörtel verbunden. Die Mauern sind einwärts geneigt, wie es bei verschiedenen ägyptischen Bauten der Fall ist, um dem Bau Halt zu geben, auch die Eingänge sind gewöhnlich an der Basis breiter als oben.

Da die Inka weder Flaschenzüge noch Eisen- oder Stahlwerkzeuge besaßen, müssen diese gewaltigen granitenen Monolithen mit kleinen Bronzestemmeisen, von denen man mehrere gefunden hat, an ihre Plätze gebracht worden sein.

Diese Bauten, bemerkt Bingham, müssen die Arbeit von Generationen, wenn nicht Jahrhunderten erfordert haben.

Zahlreiche Friedhöfe wurden entdeckt und ausgegraben. Sie befanden sich meist in Höhlen der Steilhänge und waren von dichtem Dschungel überwachsen. Sie aufzufinden war schwierig und nicht ganz gefahrlos, weil das Unterholz Giftschlangen beherbergte, von denen einige der Arbeiter Binghams gebissen wurden. In den Höhlen lagen die Skelette noch, wie sie hingefallen waren, als die Mumienbandagen vermodert waren. Ursprünglich waren die Toten in hockender Stellung, die Knie unter dem Kinn, begraben worden. Als Grabbeigaben fand man Töpfereien und einfache Knochen- oder Bronzegeräte. Verschiedene Gräber waren von Raubtieren, Bären oder Jaguaren heimgesucht worden.

Die interessantesten Grabstätten waren eine Gruppe von Höhlen auf halber Höhe des Berges im Nordosten der Stadt. Hier lagen die Körper von fünfzig Inkas, von denen nur vier weiblich waren. »Es war eine sehr aufregende Entdeckung«, schreibt Bingham, »denn offenbar waren die letzten Bewohner von Macchu Picchu ›Erwählte Frauen‹, ›Töchter der Sonne‹, die zu dem großen Heiligtum gehörten, in welchem die Sonne angebetet wurde. In einiger Entfernung weiter südlich fanden wir nämlich weitere Gräber, in denen etwa fünfzig Skelette lagen, die bis auf fünf oder sechs von

Frauen stammten.«

Dann wurde noch eine sehr interessante Einzelgrabstätte entdeckt, wieder die einer Frau, die aber offenbar von höherem Rang gewesen sein mußte. Das Grab befand sich unter einem riesigen Felsbrocken von etwa 30 Meter Höhe. Neben dem Skelett lagen die Überreste eines Hundes, zwei große Bronzefibeln, Nähnadeln, Pinzetten, Stoffreste und ein konkaver Bronzespiegel. Bingham nimmt an, daß es sich um das Grab der höchsten Priesterin oder »Mama-Cuna«, der Mutter Oberin des Konvents handelte. »Wir wissen«, sagt er, »aus verschiedenen Berichten, daß bei besonderen Zeremonien die Mama-Cuna ein Wollknäuel entzündete, indem sie die Sonnenstrahlen in einem bronzenen Hohlspiegel sammelte«, und er muß hinzufügen: »Weder kennen wir diese Praktik, noch ist sie heute ausführbar.«

Es scheint beinahe unglaubhaft, daß eine Stadt von dieser Größe und Pracht nahezu vier Jahrhunderte lang nach dem ersten Eindringen der Europäer in Peru unbekannt bleiben konnte, aber es ist tatsächlich der Fall. Als Grund hierfür gibt der Forscher an:

»Dieser Bergrücken liegt im unzugänglichsten Winkel des unzugänglichsten Teiles der Anden. Keine Stelle des peruanischen Hochlands ist durch natürliche Bollwerke besser gesichert – einen erstaunlichen Canyon, dessen Wände aus Granit Hunderte von Metern hoch steil aufragen und auch den ehrgeizigsten modernen Alpinisten entmutigen. Und ausgerechnet hier, im entlegensten Winkel des Canyons, auf einer schmalen Felskuppe, die von riesigen Steilhängen umgeben ist, hat sich ein hochzivilisiertes, erfinderisches, kunstbegabtes und gut organisiertes Volk irgendwann in der Vergangenheit ein Heiligtum zur Anbetung der Sonne errichtet.«

Es war bis zu Binghams Entdeckung nicht nur unmöglich gewesen, die Lagen von Vitcos und Alt-Vilcabamba[79] zu bestimmen, sondern sie »lagen in einer Gegend, die noch nicht einmal kartographisch erfaßt worden war«. Als Bingham und seine Kollegen auf der Suche nach Vitcos den Paß westlich des Vilcabambaflusses überquerten, sahen sie im Westen eine große Kette von Schneebergen, die noch auf keiner Karte verzeichnet waren. Nach Raimondis Karte wäre zwischen den Flüssen Apurimac und Urubamba überhaupt kein Platz mehr für einen solchen Gebirgszug gewesen. Und nun entdeckten die Forscher an Stelle des Zusammenflusses von Apurimac und Pampas, daß sie sich auf einem hohen Bergpaß befanden, der von riesigen Schneekuppen und Gletschern umgeben war.

Ein Jahr später löste der Cheftopograph der Expedition, Alfred H. Bumstead, das Geheimnis. »Er stellte fest, daß Apurimac und Urubamba dreißig Meilen entfernt von dieser Stelle flossen, was bisher niemand vermutet hatte. Unsere Forschungen haben eine unbekannte Region von *1800 Quadratmeilen Umfang* erschlossen, von deren Existenz niemand vor 1911 auch nur eine Ahnung hatte. Es scheint eine der größten unbeschriebenen Gletscherregionen Südamerikas zu sein. Und dabei ist sie weniger als hundert Meilen von Cuzco, der Hauptstadt der peruanischen Anden, entfernt. Daß diese Gegend sich so lange der Entdeckung und Erforschung hatte entziehen können, beweist besser als alles andere, wie umsichtig sich Manco seine Zuflucht ausgewählt hatte.«

Nachwort

In der Einleitung zu diesem Buch habe ich gestanden, daß es nur den Zweck habe zu unterhalten, und daß die verlorenen Städte, von denen ich erzählt habe, nur unter dem Gesichtspunkt des Staunens ausgewählt worden sind, das sie im Leser erregen könnten. Ob mir das gelungen ist oder nicht, soll der Leser entscheiden. Aber ehe ich nun zum wirklich letzten Punkt komme, bin ich versucht, ein paar rein persönliche Bemerkungen anzuschließen; sie beruhen auf Schlüssen, zu denen ich während der Niederschrift dieses Buches gelangt bin. Ich setze sie versuchsweise her, nicht als Tatsachen, sondern lediglich als Ansichten, denen der Leser zustimmen mag oder nicht. Ich erhebe auch keineswegs den Anspruch, daß sie originell sind.

Die erste ist die, daß man beim Vergleich von Wachstum, Blüte und Niedergang solch unterschiedlicher Kulturen wie Sumerien, Assyrien, das Hethiterreich, das Industal, Ceylon und Amerika gewisse gleichbleibende Wesenszüge feststellen kann. In jedem Fall begann es mit der Landwirtschaft, die entweder auf der Bewässerung von Flußtälern beruhte, wie in Mesopotamien und dem Industal, oder der Inka-Terrassen in Peru, oder der großen hydraulischen Ingenieurwerke des alten Singhalesiens. In jedem Fall konnte eine solche Entwicklung nur unter einer streng zentralisierten Macht, durch Organisation und Disziplin vor sich gehen und große einheitliche Gemeinschaften entstehen lassen. Und wiederum in jedem Fall kulminierte eine solche Macht in einer Priesterschaft gebildeter und intelligenter Leute, die den Kern der Techniker, Ingenieure und Wissenschaftler bildete und die Summe des Wissens entweder in geschriebener oder mündlicher Form bewahrte und weitergab. In manchen Fällen waren die obersten Priester zugleich Könige. In anderen Fällen waren die Könige aus einer mächtig gewordenen Kriegerkaste hervorgegangen. Sie waren wegen ihres Kriegsmutes und ihrer Kriegserfahrung und ihrer Fähigkeit, den Staat gegen seine Feinde zu schützen, an diese erste Stelle gerückt. Aber auch wenn Könige die Macht hatten, waren sie zumeist eng mit der Priesterschaft verbunden, wenn es auch Fälle gab, in denen Könige und Priester sich gegenseitig die Macht streitig machten. Meine zweite Beobachtung ergibt sich aus der ersten, und sie betrifft die Tatsache, daß der Kern all dieser antiken Kulturen in der Religion lag. Diese Städte selber beweisen dies eindeutig, denn in jedem Fall war der Aufbau der Gemeinschaft in Arbeit, Land, Material und technischer und künstlerischer Fertigkeit um das Ziel der Errichtung kultischer Gebäude konzentriert. Man vergleiche dazu die Sonnentempel der Maya und Inka mit denen der Sumerer, oder die Dagobs von Anuradhapura mit den Pyramiden und Tempeln Ägyptens. Die einzigen größeren Bauten neben diesen waren die Königspaläste, aber auch sie waren ja eng mit der Götterverehrung verbunden. Die Paläste des Sanherib oder Assurbanipal in Assyrien waren mit Reliefs der assyrischen Gottheiten geschmückt, die Paläste der Singhalesen standen in direkter Verbindung mit den Tempeln, und die Paläste der Maya- und Inkakönige schließlich waren der religiösen Verehrung angegliedert, und die Könige selber spielten im Ritual eine hervorragende Rolle.

Nahezu alle diese früheren Religionen gründeten auf einer Verehrung der Naturkräfte, von denen die alten Völker viele zu Gottheiten erhoben hatten: Sonne, Regen und Wind, und die Götter der Vegetation und Fruchtbarkeit. Man vergleiche Yum Chac, den Mayagott des Regens, mit dem sumerischen Enki, dem Gott der Gewässer; oder den ägyptischen Sonnengott Ra mit den Sonnengottheiten der Maya und Inka. In fast allen Fällen schloß die Verehrung dieser Götter das Opfer, häufig sogar das Menschenopfer, ein. Die buddhistische Religion Ceylons scheint die erste Ausnahme zu bilden, aber hier war ja für die intellektuelle Elite Buddha ein geistiger Führer und kein Gott. Von der Masse freilich wurde und wird er heute noch als ein solcher verehrt; Opfergaben wurden und werden vor seinen Schreinen genau wie den Göttern von Mesopotamien, Mexiko und Peru dargebracht.

Im römischen Pompeji, wo die intellektuelle Gesellschaft bereits der Dekadenz zu verfallen begann, wurden wahrscheinlich die Götter nicht mehr sehr ernst genommen, wohingegen die primitiven Götter und Göttinnen der Griechen, welche die Römer bei ihrer Eroberung Griechenlands übernommen hatten, gleichfalls Naturgottheiten waren, denen von den Vorfahren der klassischen

Griechen häufig Menschenopfer dargebracht wurden – ich erinnere an Agamemnons Opfer seiner Tochter Iphigenie. Tatsächlich scheinen alle oder fast alle menschlichen Gemeinschaften durch diese Phase hindurchgegangen zu sein. Die Königsgräber von Ur und Chaldäa zeigen, daß die Sumerer 2500 v. Chr. Menschenopfer gekannt haben. Und die Azteken und Maya, deren Zivilisation sich bekanntlich erst viel später entwickelte, opferten ihren Göttern noch 1500 n. Chr. Menschenleben.

Es gibt noch andere interessante Parallelen zwischen diesen weit auseinanderliegenden Kulturen. Ich denke da an die Tatsache eines geschlossenen bürokratischen Kontrollsystems in Sumerien, das wahrscheinlich auch in Mohendscho-Daro und Harappa, ganz sicher aber in Peru bestanden hat, eines Systems, das, während es im Dienst der materiellen Wohlfahrt des Volkes stand, diesem nur wenig Bewegungsfreiheit ließ. So kann man sagen, daß das Inkasystem einige Verwandtschaft mit dem modernen Kommunismus mit seiner Betonung des Allgemeinbesitzes aufweist, und das gleiche gilt auch für die Indianerzivilisationen Zentralamerikas.

Diese Parallelen und Ähnlichkeiten zeigen nun nicht notwendigerweise einen engen natürlichen Kontakt zwischen den verschiedenen Zivilisationen auf. Der Kontakt war selbst zwischen Ägypten und Sumerien, wie auch zwischen Sumerien und dem Industal nur sehr locker, und wenn man nicht geneigt ist, die vielumstrittene Theorie eines verlorenen atlantischen Kontinents anzunehmen, kann man keine Möglichkeit eines Kontaktes zwischen der Alten Welt und der Neuen finden. Die am meisten einleuchtende Erklärung scheint mir diese: wenn der Mensch Lebensbedingungen findet, die es ihm ermöglichen, dauernd an einem Ort zu leben, strebt er danach, auf breiterer Basis ähnliche Grundverhältnisse zu entwickeln, wenn sie auch von den Verschiedenheiten der Rasse, des Klimas und der geographischen Beschaffenheit abhängig sind.

Meinem dritten Schluß mögen einige Leser vielleicht nicht zustimmen. Ich behaupte nämlich, daß auch die höchsten Religionen den Menschen nicht toleranter, gütiger oder humaner gemacht haben. Die Assyrer, die von den jüdischen Propheten als Heidenvolk gerügt worden sind, betrugen sich mit der abscheulichsten Grausamkeit. Aber ihre schlimmsten Barbareien waren gewiß nicht schlimmer als die, welche an den amerikanischen Indianern 3000 Jahre später durch europäische Christen verübt worden sind. Dahingegen waren manche der alten Völker, die gleichfalls heidnische

»Götzendiener« waren, vergleichsweise human gesinnt. In den Hethitischen Berichten finden sich kaum Spuren vorsätzlicher Grausamkeit. Die Inka verzichteten auf Menschenopfer, und in ihrem Benehmen gegen ihre Unterdrücker scheinen sie gerechter und toleranter gewesen zu sein als die Spanier. Auch unter den Europäern waren Grausamkeit und Unmenschlichkeit nicht auf das katholische Spanien beschränkt. Das protestantische England betrieb einen gewinnbringenden und barbarischen Sklavenhandel zwischen Westafrika und den amerikanischen Kolonien.

Selbst im alten Ceylon, wo die hohe Religion des Buddhismus jedes menschliche und tierische Leben heiligte, befahlen die singhalesischen Herrscher Pfählung, Verstümmelung und das Zertreten der Delinquenten unter den Füßen der Elefanten. Und wir wissen, daß diese Unmenschlichkeiten im zwanzigsten Jahrhundert sowohl vom christlichen Europa wie vom atheistischen Rußland übertroffen worden sind.

Selbst das alte Ägypten hat aber in den 3000 Jahren seiner Existenz, die vor mehr als zwanzig Jahrhunderten zu Ende gegangen war, weniger Berichte von Grausamkeit und Intoleranz hinterlassen, als viele andere, ungeachtet der Tatsache, daß die ägyptische Religion eine animalistische war und, wenn überhaupt, nur wenig ethische Lehren enthielt. Es scheint eben keine ursächliche Verbindung zwischen Moral und Religion zu bestehen.

Die verschollenen Städte aller Welt, vertrocknete Skelette, aus denen das Leben geflohen ist, stehen vor uns als stumme Zeugen menschlichen Bestrebens, Sicherheit und Erfüllung in einer organisierten Gemeinschaft zu finden. Aber am Ende haben sie alle versagt und lassen uns mit einem Gefühl des Zweifels und der Vorbedeutung zurück. Das hat Giorgio de Chirico in seinem Vorwort zu George Vaillants »Azteken von Mexiko« ausgedrückt:

»Eines der seltsamsten Gefühle, die uns beim Studium der Vorgeschichte erfüllen, ist die Empfindung der Vorbedeutung. Es wird immer gegenwärtig sein. Es ist wie ein ewiger Beweis des NON SEQUITUR im Universum. Der erste Mensch muß überall Vorbedeutungen gesehen, und er muß bei jedem Schritt geschaudert haben.«

Bibliographie

MESOPOTAMIEN

Budge, E. A. W., *The Rise and Progress of Assyriology*. London, 1925.

Cottrell, Leonard, *The Anvil of Civilization*. Mentor Books Ltd., New York, 1957.

de Burgh, W. G., *The Legacy of the Ancient World*. Penguin Books, London, 1953.

Gadd, C. J., *Stones of Assyria*. London, 1936.

Hilprecht, H. V., *Excavations in Assyria and Babylonia*. Philadelphia, 1904.

Hilprecht, H. V., *Explorations in Bible Lands*. Edinburgh, 1903.

Koldewey, R., *The Excavations at Babylon*. London, 1914.

Layard, A. H., *Autobiography and Letters*. London, 1903.

Layard, A. H., *Early Adventures in Persia, Susiana and Babylonia*. London, 1887.

Layard, A. H., *Nineveh and Babylon*. London, 1853.

Lloyd, Seton, *Excavations on Sumerian Sites*. London, 1936.

Lloyd, Seton, *Foundations in the Dust*. Penguin Books, London, 1955.

Pritchard, J. B., *Ancient Near Eastern Texts*. Princeton University, 1950.

Rawlinson, G., *A Memoir of Major-General Sir Henry Creswick Rawlinson*. London, 1898.

Rich, Claudius, *A Narrative of a Journey to the Site of Babylon*, 2 vols. London, 1839.

Rich, Claudius, *Narrative of a Residence in Koordistan by the late Claudius James Rich, Esq.* London, 1836.

Woolley, Sir Leonard, *Ur of the Chaldees*. Penguin Books, London, 1954.

KLEINASIEN

Barnett, R. D., »Karatepe. The Key to the Hittite Hieroglyphes.« *Journal of Anatolian Studies*, III (1953), p. 53.

Bossert, H. Th., »Found at last-a billingual key to the previously undecipherable Hittite Hieroglyphic inscriptions,« *Illustrated London News*, 14 May, 1949.

Bossert, H. Th., and U. B. Alkim, *Karatepe* (First Report, 1946, and Second Report, 1947). Istanbul.

Bittel, K., and H. Cambel, *Boghazkoy* (Guide in English). Istanbul, 1951.

Burckhardt, J. L., *Travels in Syria and the Holy Land*. London, 1821.

Cottrell, L., *The Anvil of Civilization*. Mentor Books, New York, 1957.

Garstang, J., *The Hittite Empire*. London, 1929.

Garstang, J., *The Land of the Hittites*. London, 1910.

Gurney, C. R., *The Hittites*. Penguin Books, London, 1954.

Hogarth, D. G., »The Hittites of Asia Minor«, *Cambridge Ancient History*, II, xl. Cambridge, 1931.

Hrozny, B., »Hittites«, Article in *Encyclopœdia Brittanica*, 14th edition, 1929.
Lloyd, Seton, *Early Anatolia*. Penguin Books, London, 1956.
Mercer, S. A. B., *The Tell el-Amarna Tablets*. Toronto, 1939.
Messershmidt, L., *The Hittites*. London, 1903.
Ozguc, T., »Where the Assyrians built a commercial empire in second-millennium Anatolia«. *Illustrated London News*. 14 January, 1950.
Pritchard, J. B. *Ancient Near Eastern Texts*. Princeton University, 1950.
Sayce, A. H., *The Lost Empire of the Hittites*. London, 1910.
Sayce, A. H., »What happened after the death of Tutankhamun?« *Journal of Egyptian Archœology*, XII, 168–70, 315.
Wright, W., *The Empire of the Hittites*. London, 1884.

INDUS-TAL
Wheeler, Sir Mortimer, *The Indus Age*. Cambridge University Press, 1953.
Mackay, Ernest, *The Indus Civilization*. Lovat, Dickson & Thompson Ltd., 1953.
(And specialized works listed in Sir Mortimer Wheeler's book.)

CEYLON
Cave, H. W., *The Ruined Cities of Ceylon*. Sampson Low, Marston & Co. Ltd., London, 1900.
Forbes, Major, *Eleven Years in Ceylon*. London, 1840.
Holden, Lord, *Ceylon*. George Allen & Unwin Ltd., London, 1937.
Knox, R., *Historical Relation of Ceylon*. London, 1696.
Paranavitana, Dr. S., *Archœological Survey of Ceylon*. Annual reports for 1947, 1948, 1949, 1950, 1951, 1952, 1953, 1954.
Skinner, T., *Fifty Years in Ceylon*. W. H. Allen, London, 1891.

POMPEJI UND HERCULANEUM
Barker, E. R., *Buried Herculaneum*. Adam & Charles Black, London, 1914.
Corti, E. C. C., *Destruction and Resurrection of Pempeii and Herculaneum*. Routledge & Kegan Paul, London, 1951.
Carrington, R. C., *Pompeii*. Clarendon Press, Oxford 1936.
Dio Cassius (Book LXVI), translated by E. Cary. Loeb Edition. Heinemann, London, 1925.
Engelmann, W., *Guide to Pompeii*. Leipzig, 1925.
Horne, J. F., *The Mirage of Two Buried Cities*. Hazell Watson & Viney, London, 1900.
Pliny the Younger, *Letters*, Vol. I and II, translated by William Melmouth. Heinemann, London (Loeb Edition).
Tanzer, Helen, *The Common People of Pompeii*. Johns Hopkins Press, Baltimore, 1937.

MEXIKO

Charnay, Désiré, and Viollet-le-Duc, E. E., *The Ancient Cities of the New World.* New York, 1887.

Gallop, R., »Ancient Monuments of Mexico«, *The Geographical Magazine,* Vol. 7, London, 1938.

Gann, T., and Thompson, J. E., *The History of the Maya.* New York, 1931.

Joyce, T. A., *Maya and Mexican Art.* London, 1927.

Prescott, W. H. P., *The Conquest of Mexico.* London, 1843.

Spence, Lewis, *The Gods of Mexico.* London, 1923.

Spinden, H. J., *Ancient Civilizations of Mexico and Middle America,* American Museum of Natural History Handbook Series, No. 3, New York, 1928.

Thompson, Edward, *People of the Serpent.* G. P. Putnams, London, 1933.

Thompson, J. E., *Civilization of the Mayas,* Leaflet 25, 2nd edition, Field Museum of Natural History, Chicago, 1932.

Thompson, J. Eric, *Mexico before Cortes.* New York, 1933.

Totten, G. E., *Maya Architecture.* Washington, 1926.

Vaillant, G. C., *The Aztecs of Mexico.* Penguin Books, London, 1951.

Willard, T., *City of the Sacred Well.* William Heinemann Ltd., London.

Wissler, C., *The American Indian.* New York, 1938.

PERU

Bingham, Hiram, *Inca Land.* Constable & Co. Ltd., London, 1922.

Bingham, Hiram, *Lost City of the Incas.* Phœnix House, London, 1951.

Bowman, I., *The Canon of the Urubamba.* Bulletin of the American Geographical Society, December 1912.

Charnay, Désiré, and Viollet-le-Duc, E. E., *The Ancient Cities of the New World.* New York, 1887.

Markham, Sir Clements, Translations of the Spanish chronicles published in numerous volumes by the Hakluyt Society.

Means, P. A., *Ancient Civilizations of the Andes.* New York and London, 1931.

Prescott, W. H. P., *The Conquest of Peru.* London.

Pizarro, Pedro (translated and edited by P. A. Means), *Relation of the Discovery and Conquest of the Kingdom of Peru.* New York, 1921.

Rowe, J. H., *Inca Culture at the Time of the Spanish Conquest.*

Anmerkungen

[1] Anm. d. Üb.: Die Buchstaben bedeuten: G.C.B. = Grand Cross of the Bath = Großkreuz des Bath-Ordens; D.C.L. = Doctor of Civil Law = Dr. jur.
[2] Lloyd, Seton. »Foundations in the Dust«. Pelican Books.
[3] Populäre Archäologie ist durchaus nichts Neues. Layards Buch wie die von Rich, Rawlinson und anderen erfreuten sich schon vor einem Jahrhundert größter Beliebtheit.
[4] Ungefähr 40 Jahre später kam Layard wieder nach Damaskus, diesmal aber als Gesandter der Königin.
[5] Er veranstaltete auch eine umfangreiche und wertvolle Sammlung orientalischer Manuskripte und Altertümer, die er dem Britischen Museum zur Verfügung gestellt hat.
[6] Seton Lloyd, »Foundations in the Dust«, Pelican Books, London.
[7] Anm. d. Übers.: Kawass = türkischer Polizeidiener, der den Beamten der in Stambul beglaubigten europäischen Gesandtschaften beigegeben wurde.
[8] Wörtlich: Zahngeld.
[9] Anm. d. Übers.: Ulemas = arabisch, soviel wie Wissende, die Rechts- und Gottesgelehrten.
[10] Anm. d. Übers.: Suleimanien gemeint?
[11] Anm. d. Übers.: Firman = offizielle Genehmigung der türkischen Behörden.
[12] Seton Lloyd, »Foundations in the Dust«, Pelican Books, London.
[13] R. Campbell-Thomson, »A Century of Exploration at Niniveh«, London 1929.
[14] Die andere war Ägypten.
[15] Sir Leonard Woolley, »Ur of Chaldee«, Pelican-Books, London.
[16] Anm. d. Übers.: Zitiert nach Georg E. Buckhardt, »Gilgamesch«, Insel-Verlag Leipzig.
[17] »Ancient Near Eastern Texts« Princeton-University Press 1950 (Übersetzung des Gilgamesch-Epos von E. A. Speiser).
[18] Anm. d. Übers.: Daniel V, 1 fgd.
[19] Auch die Lage dieser Städte konnte bestimmt werden.
[20] Herodot, »The Histories«, übersetzt von Aubrey de Selincourt, Penguin Books, London 1954.
[21] Seton Lloyd, »Foundations in the Dust«, Penguin Books, London.
[22] Erdpech ist im Irak gewöhnlich. Der Übersetzer der zu Beginn dieses Kapitels zitierten Stelle der Genesis gebraucht das Wort »Schlamm«. Die korrekte Übersetzung des hebräischen Wortes lautet aber »Mörtel« = Erdpech.
[23] Robert Koldewey, »Die Ausgrabungen von Babylon«, übersetzt von Agnes S. Johns, Macmillan and Co Ltd. 1914.
[24] Anm. d. Übers.: Peribolos = meist aus Säulengängen gebildete Einfriedung eines Tempelbezirkes.

25 Wem von meinen Lesern diese sportliche Terminologie unangebracht erscheint, dem empfehle ich die Lektüre von Sir Wallis Budge's »By the Nile and Tigris«. Er kann dort die Meute in voller Jagdlust kläffen hören.

26 Man darf mit gutem Grund annehmen, daß die alten Ägypter, welche ebenfalls um 3000 v. Chr. ihr Schriftsystem entwickelt haben, von der mesopotamischen Tieflandkultur beeinflußt worden sind. Vielleicht durch Einwanderer aus dem Euphrattal.

27 Hilprecht, »Exploration in the Bible Land«.

28 Wenn schon der Umfang dieses Buches ein näheres Eingehen auf alle mesopotamischen Ausgrabungen nicht gestattet, sind hier doch einige der bedeutendsten amerikanischen zu erwähnen; die zu Bismayah, Fasah und andernorts, besonders aber die Arbeiten von Breasted's Orientalischem Institut zu Chicago in Tell Osmar, Khatajah und Tell Ajrab.

29 Diese und andere Zitate der Nippur-Tafeln sind von S. N. Kramer übersetzt und zitiert aus »Ancient Near Eastern Texts« mit freundlicher Genehmigung der University of Princeton Press 1950.

30 Wallis Budge, »By Nile and Tigris«, Vol. II.

31 Sir Leonard Woolley, »Ur of the Chaldees«, Penguin Book, London 1954.

32 Sir Leonard Woolley, »Ur of the Chaldees«, Penguin Book, London 1954.

33 Ebenda.

34 Die berühmte »phrygische Mütze« wurde zu einem Symbol der Französischen Revolution.

35 Seton Lloyd, »Early Anatolia«, Penguin Books, London 1956.

36 O. P. Gurney, »The Hettites«, Penguin Book, London 1954.

37 Übersetzt von Prof. A. H. Sayce.

38 Seton Lloyd, »Early Anatolia«, Penguin Books, London 1956.

39 Gurney, »The Hettites«, Penguin Books, London 1954.

40 Trotz der Ruhmreden Ramses II. in seiner Tempelinschrift ist die landläufige Ansicht, daß die überlegene Kriegskunst des Hethiterkönigs den Ausgang der Schlacht bestimmt habe.

41 Gurney, »The Hettites«, Penguin Books, London 1954.

42 Im 14. Jahrh. v. Chr. war Eisen in Ägypten und Babylon eine Kostbarkeit. Im Grab des Tutanchamon fand Carter einen Dolch mit Eisenklinge, vielleicht eines der kostbarsten Besitztümer des Königs, wertvoller als Gold, das in Ägypten »gleich Staub« war.

43 Seton Lloyd, »Early Anatolia«, Penguin Books, London 1956.

44 Vom Verf. gesperrt.

45 R. Ghirsman, »Iran«, Penguin Books, London 1954.

46 Sir Mortimer Wheeler, »The Indus Age«, Cambridge University Press 1953.

47 Diese Hinweise auf Rigveda-Texte verdanke ich dem Buch Sir Mortimer Wheelers »The Indus Age«.

48 Ernest Mackay, »The Indus Civilisation«, Loval, Dickson & Thompson Ltd. 1953.

49 Sir Mortimer Wheeler, »The Indus Age«.

[50] Ebenda.
[51] Das Englisch des 17. Jahrhunderts, welches Knox benutzt, wurde in der Übersetzung ohne den Versuch einer altertümelnden Färbung wiedergegeben. Anm. d. Übers.
[52] Henry W. Cave, »The Ruined Cities of Ceylon«. Sampson, Low, Marston & Co. 1900.
[53] Lord Holden, »Ceylon«. George Allen & Unwin Ltd. 1938.
[54] Henry Cave, »Ruined Cities of Ceylon«. Sampson, Low and Marston Ltd. 1900.
[55] Das Wort »Thera« wird gewöhnlich mit »Priester« übersetzt. »Prediger« wäre vielleicht zutreffender, denn sie hatten keine sakramentalen Funktionen.
[56] Lord Holden, »Ceylon«, George Allen & Unwin Ltd. 1938.
[57] Major Forbes, »Eleven Years in Ceylon«, London, 1840.
[58] Lord Holden, »Ceylon«.
[59] 24. August. Anm. d. Übers.
[60] R. C. Carrington in einer BBC-Fernsehsendung über Pompeji.
[61] Bei: John Hopkins Press, Baltimore, 1939.
[62] R. C. Carrington, »Pompeji«, Clarendon Press, 1936.
[63] Edward H. Thompson, G. P. Putnam's Sons, London, 1933.
[64] Das soll selbstverständlich nicht heißen, daß vor 400 in Amerika noch keine zivilisierten Gemeinschaften bestanden hätten. Die sogenannte »mittlere Kultur« kann bis an den Beginn der christlichen Zeitrechnung zurückverfolgt werden.
[65] Edward Thompson, »People of the Serpent«, G. P. Putnam's Sons, London 1933.
[66] T. A. Willard, »The City of the Sacred Well«, Heinemann, London.
[67] E. T. Willard, a. a. O.
[68] Siehe das Buch des Verfassers »Der Faden der Ariadne«.
[69] Edward Thompson »People of the Serpent«.
[70] Hiram Bingham, »Lost City of the Incas«, Phoenix House, London, 1951.
[71] Hiram Bingham, »Lost City of the Incas«, Phoenix House, London, 1951.
[72] Waffen ähnlicher Art wurden auch in prähistorischen Fundstätten in Europa und Asien entdeckt.
[73] Die Inka waren glattrasiert.
[74] Vom Autor gesperrt.
[75] Offensichtlich war Titu Cusis »Bekehrung« zum Christentum nicht sehr ernst zu nehmen.
[76] Maui, Insel des Hawaii-Archipels. Anm. d. Übers.
[77] Hiram Bingham, »Lost City of the Incas«, Phoenix House, 1951.
[78] Maultrommel, ein altes primitives Musikinstrument, das ähnlich der heutigen Mundharmonika gespielt wurde. Anm. d. Übers.
[79] Es existiert eine andere, vergleichsweise moderne Stadt dieses Namens nahe bei der Quelle des Vilcabamba-Flusses.